OS 7 MITOS SOBRE O AMOR...

Uma viagem da mente ao fundo da alma

MIKE GEORGE

OS 7 MITOS SOBRE O AMOR...

Uma viagem da mente ao fundo da alma

Tradução: Luis Fragoso

INTEGRARE
EDITORA

Título original: *The 7 myths about love... actually! – The journey from your head to the heart of your soul*

Edição original em inglês: Copyright © 2011 Mike George

Originally published in the UK by O Books/ John Hunt Publishing Ltd.
Published in 2011 under licence from O Books.

Edição em língua portuguesa para o Brasil: copyright © 2011 Integrare Editora e Livraria Ltda.

Publisher
Maurício Machado

Supervisora editorial
Luciana M. Tiba

Assistente editorial
Deborah Mattos

Coordenação e produção editorial
Estúdio Sabiá

Tradução
Luis Fragoso

Preparação de texto
Regina Rodrigues

Projeto gráfico de capa e de miolo / Diagramação
Nobreart Comunicação

Revisão
Olga Sérvulo
Letícia Carniello
Ceci Meira

**Dados Internacionais de Catalogação na Publicação (CIP)
(Câmara Brasileira do Livro, SP, Brasil)**

George, Mike
    Os 7 mitos sobre o amor – : uma viagem da mente ao fundo da alma / Mike George ; tradução Luis Fragoso. – São Paulo : Integrare Editora, 2011.
    Título original: The 7 myths about love – actually.
    ISBN 978-85-99362-71-6

    1. Amor 2. Felicidade 3. Generosidade 4. Mitos 5. Relacionamento interpessoal I. Título.

11-10335   CDD-158.2

Índices para catálogo sistemático:
1. Amor : Relações interpessoais : Psicologia aplicada   158.2

Todos os direitos reservados à
INTEGRARE EDITORA E LIVRARIA LTDA.
Rua Tabapuã, 1123, 7º andar, conj. 71-74
CEP 04533-014 – São Paulo – SP – Brasil
Tel. (55) (11) 3562-8590
Visite nosso site: www.integrareeditora.com.br

Dedicado

A todos aqueles que buscam o amor em seus
relacionamentos, paz no coração, alegria na vida
e ainda não se deram conta de que já chegaram lá.

Uma universidade espiritual

Há trinta anos que venho me dedicando a ajudar na coordenação da Organização Brahma Kumaris (OBK) no Brasil.

Neste tempo todo, acompanhei seu crescimento, não apenas em nosso País, mas na América Latina e no mundo todo.

De um lado, a crescente busca dos indivíduos por respostas e plenitude interior, uma vez que o mundo material oferece conforto e divertimento, mas não paz e felicidade.

De outro lado, a vida cotidiana traz cada vez mais desafios que nos forçam a desenvolver métodos para lidarmos com o crescente estresse, relacionamentos difíceis, crises de todas as cores e tamanhos, desde as pessoais até as econômicas, busca por mais saúde e qualidade de vida.

De forma orgânica e natural, a OBK foi expandindo sua atuação até chegar a 40 pontos regulares de atividades em nosso país e sedes na maioria dos países do continente americano, além de 8 mil escolas em 130 países. O segredo de seu sucesso está em grande parte por ter na base da organização, que se estruturou de forma moderna, utilizando os recursos da tecnologia e precisão para atender às exigências legais de cada sociedade onde atua, a configuração de ser antes de tudo uma família global. A irmandade, camaradagem e intercâmbio regular entre seus membros, encorajados a se conhecer e se comunicar através dos boletins, cartas e, mais recentemente, usando a internet como veículo de aproximação e amizade, faz com que todos se sintam indivíduos verdadeiramente sem fronteiras de raça, cultura, gênero religião.

O estilo de vida que encorajamos os membros a adotarem (meditação diária, alimentação vegetariana e aula regular do conhecimento do Raja Yoga, entre outros), faz com que todos sintam o apoio, a proteção e a referência saudáveis para o desenvolvimento de uma identidade como SER e o fortalecimento de sua autoestima.

Como uma universidade espiritual mundial, a oportunidade de aprender e aprofundar o entendimento dos princípios universais e valores éticos por meio de uma variedade de programas educacionais, cursos e outros recursos de aprendizagem, capacita seus membros a ser melhores cidadãos atuantes em suas comunidades locais.

As escolas são mantidas e coordenadas por pessoas que vivem e trabalham profissionalmente e oferecem de forma voluntária seu tempo livre e talentos. Embora seja uma entidade de utilidade pública federal, não faz campanha para levantamento de fundos nem cobra taxas fixas por seus cursos e programas. Os recursos financeiros são obtidos por meio de contribuições voluntárias de pessoas ou empresas que experimentam benefícios pessoais ou das atividades oferecidas por sua equipe. Exemplo disso, é a iniciativa da Integrare Editora em reverter uma porcentagem das vendas deste livro à OBK.

Como uma família mundial, uma universidade sem fronteiras e uma organização internacional, a OBK vem realizando sua missão de formar pessoas felizes, íntegras e comprometidas em criar um mundo melhor.

Om Shanti (saudações de paz)

Luciana M. S. Ferraz
Coordenadora Nacional da Brahma Kumaris
www.bkumaris.org.br

SUMÁRIO

A JOIA DA COROA

PARA ENCONTRAR O AMOR, buscamos em praticamente todos os cantos do planeta. Desejamos obter amor na forma de aceitação e de aprovação em nossos inúmeros relacionamentos. Queremos conseguir o amor ideal em meio à ficção do romance perfeito. Esperamos encontrar o amor em nossa profissão, nas coisas que adquirimos e até mesmo nos lugares aonde vamos. Todos esses caminhos sempre trarão uma satisfação temporária, mas a desilusão também será inevitável, enquanto não percebermos que eles não têm saída.

Talvez leve algum tempo para compreendermos que a joia da coroa do espírito humano só pode ser encontrada em nosso próprio coração. Ela esteve, está e sempre estará lá – ou seja, "aqui"!

Buscar o amor significa evitar o amor. Porém, como estar ciente disso uma vez que o hábito de buscar está tão enraizado e se transformou, em grande medida, em um conforto deturpado? Como conhecer o amor, se continuamos acreditando, de modo equivocado, que precisamos adquiri-lo, recebê-lo como pagamento ou até mesmo conquistá-lo? Intuitivamente, sabemos que apenas abrindo o coração, e com a doação incondicional de nosso *self*[1], o amor pode começar a fluir para dentro da vida, em toda a sua extensão.

---

[1] Termo da psicanálise que designa o indivíduo tal como se revela e se conhece, representado em sua própria consciência. Em tradução literal, significa "o mesmo, o próprio". A partir da p. 64, o autor fará a distinção entre o *self* e o ego. (N. T.)

O amor só pode ser sentido por meio da bondade altruísta, do perdão incondicional e da compaixão sem limites. Ele só se torna verdadeiro e concreto quando há a intenção de beneficiar "o outro" antes do *self*. No entanto, isso só é possível quando a ação não é deliberada, quando a motivação é inocente. A motivação "para amar" não é amor, pois o amor não precisa de motivação.

Ele consiste na satisfação de todas as necessidades. Quando o amor se concretiza, não há necessidades. Na verdade, elas nunca existiram.

Somente quando paramos de desejar, de retirar do outro, de preservar e até mesmo de doar "em nome" do amor é que a joia da coroa é capaz de brilhar novamente. No momento em que a luz do amor é avistada, percebe-se que ela está em um lugar onde não pode ser buscada e de onde nunca poderá sair: o *aqui*; e no único tempo que jamais poderia existir: o *agora*.

Nesse instante, todas as mitologias relacionadas ao amor desaparecem. Nesse momento, a frase mais usada nas relações humanas – "Eu te amo" – se transforma, passando de uma ilusão para algo mais próximo da verdade: "Eu sou o amor por você". E, a partir daí, caminha rumo à verdade mais profunda, que não pode ser adequadamente expressa pelas palavras: "Eu sou o amor".

Em seguida, rumo à iluminação final, que dispensa qualquer descrição e está livre de todos os conceitos: simplesmente "eu sou".

E, mesmo depois disso, para além da iluminação, rumo ao "silêncio do ser", um silêncio que tanto acolhe quanto ordena todos e todas as coisas.

Essa é a natureza do amor.

Ele consiste no que "eu sou" e no que "você é".

O amor somos nós.

Ele É.

INTRODUÇÃO

"FALAR" SOBRE O AMOR significa falar sobre o que você é. "Viver" segundo o amor é ser o seu *self*. "Fazer" amor é criar uma expressão daquilo que você é, de acordo com a circunstância em que se encontra e com a pessoa que tem diante de você. Não existem diferentes "tipos" de amor, existe apenas um, mas o amor adquire muitas feições e formatos à medida que percorre seu caminho por entre as pessoas e mundo afora. A compaixão, o cuidado, o respeito e o perdão são apenas algumas das maneiras quase infinitas pelas quais a luz do amor pode ser sentida, vista e conhecida.

Eu sempre ignorei tudo isso. Ninguém me ensinou essas coisas. E a maioria das pessoas parece não estar ciente disso. Provavelmente, é por essa razão que o mundo é hoje um lugar repleto de relacionamentos conflituosos e com tantas pessoas infelizes. Isso explica por que a definição mais simples de "estresse" é a *ausência de amor no relacionamento* e por que a vida pode ser uma experiência lastimável tanto para os que aparentemente "têm tudo" quanto para os que "não têm nada". Não é possível haver felicidade sem amor. Não o amor "por" algo, tampouco o amor "de" alguém. Apenas a "presença" do amor... de verdade!

Quem dera eu tivesse aprendido tudo isso quando era criança. Quem dera em grande parte do tempo que desperdicei na escola eu houvesse recebido uma informação mínima sobre o verdadeiro sentido do amor. Quem dera meus pais responsáveis, dedicados, generosos e trabalhadores tivessem sido capazes de me transmitir alguma sabedoria sobre a verdadeira essência da vida. Quem dera! Mas não foram capazes. Não poderiam ser. Eles tinham a mesma falta de consciência que temos sobre o verdadeiro sentido do amor.

Aqui vai, portanto, um livro sobre o amor. Por favor, não alimente a esperança de encontrar aqui um manual para os relacionamentos ou um tratado sobre como conseguir o amante perfeito ou ainda como se apaixonar. Limitar o amor a esses níveis só serve para dar sustentação à nossa limitada compreensão sobre o amor. Este livro é, sobretudo, uma investigação sobre por que o amor costuma estar tão ausente, por que é evitado ou simplesmente malcompreendido, tanto no microcosmo de um relacionamento pessoal quanto no macrocosmo da vida como um todo. Nesse processo, talvez tenhamos um vislumbre da verdade sobre o amor, à medida que compreendemos que aquilo que julgamos ser o amor é algo completamente distinto. Há só um pequeno desafio: as palavras não bastam. Quando se busca conhecer o amor, as palavras atrapalham. Elas obscurecem a experiência do coração. A linguagem delas é, por natureza, dualista. O amor, entretanto, transcende as oposições. Em última instância, não tem um oposto. Ele é o próprio tecido que mantém unido tudo o que existe, em todos os níveis. O amor é como uma matriz invisível, que conecta tudo e todos. Mesmo quando as coisas, as pessoas e até a própria mente parecem estar separadas e desmoronando, a luz do amor está sempre presente, ao fundo. As palavras jamais conseguem chegar perto do amor, razão pela qual todos os textos espirituais relacionados a ele são apenas indicadores do caminho, só apontam para a direção na qual você poderá ver, perceber e conhecer o amor por conta própria.

É por isso que existe uma contradição em escrever sobre o amor, particularmente um livro cujo subtítulo sinaliza "uma viagem da mente ao fundo da alma". Os livros – ou, para sermos mais precisos, as palavras e as frases – representam ideias e conceitos que nascem na mente e podem viver apenas na cabeça, na forma de pensamentos. Na melhor das hipóteses, eles podem apontar na direção do coração, o mundo interior da consciência e dos sentimentos, mas jamais chegam ao coração. Assim como a palavra "água" nunca fará você se molhar, a palavra "amor" jamais fará com que você conheça, sinta ou perceba o amor; o amor é o que você é.

Embora o que acontece na mente muitas vezes seja uma expressão do coração, você terá de deixar a mente para retornar ao coração. Ou seja, basicamente, terá de ir além do "pensar sobre" o amor para poder conhecer o amor e ser o amor... de novo.

A PERDA DO SIGNIFICADO

Numa sala lotada, peça a cada ouvinte que lhe dê uma definição de amor. Talvez você acabe deparando com um número tão grande de definições quanto o de pessoas ali presentes. O amor é provavelmente uma das palavras mais usadas, abusadas e mal-empregadas de nossa língua. É por isso também, que, embora possa ser fácil "falar a língua do amor", está longe de ser fácil "agir" por meio dele.

A principal razão pela qual partilhamos uma ignorância sobre o significado do amor – e de uma capacidade atrofiada de "agir" por meio dele – não está relacionada apenas ao caráter elusivo das palavras, ideias e conceitos, mas sim, sobretudo, à perda de autoidentidade e de autoconsciência que compartilhamos. Ou, para sermos mais precisos, à tendência que temos de investir a própria identidade em algo que não somos.

Para muitos, essa ideia não é nova; é possível, contudo, que você não tenha reparado na sutileza de tal hábito. Para outros, este é um *insight* novo e talvez seja uma revelação assim que for percebido integralmente. Mas somente quando você for capaz de ver e compreender claramente o processo que o leva a desperdiçar seu senso de identidade em algo que não é você, poderá conhecer o verdadeiro amor.

Outro fator que contribui para que o amor tenha aparentemente desaparecido da vida cotidiana é o entretenimento do mundo moderno. É nesse contexto que o amor vem sendo destruído, tanto pela mitologia dos romances quanto pela glorificação das conquistas materiais. Dos contos de fadas infantis às famosas histórias românticas da Mills and Boon[2], passando pelas representações glamourosas de sucesso e de felicidade de Hollywood, o conceito de amor tem sido esmagado, confinado e limitado.

---

[2] Editora britânica que detém uma enorme fatia do mercado de livros de romance publicados no Reino Unido. (N. T.)

A comercialização da crença de que o amor só pode ser encontrado por meio da realização pessoal, da aquisição de bens ou em um único e exclusivo relacionamento serve apenas para que o amor se apequene, se torne elusivo e distante, ao passo que, na verdade, ele é ilimitado, tem uma enorme extensão e é acessível instantaneamente. Essa manipulação do significado do amor também faz com que nosso foco se concentre numa busca externa. A procura de um amor "lá fora" só faz retardar a descoberta dele, bloqueando a entrada do amor em nossa vida, embora, na verdade, ele já habite no último lugar que pensamos em procurar: nosso coração. Na Parte I do livro, discutiremos por que a mitologia construída em torno do conceito de amor nos deixa tão confusos e desorientados.

NÃO ACREDITE NUMA ÚNICA PALAVRA

É claro que há um único obstáculo para redescobrir e perceber a joia da coroa do espírito humano. Trata-se do nosso velho e querido companheiro – o ego. Quando se compreende o ego, praticamente todo o resto é compreendido. No entanto, tal compreensão só é possível quando você vê, com os próprios olhos, a maneira pela qual cria o ego dentro do *self*. Se estudar o ego sob o ponto de vista acadêmico, pela visão dos assim chamados "especialistas", muito possivelmente ficará confuso com as conceituações. Porém, se conseguir enxergar como cria o próprio ego, estará no limiar da verdadeira liberdade e da autêntica felicidade que a acompanha.

Se você já tem alguns "conceitos assimilados" sobre o ego, eu recomendaria que os deixasse temporariamente de lado, guardando-os em um canto reservado de sua consciência. Pensadores como Sigmund Freud e Carl Jung nos deixaram um legado maravilhoso com seus estudos, que incluem os conceitos de ego, superego, id etc. As ideias deles representam os pilares de inúmeras faculdades e centros de estudo de psicologia e psiquiatria. Mas você não precisa de todo esse conhecimento. É mais provável que tanto saber só atrapalhe. Quando abordarmos o ego, na Parte II, recomendo que você não acredite numa única palavra do que estiver lendo. Porém, também não deixe de acreditar, tente perceber por conta própria as coisas que descrevo, dentro do *self*, em relação ao *self*. Sei que é possível fazer isso – só depende do seu interesse e da sua disposição de reservar um tempo para a autorreflexão, a contemplação e a meditação.

Quando "vê por conta própria", em vez de simplesmente acreditar nos outros, você se transforma em autoridade na sua vida; torna-se, novamente, o mestre de sua consciência. Assim é que deve ser.

UM *SELF*, UM EU, UM VOCÊ

Presumo que tenha consciência de que você não é o seu corpo, que saiba (teoricamente, pelo menos) que você é o ser de consciência que anima a forma que está ocupando neste momento.

Às vezes, isso é chamado de espírito, alma ou de o autêntico *self*. Mesmo que ainda não tenha tido a plena percepção de seu *self* como a energia intangível, invisível e infinita do "eu" que diz "eu sou", pelo menos você compreende o conceito. Se compreender, também se dará conta de que o subtítulo da capa deste livro não é muito exato, pois ele diz "Uma viagem da mente ao fundo da alma", dando a entender que ambas são "componentes" distintos, ou aspectos do seu ser.

Na realidade, mente, coração e alma são uma coisa só. Todos são você. A **mente** significa apenas a função do pensamento, a criação do pensamento, aquilo que você "faz" dentro da consciência, que também é você! O **coração** não é o seu coração físico, mas o coração[3] de sua consciência, que é você. A **alma**, uma vez mais, é você, pois você não tem uma alma – você é uma alma! Não existe algum espírito misterioso à espreita, em lugar nenhum do seu corpo. Você é ele! A razão fundamental que nos leva a pensar demais, e com isso bloquear e deturpar a energia que vem do coração, é a ausência do autoconhecimento. À medida que avançar na leitura do livro, você começará a ver com maior clareza o modo brilhante como lhe tem sido ensinado a não ser o seu *self*. Você está lendo esta obra porque, consciente ou inconscientemente, está em busca do seu autêntico *self*. Na Parte III, conectaremos a busca pelo *self* com a busca pela felicidade e veremos por que ambas são uma única coisa.

Procure seguir o seu ritmo, leia devagar, contemple muito, medite regularmente e reflita sempre sobre o que está lendo. Ao fazer isso, começará a perceber por que não está sendo o seu *self*[4], por que não está

---

[3] No original, *"heart"*, que também significa "centro", "cerne". (N. T.)

[4] No original, *"why you are not being your self"*. Na linguagem cotidiana, grafam-se as duas palavras numa só, *yourself*, e o sentido da frase passa a ser: "...por que você não está sendo você mesmo". (N. T.)

sentindo o próprio *self*, por que fica um pouco confuso em relação ao seu *self* e por que "essa coisa chamada amor" parece algo tão elusivo para o seu *self*. Essa é uma condição universal.

Se tiver alguma pergunta ou necessitar de esclarecimento sobre qualquer conceito ou *insight* deste livro, entre em contato no endereço mike@relax7.com.

Boa viagem!

Esta é uma história sobre o SEU coração.
Você poderia chamá-la de a "verdadeira"
História dos Brinquedos!
Mas lembre-se: é apenas uma história.

Está confortavelmente sentado?

PARTE UM

UMA HISTÓRIA DE AMOR

No princípio, seu amor era inocente, e então...

Um belo dia, você ainda era bem pequeno e ganhou seu primeiro brinquedo de um adulto da família. As pessoas o estimulavam a brincar com ele e tinham a expectativa de que você ficasse satisfeito ao fazer isso. E, ainda que estivesse contente com o novo brinquedo, seu contentamento aumentava ao ver que eles estavam felizes em vê-lo feliz. Quanto mais você gostava do brinquedo, mais eles gostavam de você. Pelo menos, é o que parecia. Gradativamente, aprendeu que a felicidade e o amor dependiam de ganhar brinquedos, brincar com eles e mostrar a essas pessoas que você estava feliz e que gostava ainda mais delas por fazê-lo feliz.

Até que, num dia sombrio e predestinado, viveu sua primeira experiência devastadora. Alguém quebrou o seu brinquedo. Você berrou e chorou e, pela primeira vez, conheceu a dor do sofrimento. Por um instante, sentiu o coração partir-se. Ele se apegara ao brinquedo, e, quando este se quebrou, pareceu-lhe que o coração também *se partira*.

É claro que o coração não se partiu no sentido literal, mas no metafórico, e você passou pela primeira experiência de sofrimento. Entregou-se também à ilusão de que a pessoa que quebrou o brinquedo era a mesma que partiu seu coração, sendo, assim, a responsável por esse sofrimento! Desde aquele momento, seu caminho tem sido ladeira abaixo!

O EGOÍSMO TORNA-SE NATURAL

Essa primeira experiência de sofrimento, que você julgou ter sido causada por outra pessoa, levou-o à decisão de tentar se preservar de uma recorrência. Assim, começou a proteger seus brinquedos. Não permitia que ninguém brincasse com eles, sobretudo os prediletos. Tal atitude foi interpretada pelos adultos que lhe deram o brinquedo como "egoísta". E, embora isso obviamente fosse um julgamento negativo a seu respeito, eles pareciam conformados com o surgimento de sua natureza egoísta, como se isso fosse... natural. Você aprendeu a acreditar que não havia problema em ser egoísta. E, à medida que construía uma cerca imaginária em torno de seus brinquedos, não se deu conta de que estava, de fato, construindo um muro ao redor de seu coração. Isso começou a diminuir a emanação natural de energia do coração – o que comumente chamamos de amor. Seu coração começou a ficar *bloqueado*.

Embora permitisse que novos brinquedos passassem para "o lado de cá do muro", passou a manter as outras pessoas, estas destruidoras de brinquedos, a distância, do lado de fora do muro. Eventualmente, deixava alguém entrar, ou então saía e admitia que o coração irradiasse seu brilho sobre uma nova pessoa que entrasse em sua vida (como se ela fosse um brinquedo).

No entanto, novamente alguém fazia algo inesperado, que contradizia a imagem que você tinha dessa pessoa, a imagem à qual seu coração havia se apegado. Com o coração investido emocionalmente na expectativa que alimentava em relação a ela, você começava a sofrer outra vez, e a ilusão de que a raiz de seu sofrimento estava nos outros tornava-se mais forte e mais profunda.

Assim, um dia, por medida de segurança, você resolveu isolar completamente algumas partes do seu coração. Isso o levou a negar por completo o brilho do sol de seu amor, primeiramente a alguns e depois a muitos outros. Aos poucos, seu coração começou a *congelar*.

VIDA SEM AMOR

Você mal se deu conta de que, ao bloquear o brilho do coração, estava fazendo o mesmo consigo. Em vez de irradiar um amor incondicional para as pessoas ao redor, começou a distribuir um pouquinho de amor a alguns, um pouco mais a outros e nenhum amor a determinadas pessoas.

Ignorando completamente que seu *self* é a primeira fonte de amor por seu próprio *self*, não percebeu que, à medida que negava o próprio amor (seu *self*) aos outros, na verdade negava o seu *self* (seu amor) ao próprio *self*! Assim como um lago se transforma num deserto quando não chove, como uma árvore murcha sem água, o coração murchou sem o fluxo nutritivo de seu próprio amor.

A essa altura, o coração estava partido, bloqueado, congelado e murcho. Mas você estava apenas começando! Ao observar as pessoas à sua volta, particularmente os adultos que lhe deram os primeiros brinquedos, pareceu-lhe que eles haviam encontrado o amor e a felicidade na vida, de maneiras mais interessantes. À medida que você abria as janelas para o mundo da eletrônica, em technicolor, em múltiplos canais e multicultural, da "vida como entretenimento", e era por ele enfeitiçado, você aprendeu a acreditar que o amor – e, portanto, a felicidade – poderia ser conquistado, fosse por meio da aparência, do status, da personalidade ou de suas realizações.

Assim, a busca exterior e o esforço para obter amor, por meio de reconhecimento e da aprovação das pessoas, começaram a ganhar corpo, nas variadas esferas de sua vida. No trabalho, na aquisição de objetos, nos relacionamentos, nas suas realizações e até mesmo na família, você passou a procurar algo ou alguém que pudesse trazer o amor de volta ao seu coração para assim ser feliz.

Ocasionalmente, você era capaz de aliviar o sofrimento do coração dolorido, mas isso era sempre temporário: conseguia apenas criar um sentimento de *fragmentação*, por sentir-se dividido entre as pessoas e os brinquedos, entre a carreira e a família, entre o lazer e o trabalho. Mesmo que acumulasse mais bens, que fizesse mais amigos, que colecionasse troféus como resultado de grandes conquistas, não podia entender muito bem por que seu coração – e, portanto, sua vida – se sentia cada vez mais *vazio*.

FLOR DA ESPERANÇA

Ainda assim, o coração trazia consigo a delicada flor da esperança. Uma esperança alimentada pela mitologia do amor romântico. Uma esperança que alimentava sua imaginação. Em alguma parte do mundo você encontraria o parceiro perfeito, a alma gêmea, a lua que se combinaria com o sol, a lâmpada que se encaixaria com sua luminária e a promessa de um amor completo, verdadeiro e confortador. Você procurou, buscou, foi atrás, disposto a derrubar os muros e acionar a fonte por detrás dos portões enferrujados de seu coração.

Em meio ao desespero, você permitiu que uma, duas, talvez três pessoas entrassem, só para constatar que o coração delas também estava partido, bloqueado, congelado, murcho, fragmentado e vazio, assim como o seu.

Por fim, percebeu que elas também se encontravam num estado de carência e também buscavam os raios de sol para iluminar a escuridão solitária de seu autoisolamento. Bem no fundo, você sabia que duas pessoas carentes jamais poderão satisfazer à "necessidade" do outro de ser amado. E, a cada encontro que havia, a cada desilusão, seu coração murchava um pouco, mas agora estava tão ressequido que a própria esperança começava a desaparecer.

Então, um belo dia, num esplêndido e fatídico dia, aconteceu! Depois de uma simples troca de olhares na sala, e em um único momento, mágico e impressionante, vocês estavam fisgados. Naquele instante, a mitologia do "amor à primeira vista" tornou-se realidade. "Apaixonar-se" era algo real, e agora acontecia com você. De repente, seu coração se entregou. Os muros ruíram, as barreiras se dissolveram, o gelo derreteu e você então saiu, tenso mas cheio de gratidão, em direção à luz do amor da outra pessoa, de algum modo confiando, sabendo, sentindo-se seguro e sobretudo com a certeza: "É isso! É esta a pessoa!" Tudo o mais se transformou em distração secundária, e você só conseguia pensar nessa pessoa. Desde a hora de acordar, pela manhã, até o final do dia, eram tão fortes os sentimentos recíprocos que parecia que estavam colados um no outro, mesmo que estivessem a centenas de quilômetros de distância.

Levaria ainda algum tempo até se dar conta de que seu coração fora *roubado* pela outra pessoa e que você também tentava roubar o dela.

Assim como algumas crianças roubam os brinquedos das outras, imaginando que têm o direito de possuí-los e que conseguir os brinquedos dos outros as fará felizes, você tenta fazer o mesmo com o coração do seu parceiro. Se tivesse acesso exclusivo a ele, se pudesse ser a única pessoa a ser amada por ele, seria então como se tivesse ganhado a loteria do afeto supremo.

O EFEITO DA NOVIDADE DESAPARECE

Assim, o vazio desapareceu, as flores não murcham mais, a fragmentação parece ter sido curada e o gelo derreteu. Mas apenas na presença da outra pessoa, e não por muito tempo. A lua de mel termina, de modo tão certo quanto o murchar inevitável das flores. A familiaridade logo se instala, e você retoma velhos padrões. Esquece o que há de novo no outro; cansa-se da descoberta criativa de aspectos do seu *self* que ninguém mais foi capaz de lhe mostrar no espelho – o relacionamento. O efeito da novidade desaparece, assim como sempre acontecia com os brinquedos. A fase de lua de mel, que consistia em doação, partilha, compreensão e muito riso, dá lugar à rotina.

Presságios da morte do relacionamento aparecem no momento em que nasce a primeira expectativa. Você não se deu conta de que, ao doar e partilhar, estava, na verdade, "retirando", disfarçadamente. Não percebeu que a água do afeto alheio não pode fluir constantemente na direção que você deseja. Não percebeu a verdadeira razão pela qual essa pessoa apareceu em sua vida – dar-lhe a oportunidade de implodir seu próprio dique, de dar ao seu coração a chance de fluir livremente para o exterior, como já aconteceu uma vez, naquela época inocente, anterior aos brinquedos.

Naqueles tempos, na fase da inocência, você amava incondicionalmente, sem nenhuma exclusividade, sem se fixar num objeto ou numa pessoa. Amava sem expectativas. Seu coração era a fonte da vida e o caminho que o ligava a todas as outras vidas. Naqueles dias encantadores e inocentes, seu amor era puro. Seu amor não fazia julgamentos, não carecia de nada e reconhecia todos e todas as coisas como igualmente dignas de sua atenção. E, ao lhes dar atenção, você amava.

Os 7 mitos sobre o AMOR... de verdade!

A HISTÓRIA LHE PARECE FAMILIAR? Todos nós a compartilhamos. Talvez não exatamente nessa sequência. Tornamo-nos vítimas de um processo de assimilação de várias ilusões sobre o amor e a felicidade. Esse processo nos leva a sentir que nosso coração está partido, bloqueado, congelado, murcho, vazio, fragmentado, de que foi roubado. É a história sobre como o coração (sua consciência) é gradativamente *envenenado* por um conjunto de crenças falsas, uma série de mitos em relação ao amor, que nos distanciam do próprio amor.

Tais mitos são uma herança nossa e, se não tivermos cuidado, serão também nosso legado. Apresento a seguir os principais mitos que evoluíram e se expandiram em nossa consciência e, em grande medida, em nosso mundo, sem que estejamos cientes disso.

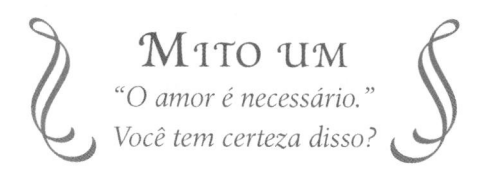

Mito um
"O amor é necessário."
Você tem certeza disso?

Ouvimos com frequência: "Todos nós precisamos do amor, precisamos 'ser amados' e saber que somos amados". Não precisamos. Se existe alguma "necessidade", é a de dar amor, que significa simplesmente partilhar a si mesmo, pois nós somos o amor. Mas você não sabe que é amor até o momento em que se abre, enxerga e doa do seu próprio *self* (e não do seu corpo!) a algo ou a alguém, sem alimentar o mínimo desejo de obter algo em troca. É um sentimento chamado de "amor incondicional".

Doar o quê? Na verdade, não importa. Isso pode adquirir a forma de tempo, atenção, presente, sabedoria, orientação, o que for. O que importa não é "o que" é dado, mas a intenção. Não é o que está visível quando se doa, mas o que está invisível no ato de ofertar. Sabemos, intuitivamente, que a intenção do amor nunca é ter algo em troca. É apenas expandir-se, conectar-se e fluir. O amor verdadeiro nunca é incompleto, não existe nada que lhe possa ser acrescentado. Portanto, ele não busca nada, tampouco precisa de algo. O amor não é um objeto. Não é algo separado de você, de mim, de nós. Ele é você, eu, nós. Somente a linguagem das palavras faz com que o amor pareça um objeto, como algo à parte.

Se o amor está "preocupado" com algo, a preocupação dele é dar felicidade aos outros. Simplesmente leva tempo para percebermos que "o outro" só pode ser verdadeiramente feliz quando nos damos conta de que ele também é amor e que só nos livrando de qualquer carência poderemos conhecer o amor e ser o amor. O maior presente que pode dar a alguém é ser você mesmo o amor, que equivale a "ser o seu *self*". Isso talvez desperte no outro a percepção de que ele também é amor, à medida que você lhe mostra o caminho a seguir. No entanto, como veremos adiante, "ser o seu *self*" não é tão fácil quanto parece.

Pelo menos uma vez por ano, você vai a uma loja de departamentos, compra algo e dá de presente a alguém querido, dizendo: "Para você, com amor". Naquele momento, você reconhece o lugar onde o amor sempre morou. Não na loja (bem que gostaríamos!), não no presente, tampouco no papel de embrulho ou no cartão, mas na doação que parte de você. O que leva, portanto, à pergunta óbvia: por que passamos a vida inteira procurando fora de nós mesmos o que já temos dentro de nós? Voltaremos a essa pergunta.

A única forma de "conhecer" o amor é dando amor, o que é exatamente o mesmo que dizer que a única forma de "conhecer" o seu *self* é doando parte dele. Quando você faz isso, torna-se óbvio que o amor não é "necessário", simplesmente porque tanto o "*self*" quanto o "amor" são uma coisa só. E nenhum dos dois jamais acaba! Contudo, a "doação" não é uma ideia sobre a qual é preciso pensar. Se tivermos de pensar sobre o que significa "doar com amor", então é improvável que ele seja autêntico. Porém, isso ainda é melhor do que deixar de doar.

Com frequência, "doamos" apenas por se tratar da atitude que se espera de nós ou porque nos ensinaram que "deveríamos" fazer isso. Tendemos a doar por uma questão de costume ou de tradição, às vezes simplesmente por hábito. Isso não é amor, é apenas um ritual. Às vezes doamos com um sorriso e um abraço, mas, se estiver implícito o menor desejo de reconhecimento, ou de reciprocidade, não será doação; ainda será o querer, ainda será "retirar". Existe também a ilusão de que o amor é necessário. Por trás dessa ilusão está um mito ainda mais poderoso, o de que o amor pode ser "conquistado".

Doar o tempo todo é tão cansativo!

Algumas pessoas acreditam estar sempre doando, doando, doando, e têm a sensação de que isso lhes rouba a energia, que é cansativo. Esse sentimento revela apenas que o "verdadeiro amor" não está em ação. Enquanto o coração se esforça para demonstrar amor, a mente pensa: "Você está sempre tirando de mim, porque não me dá nada em troca, porque não reconhece o meu amor?". Se existir o menor desejo de obter algo em troca, não se trata de doar, mas de receber. Por trás da aparente expressão de generosidade, existe o "desejo" de conquistar. E o amor não alimenta desejos em relação a si mesmo. É a intenção de "receber" algo, que está por trás do gesto de doar, que cria o pensamento negativo quando não há reciprocidade. E essa é a verdadeira razão do sentimento de energia roubada, de exaustão. Um sinal claro de que a energia do amor está fluindo de verdade é que ele nunca provoca cansaço, só lhe dá energia, só o fortalece.

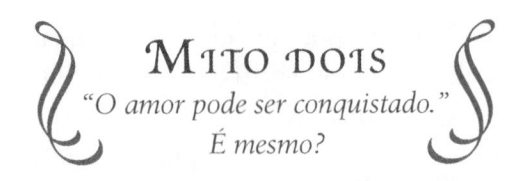

MITO DOIS
"O amor pode ser conquistado."
É mesmo?

A única verdadeira energia da vida que não pode ser conquistada é a do amor. Por quê? Porque você é essa energia. Você não pode conquistar seu próprio *self*. Não pode conquistar seu próprio coração. Não pode conquistar aquilo que já é.

O amor não é uma energia exterior que você possa "obter", "manter", "armazenar" e "usar" num dia chuvoso. Essa é uma verdade que escapa à maioria das pessoas em busca do amor. Só traz a garantia de que qualquer busca será sempre em vão. A associação entre romance e amor vem reforçar esse mito, por ensinar que o amor só é possível na vida quando você encontra a pessoa certa. A ilusão de que, no momento em que a encontrar, ela será a "verdadeira fonte" do amor em sua vida faz com que você permaneça olhando para a direção errada, ou seja, para o lado de fora, e longe do seu *self*.

Em muitas linhas de pensamento da psicologia e da psiquiatria, sustenta-se a crença de que as crianças precisam conquistar o amor dos pais. Não precisam. Não têm como fazê-lo. É uma ilusão pensar que você pode "obter amor" de sua mãe e de seu pai. Você pode receber o amor, mas não é dessa fonte que você o obtém! O verdadeiro papel dos pais não é dar amor ao filho, mas "ser amor" para o filho. "Ser amor" vem antes de "dar amor". Ser amor É dar amor. "Ser amor" em todas as situações e em todos os relacionamentos ensina a criança, por exemplo, a ser amor e a se doar de maneira sincera, pura e altruísta. Infelizmente, a maioria das crianças não aprende isso, pois os próprios pais aprenderam e ensinam o oposto – que o amor é "necessário" e que deve ser "conquistado" junto a alguém. É por isso, claro, que poucos são capazes de compreender que o amor é aquilo que somos.

Ao ensinarmos à criança que ela necessita do amor do pai ou da mãe, estamos ensinando a dependência, um dos pilares do sofrimento que continua pelo resto da vida. Quando lhe mostramos o que é ser amor, como ser ela mesma, estabelecemos as bases para a liberdade.

De uma maneira ainda mais fatal e funesta, os pais também tendem a transmitir aos filhos a crença herdada de que, se você não conquistar o amor dos outros, não deverá partilhar o amor do seu *self*, ou seja, o *self*. O que equivale à pena de morte para o espírito, propriamente dito, que nos compõe. Morte não no sentido literal, em que se cria um fim, mas morte da capacidade de fazer aquilo para o que fomos concebidos, ou seja, doar, irradiar, partilhar, expandir, conectar-se... de modo altruísta.

Acreditar que não se deve dar amor até conseguir conquistar o amor é uma tentativa de matar o amor, ou seja, um suicídio espiritual que resulta da ignorância a respeito desse sentimento. Isso não quer dizer que os pais não devam ser mais – ou muito mais – amorosos com os filhos do que com as outras pessoas. Porém, em nada ajuda o fato de um pai ou mãe confundir "apego" com o amor. Esse erro simples, se transmitido aos filhos, representará não apenas o início da nossa "verdadeira história dos brinquedos" pessoal; uma vez assimilado, também fará diminuir a capacidade de amar (de sermos nosso "*self*") pelo resto da vida. Enquanto você não compreender a diferença entre apego e amor, a felicidade será algo impossível. Enquanto não for capaz de desapegar-se, o amor será impossível. Não é uma separação fácil, num mundo em que "amor" e "apego" têm vivido juntos há tanto tempo.

Ser e fazer

Embora seja, essencialmente, um estado do ser, uma intenção pura, o amor também "faz", o amor também age. Mas apenas quando a fonte do amor, o ser (o self), conhece a si mesmo como "alguém que é"[5], e não como "alguém que faz"! Hoje em dia, muitos aprendem a construir sua identidade em torno de algo que se faz, de ações específicas, uma posição social, um cargo. Os lugares em que comumente nos identificamos com uma posição social ou com um cargo são a empresa ou a família (pai/filho ou sênior/júnior). E, enquanto nos identificarmos

---

[5] No original: *"a being"*, que designa tanto o substantivo, "um ser", quanto o próprio verbo, "alguém que está sendo". (N. T.)

com aquilo que fazemos, não seremos capazes de conhecer, ser ou dar amor. Estamos sempre olhando para nós mesmos como superiores ou inferiores, e o amor não é nenhum dos dois. O amor não olha para os outros "de cima para baixo" ou "de baixo para cima". É por essa razão que as pessoas que constroem uma mentalidade superior ou uma mentalidade inferior talvez se sintam pouco à vontade na presença do amor.

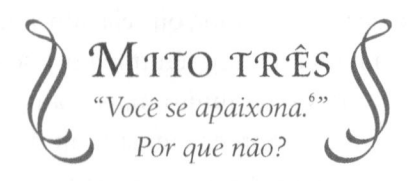

MITO TRÊS
"Você se apaixona.[6]"
Por que não?

Este é um mito complicado, já que tem permeado praticamente todas as modalidades de romance, há séculos. Porém, a verdade é que você nunca poderá "cair" de amor. O verdadeiro amor nunca é uma queda; jamais pode ser um movimento descendente. Na realidade, o que geralmente ocorre é a paixão cega, a obsessão e o apego, e estes são denominados por meio da expressão "cair de amor".

Algumas provas da presença do amor num relacionamento são a ausência da paixão cega, da obsessão e de qualquer tipo de apego. Não existe o sentimento de queda, mas de "elevação". Não há a sensação de confinamento na relação, mas sim de uma verdadeira liberdade. Não há nenhum "calor", mas frescor e solidez que resistem a toda e qualquer circunstância e acontecimento.

Você jamais poderá literalmente "cair de amor", pois já está, e sempre estará, "no" amor, está sempre "dentro" de seu *self*. O amor e o autêntico *self* são uma coisa só. Mas, se não estiver ciente disso – e muitos de nós não estamos –, poderá sentir que está "caindo de volta" em seu *self*, seu verdadeiro *self*. Mas isso não é uma queda, e sim um despertar para uma nova consciência de seu *self*. Às vezes, costumamos chamá-lo de autorrealização.

Três coisas podem acontecer quando você "acredita" que "caiu de amor" por alguém. Não necessariamente na ordem a seguir.

---

[6] A expressão *"fall in love"*, no original, tem o sentido literal de "cair de amor". (N. T.)

A primeira delas ocorre inteiramente dentro da consciência. Você projeta uma imagem idealizada do outro na tela de sua mente e então permite que seu *"self"* se perca nessa imagem. É por essa razão que não consegue pensar com clareza em qualquer outra coisa que não seja essa pessoa. É por isso que perde o apetite, que não sente vontade de falar com as pessoas, que o padrão de sono fica alterado durante dias. Você cria o hábito de dar atenção, seu *self*, à imagem do outro que se formou em sua mente.

Deixar que o próprio *self* se perca na imagem idealizada e criada por nós não é amor, mas um mero apego, que geralmente se transforma em paixão cega. Essa ilusão, com toda a certeza, terá um fim. Trata-se de uma ilusão que normalmente surge quando o outro faz algo que contradiz a imagem perfeita que você tem dele. Mas mesmo nessa situação você continua idealizando a pessoa, embora ela tenha deixado de corresponder à imagem que você cultivava. É por esse motivo que talvez perceba, com certa curiosidade no início, que a ama com maior intensidade quando está distante! É claro que isso não é amor verdadeiro, mas apenas "idealização".

A segunda dimensão do mito de "cair de amor" é o sentimento de que, embora o outro possa estar a quilômetros, centenas de quilômetros de distância, é como se estivesse praticamente ao lado. Esse efeito é provocado por uma troca de energia mental, uma comunicação sutil entre duas pessoas, dois seres que estão irradiando energia. Cada um está pensando no outro com intensidade e frequentemente. Cada um capta as vibrações mentais do outro. Às vezes, pode haver uma enorme exatidão nisso, uma situação em que determinados pensamentos de um são cristalizados na mente do outro. Ou então é um sentimento forte, uma poderosa sensação da presença do outro. Não existe nenhuma novidade nisso, já que é possível transcender os limites da comunicação física, passando a níveis mais sutis de comunicação, e conectar-se com o outro nesse nível. Os animais domésticos são muito mais habilidosos nisso!

A terceira dimensão inerente à ilusão da "queda" é conhecida como a "intimidade da presença física". Passa a existir tal nível de conforto na presença do outro que lhe permite ficar totalmente receptivo e vulnerável. Isso significa apenas que você se sente capaz de derrubar todos os muros que vem construindo em torno de seu coração há tantos anos.

A transparência mútua representa um enorme alívio quanto à pressão de manter tais muros no lugar. Uma pressão que você só percebe completamente quando para de segurar esses muros. Agora, consegue compartilhar tudo o que tem no coração, em seu *self*, em sua consciência, todos os seus segredos e as experiências que tinham sido enterradas. Isso não é um simples alívio; à medida que compartilha, começa a perceber em que medida essas coisas eram pequenas e insignificantes, passa a compreender seu *self* com uma clareza que só é possível quando você revela o seu *self*, quando expressa (coloca para fora) o seu *self* para o outro. Essa abertura absoluta para o outro, se for recíproca, permitirá uma criação conjunta que você julgará como um relacionamento especial. É um relacionamento íntimo, no qual a ideia de intimidade surge inteiramente e com plena vivacidade, à medida que um está dizendo ao outro: "Entre em mim e me veja por dentro"[7]. E, à medida que um permite que o outro "entre", um penetra a energia do outro, o que equivale a penetrar no amor do outro, que dá a sensação de cair dentro do amor do outro – o que, em certo sentido, acontece – e que é então chamado, de "cair de amor". Só que não se trata de uma queda, está mais para um alívio, talvez uma libertação, uma dose de resolução, uma revelação; talvez seja mais exato denominá-lo terapia! É também por isso que esse período não pode durar, e não dura. E que há sempre o "período de lua de mel", cujo término é anunciado por um dos seguintes eventos.

O primeiro sinal é quando começa a reerguer os muros em torno do coração, no momento em que a outra pessoa faz algo de que você não gosta ou que contraria sua expectativa. Ou quando ela o pressiona para um nível profundo demais de seu *self*, onde ainda existe uma ferida recente, em que ainda existe uma memória demasiadamente dolorida. Mas é claro que não se dará conta de que é você mesmo a fonte de seu desconforto, da mesma forma que é provável que reverta à velha e fatal crença de que a pessoa está "fazendo" com que você se sinta assim.

O segundo sinal de "fim da lua de mel" é o retorno do relacionamento a um estado de tranquilidade. E o que acaba restando, no final, é a capacidade de estar à vontade na companhia do outro, em qualquer hora,

---

[7] No original, um jogo de palavras explora a semelhança sonora entre elas: *"Come in (in) to (ti) me (ma) and see (cy) me"*. (N. T.)

em qualquer lugar. Como se tivesse encontrado um sapato que se molda com perfeição aos seus pés, você encontrou alguém com quem se sente completamente à vontade. Essa "adequação" torna-se então uma zona de conforto, na qual nem tudo é perfeito, mas é o melhor que poderia existir até hoje, e por que você desejaria estar com outra pessoa e passar novamente por todo esse processo de "revelação"? Talvez com outro você não passaria por tudo isso outra vez, portanto não teria uma "história a dois" tão poderosa à qual pudesse se apegar, com a qual pudesse se identificar. Algumas pessoas ficam juntas, de fato, simplesmente por causa de uma história que constroem juntas. Essa história inclui o efeito terapêutico original, que é considerado, em si, um tipo de libertação que foi possibilitado pelo outro, quando na verdade foi apenas facilitado pelo outro.

O terceiro sinal do fim da lua de mel pode ser a percepção de que o amor é muito maior do que as duas partes, que o Reino do Amor não é uma coisa chamada "a situação de duas pessoas casadas". Quando o verdadeiro amor se realiza plenamente, fica claro, também, que ele é muito maior do que apenas duas pessoas juntas. É muito maior do que as limitações de um relacionamento especial, mesmo que este se expanda até a formação de uma família.

O amor é "a" energia universal, e, para que ele seja completamente conhecido, que seu poder seja compreendido de maneira integral e sua beleza seja vista, é necessária uma aplicação universal. Esta parece ser uma consciência inata que carregamos conosco, mas que perdemos em meio à rotina e aos embates da vida cotidiana. Se permitirmos o florescimento desse sentido universal da presença do amor, a exclusividade de qualquer relacionamento em particular talvez se torne limitadora ou claustrofóbica demais. Por fim, talvez haja uma ruptura, caso uma das partes – ou ambas – sinta a necessidade de ser mais... ilimitado. Ou talvez ambas tentem continuar o relacionamento, atingindo juntas a universalidade do amor. Esse processo pode ser "desafiador", já que qualquer tipo de apego é uma espécie de negação dessa universalidade, e uma nova série de muros pode ser facilmente reerguida. Ou quem sabe um dos dois perceba que "isso" é maior do que as duas partes, e o outro não tenha tal percepção.

Como talvez saibam todos os que já "caíram de amor", a lua de mel nunca perdura. A "queda" tem de ter um fim. Deve haver uma aterrissagem, que normalmente traz a sensação de uma forte batida no solo! Às vezes, essa queda implica uma separação total; ou então simplesmente um dos dois se volta para uma realidade anterior, com novos *insights* sobre o outro: "Ah, agora compreendo, agora sei como você realmente é". Uma imagem é estilhaçada, uma ilusão é destruída. Nesse momento, cada um segue seu caminho, ou então os rebentos do amor verdadeiro emergem na forma de aceitação incondicional do outro, independentemente do que ele diz, faz, disse ou fez no passado. Porém, como veremos adiante, é difícil manter aceitação incondicional quando se passa a vida inteira assimilando comportamentos como expectativa, julgamento e dependência.

É por causa desse e de outros hábitos assimilados que surge o clichê moderno sobre o relacionamento íntimo a que chamamos casamento, quando dizemos: "Ah, mas o casamento dá trabalho". Mas talvez não seja o relacionamento que dá trabalho. O que exige esforço é não permitir que esses hábitos afetem a energia que carregamos para um relacionamento. Tais hábitos implicam a ausência do amor e a presença da raiva e do medo. A tendência ao julgamento, à crítica e à atribuição de culpa ao parceiro indica que ainda existe a expectativa de que o outro seja a fonte de amor para o próprio *self*. Um erro comum, que pode transformar qualquer relacionamento numa espécie de campo de batalha.

Um choque incondicional

Quase todo mundo parece admitir a ideia de que o verdadeiro amor é incondicional. Ou seja, todos sabem, no fundo, que o amor não impõe condições ao ato de cuidar e de compartilhar ou a qualquer forma de doação. De fato, o amor recebe, mas não "tira". Talvez não concorde ou então se mostre condescendente, mas sempre aceita. Ele é a base de nossa capacidade de discernir o verdadeiro do falso, mas não julga a outra pessoa. Preste atenção no "lugar" em que você "pratica" o seu modo de receber, a sua aceitação e o reconhecimento que mostra diante do outro, e verá que o amor surge como o seu self. *E, assim como você não é capaz de "ver" o próprio* self, *notará que é incapaz de enxergar o amor; poderá ver apenas a sua expressão e os seus efeitos. Assim como a eletricidade, o amor é invisível. Se você puser a mão num fio desencapado pelo qual passa a corrente, sentirá o choque elétrico. Se tiver a ousadia de "desnudar-se", de abrir o próprio self, de remover tudo o que existe entre o seu self e as pessoas, se ousar partilhar incondicionalmente seu self, tanto você quanto aquele que estiver em sua presença provavelmente sentirão o choque da energia incondicional da vida, o amor!*

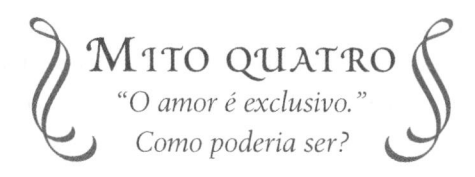

MITO QUATRO
"O amor é exclusivo."
Como poderia ser?

Segundo essa crença, em algum lugar existe "alguém especial" para mim, a minha "alma gêmea", a pessoa que o destino reservou para estar ao meu lado pelo resto da vida. De fato, isso é produto dos filmes de Hollywood e do mito do amor romântico. Aprendemos a limitar o conceito de amor a uma pessoa especial ou a alguns relacionamentos bastante exclusivos, geralmente na própria família. Fazemos com que o amor seja algo pequeno e adequado apenas àqueles em quem acreditamos e que julgamos especiais e, portanto, merecedores de nosso amor.

Na verdade, o amor real jamais pode ser pequeno e exclusivo. Ele é, como naturalmente percebemos, inclusivo. Não tem preferências, não seleciona, não acha que eu o/a amarei mais que este ou aquele outro. O amor real aceita e acolhe todos, sem pensar duas vezes, sem pensar uma única vez sequer. Não julga, não condena nem critica o outro de maneira alguma.

Não existe uma "alma gêmea" que seja única. Quando estamos sendo nosso *self*, ou seja, o próprio amor, todos somos "almas gêmeas" uns para os outros. Isso só é possível se não nos deixarmos levar pela ilusão de que o amor é exclusivo e seletivo. Mas o que dizer do ato de unir-se ao outro?[8] O que nos faz ficar confusos em relação ao amor é um

---

[8] No original inglês: *mating*, do verbo *to mate*. Referência à expressão usada no início deste parágrafo, *"soul mate"*, alma gêmea. (N. T.)

erro simples e recorrente. Acreditamos que somos o corpo que ocupamos. A identificação com a forma física reduz nossa ligação com os outros a um tipo de sensação física – visão, sons e toque são as três principais maneiras de nos conectar e nos comunicar com as demais pessoas. Isso, em grande medida – quando não completamente –, restringe nossa percepção de amor a uma troca e a um ato físicos.

Quando reduzimos as coisas à dimensão física, tendemos a avaliar tudo nesse nível, incluindo a beleza, a diversão, a felicidade, a alegria etc. É nesse momento que nossa consciência sobre o amor, e a capacidade de sermos o próprio *self* e partilharmos dele, se perde temporariamente. Quando acreditamos que somos o corpo físico, buscamos constantemente as sensações, o que significa "absorver" algo "por meio e através" dos sentidos. Os estímulos sensoriais passam então a ser confundidos com o amor. Isso leva a uma busca constante – e em certos casos quase desesperada – do amor, algo que jamais poderá ser encontrado "lá fora".

Assim, concluímos que não pode existir algo denominado "fazer amor". Ironicamente, isso é uma coisa que nunca pode ser feita. O amor já está feito. É ele que faz e produz todas as outras coisas. Embora "fazer amor" não passe de uma figura de linguagem, a expressão tornou-se de tal maneira enraizada, que com frequência ganha o status de um truísmo em sentido literal. Obviamente, muitas vezes isso se refere a "ter relação sexual". Ter relação sexual não é o mesmo que fazer amor. E a prática do sexo é, sobretudo, uma ação física que em geral contém uma pequena dose de doação incondicional; mais frequentemente implica o desejo e a "retirada" condicionais. Por isso, o "ter" da expressão "ter relações sexuais". O sexo pode ser uma "sensação" magnífica – por isso, a sua glorificação –, mas talvez haja uma quantidade muito pequena de amor envolvida, e, certamente, o amor não é "feito" nesse processo. Talvez haja algum contato íntimo, ou a concepção de um novo bebê, mas não o amor. O amor é o que faz, não o que é feito.

Isso não quer dizer que o sexo seja ruim ou errado, apenas que é melhor não confundi-lo com o amor. O sexo é uma expressão do amor? Pode ser, porém a sensação física é tão poderosa, tão fisicamente "extasiante", e a lembrança que deixa é tão poderosa que ele facilmente se transforma num outro desejo físico ardente. Num *ranking*, seria classificado pouco acima do sorvete, mas ainda assim não passa de um desejo ardente. Qualquer desejo desse tipo indica que o amor não está presente, que o amor não está em expansão, que o amor está se contraindo, pois o *self* diminui de tamanho apenas para satisfazer um desejo ardente, o qual, na essência, é uma forma de "luxúria". E, obviamente, luxúria não é sinônimo de amor.

Se, numa conversa, você ousar fazer uma mínima insinuação a respeito do *insight* acima, pode esperar do interlocutor uma reação emocional. Quando o amor é mencionado na mesma frase que a luxúria, e a verdade de cada um dos dois é "exposta", uma das mais poderosas drogas da idade contemporânea é colocada em risco. Não insinue isso, de maneira nenhuma, aos donos das revistas pornográficas, cujas vendas dependem quase que inteiramente da mitologia de que o amor e o sexo são sinônimos. Pois, se essa insinuação começar a circular entre as pessoas que produzem tais publicações, estas deixarão de existir. Esse é o poder dessa droga. E provavelmente não é uma boa ideia mencionar isso ao seu/à sua parceiro(a) antes que ele(a) tenha "lido este livro"!

Talvez lhe pareça um salto enorme passar do amor como um relacionamento exclusivo para o amor como uma intenção incondicional e benevolente. Trata-se de um salto que aparentemente elevaria o *self* à santidade instantânea. Assim, é fácil considerar isso como algo irrealista, neste mundo moderno e em certa medida sexualizado; como impossível, portanto. Mas, à medida que continuarmos nossa investigação sobre o verdadeiro sentido do amor, talvez possamos descobrir que cada um de nós não é apenas uma fonte de amor no mundo, mas essa é a própria natureza de cada ser humano. O elemento paradoxal em relação ao amor é que você não pode comprovar a veracidade disso, ou seja, só poderá conhecer o amor no momento em que doá-lo. Isso equivale a partilhar o seu *self*. O "*self* altruísta" passa então a ser considerado o destino final da "viagem de volta" à percepção da consciência original, de que "o amor é o que eu sou".

AS ALMAS NÃO SE JUNTAM

Não existe o que se chama de "alma gêmea", basicamente porque as almas não se juntam. Somente os corpos se juntam. Uma alma gêmea tem, simplesmente, grande afinidade com outra. É provável que haja um alto nível de ressonância no nível mental, que possibilita a ambas as almas uma comunicação em nível sutil, para além das palavras. Todos nós temos a capacidade de desenvolver esse nível sutil de comunicação. Os "fios" já existem, mas raramente aprendemos a ativá-los. Nossa dependência de sons, palavras, imagens e da tecnologia que os transmite é tão grande que deixamos de desenvolver e utilizar os sentidos mais sutis. Nosso estado de agitação e distração com o mundo "lá fora" é tamanho que reservamos cada vez menos tempo para relaxar e acalmar a mente. Esse silêncio mental é a condição interior essencial para poder acolher a energia sutil e radiante que vem do outro. E, quando o alcançamos, talvez possamos redespertar a consciência de que já estamos conectados. Essa conexão jamais pode ser rompida, mas somente ignorada. Já estamos todos conectados, simplesmente não captamos os sinais uns dos outros, a menos que estejamos na mesma onda sonora. Ocasionalmente, encontramos uma pessoa que parece ter a capacidade de fazer amizade com qualquer um. Ela consegue unir-se aos outros, conectar-se no nível mais profundo, o que significa, simplesmente, produzir ressonância e se conectar com "o outro", independentemente de quem é tal pessoa ou do que ela aparenta ser.

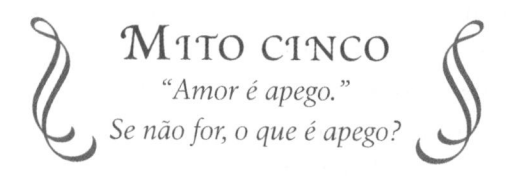

Mito cinco
"Amor é apego."
Se não for, o que é apego?

Um dos mitos mais comuns no mundo de hoje é o de que o amor é apego. O que raramente se "percebe" é que onde existe apego há medo. Medo da perda ou da destruição do objeto ao qual se apegou. E o medo não é amor. Onde existe medo não pode haver amor. O medo é o amor corrompido pelo apego.

Sempre que você se apega a algo, um objeto, uma pessoa, um lugar ou uma simples ideia, seu coração fica bloqueado. A energia que emana naturalmente de seu coração, ou seja, de você, é distorcida e se transforma em diferentes ondas ou vibrações enquanto abre caminho por entre os objetos de apego da mente e se abre para o mundo. Assim, você não consegue estar receptivo e partilhar seu *self* plena e incondicionalmente. Você é incapaz de amar de maneira coerente e estável. O medo estará presente, seja no primeiro plano, seja num plano secundário da consciência, numa de suas várias formas, tais como a ansiedade, a tensão, a preocupação ou o simples medo.

Assim como um filtro colorido altera a cor da luz refletida a partir de um canhão de luz sobre o palco, qualquer espécie de apego é como um filtro que deforma a energia, a luz do amor, que emana naturalmente a partir do *self*, muitas vezes bloqueando totalmente essa luz. Você sabe que isso está acontecendo quando "sente" alguma forma de emoção. A emoção é o sinal de que você está apegado a algo que se encontra em "sua mente". É a ideia ou a imagem do objeto de apego que está "na mente" que está bloqueando seu coração, você. Somente o desapego, ou o não apego, é capaz de reabrir "você" e devolver-lhe a capacidade de ser amoroso e amar.

Há situações em que uma obsessão com algo ou com alguém é confundida com amor, mas essa é apenas uma modalidade extrema de apego. No momento em que se cria uma obsessão, ocorre um bloqueio total. É praticamente como se fosse incapaz de transmitir energia a algo ou a alguém que não seja o objeto de sua obsessão. Quando está obcecado por algo, você usa o objeto do apego, o objeto da obsessão, para definir o próprio *self*.

Preocupar-se com alguém que você chama de "pessoa amada" não é sinal de amor, de cuidado, mas sim preocupação; portanto, é medo. O medo surge porque você está apegado à pessoa amada. A verdade é revelada por meio da presença da sua preocupação (medo). À luz dessa verdade, você pode ver que essa pessoa não é "a pessoa amada", mas aquela a quem você está apegado! E, como está sendo percebido por um número cada vez maior de pessoas, você não pode ser o amor – e, portanto, dar amor – se estiver apegado a algo ou a alguém.

A crença de que é possível expressar o amor por meio do apego é um dos mitos mais poderosos já programados na consciência humana.

Ela está no cerne de praticamente todas as tradições e culturas. Define estilos de vida e influencia o destino das pessoas. Cria conflitos e dá sustentação a todo o sofrimento a que chamamos de estresse. Na Parte II, examinaremos em detalhes o mecanismo do apego, por que nos apegamos com tanta frequência, como "se desapegar" e por que o desapego é essencial para aquilo que alguns chamam de "cura do coração". Pergunte a uma pessoa que tenha trilhado qualquer caminho autenticamente espiritual: é bem provável que ela concorde com a ideia de que você só pode amar se estiver desapegado. Porém, para a imensa maioria, esse é apenas um grande paradoxo.

VOCÊ ESTÁ OBSERVANDO?

Na próxima vez em que se perceber reagindo de modo negativo a alguma pessoa ou situação, pare um momento e reflita. Reconheça que é você quem cria a sua reação, e não o outro. Sente-se em silêncio, com a lembrança de sua reação, e simplesmente a observe, à medida que a repassa na tela da mente. Não julgue a situação, não a critique, não tente justificá-la. Apenas observe. Começará a perceber, por trás dessa reação, a que exatamente está apegado na mente e de que maneira isso determina a sua reação. O amor não reage emocionalmente diante de ninguém, de nada. Ele sempre responde com a aceitação e com a capacidade de acolher o outro. Sempre responde por meio da compreensão, da compaixão e do encanto de estar com o outro. Somente o apego reage.

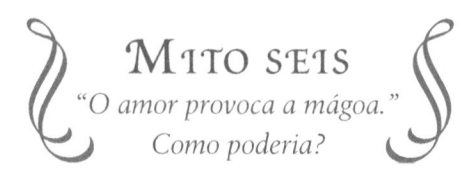

MITO SEIS
"O amor provoca a mágoa."
Como poderia?

A verdade é justamente o oposto. Se ele causou mágoa, não é amor. O restaurante é palco de uma cena clássica. No início da noite, o casal de jovens olha um para o outro de modo romântico, ao jantar. Qualquer observador diria: "Olhe, não é lindo?". Mas, à medida que a noite avança, a energia se altera e surgem pequenas discussões, até que, por fim, um deles deixa a mesa irado e de maneira tempestuosa, sendo imediatamente seguido pelo outro. É quando o observador talvez dirá: "Ah, olhe só, estão brigando, uma 'briga de enamorados', devem estar tão apaixonados...". Mas a raiva não é sinal de amor. Raiva é raiva. Assim como o medo, a raiva é um sinal de que o amor está ausente. A raiva é um sofrimento emocional.

De fato, a maioria dos relacionamentos íntimos tem seus altos e baixos. Há momentos de conflito e de sofrimento individual. Mas isso nada tem a ver com o amor, está relacionado ao julgamento e à culpa, às expectativas e ao apego, à dependência e ao ciúme. Nesses momentos, o amor não está presente, foi momentaneamente perdido. O amor não cria conflitos, não sofre, não discute, nada tem a ver com qualquer tipo de sofrimento. O amor é incapaz de criar mágoas, ele cura as mágoas. A mágoa é sempre um produto do ego. Onde há ego, não há amor. O ego é a escuridão que mantém a luz do amor aprisionada. Isso é o que todos nós aprendemos a fazer. É por essa razão que muitas vezes parece impossível libertar-se do estresse. Até mesmo os santos mais sagrados e os sábios estão propensos a ter sua luz própria obscurecida pela escuridão do ego. Eles simplesmente estão mais conscientes a esse respeito, demonstram maior sabedoria e portanto são mais capazes de lidar com isso do que nós.

Em grande medida, a mágoa surge a partir da ilusão simples – porém predominante – de que os outros são responsáveis por nossos sentimentos. Essa é a crença que prevalece no mundo de hoje, que diz: "Não sou eu, são eles!". Muito pelo contrário, na verdade: cada um de nós é completamente responsável pelo que sente, pelas emoções que cria e sente, em todos os momentos e situações. Não é difícil provar isso.

Pense num relacionamento do passado, em que alguém lhe disse algo negativo e que não o incomodou naquele instante. Dias mais tarde, porém, a mesma pessoa lhe disse algo parecido, mas dessa vez você ficou irado e reagiu à altura (emocionalmente). É sempre *você* que provoca não importa qual sentimento, a cada momento... sempre. Não é fácil enxergar essa verdade e colocá-la em prática. Não é fácil "viver" isso, pois todos os momentos da vida, até agora, têm sido dedicados a aprender e a viver da "outra maneira", com base na crença de que "são eles, não sou eu"!

É por esse motivo que o julgamento, a atitude de culpar o outro e as expectativas adquirem tamanha importância em nossa mente nos relacionamentos e interações com os outros. É por isso que o amor desaparece da realidade cotidiana com tamanha frequência, chegando a desaparecer totalmente em determinados dias. Somente a percepção de uma "autorresponsabilidade" completa é capaz de dar um fim às mágoas – inteiramente provocadas por nós mesmos – e nos restituir a capacidade de amar.

Amor e lei

A busca do equilíbrio entre o amor e a lei, entre o lobo e a pele de cordeiro que este veste, talvez seja o maior desafio para quem está aprendendo a desempenhar o papel associado a uma posição social. Tende-se a associar o amor à bondade e à delicadeza. É claro que o amor é uma energia boa para dar e receber, seja em qual for o formato. A delicadeza faz parte da natureza da pessoa amorosa. Porém, se tal delicadeza for excessiva, as coisas começarão a ficar "grudentas". O "grude" indica a presença do apego. É possível perceber traços de carência naquele que demonstra uma delicadeza frequente e excessiva. Essa carência é comumente revelada em momentos em que outras expressões do amor seriam mais adequadas. O "amor orientado pela imposição de limites" não é um conceito novo, mas é difícil praticá-lo quando você se sente carente. Embora esse tipo de amor seja necessário em qualquer relacionamento entre pais e filhos, professor e aluno ou patrão e empregado, se os próprios pais, professores e patrões demonstrarem carência, serão incapazes de aplicar a lei – o papel que lhes cabe – com amor. A lei sem amor não passa de ditadura, provocando apenas alienação. Porém, o amor sem lei provoca o caos. Muitos patrões, professores e pais acabam sabotando sua eficiência ao demonstrar sua própria carência de aprovação e aceitação por parte dos outros.

*Somente quando tais dependências forem abandonadas eles po-
derão se conectar com os outros, fazendo uso da lei e do amor, e
receber a cooperação das demais pessoas, para que cumpram a
lei com base nos princípios do amor.*

Mito sete
*"O amor pode ser perdido."
Se isso é verdade, onde ele poderia estar?*

O amor é o que você é, e você é incapaz de perder seu *self*. Então, se você é amor, o que você é, exatamente? Não é fácil compreender essa descrição, pois ela nos conduz ao terreno impalpável do *self*, do "eu" que diz "eu sou". Para poder visitar esse terreno, compreender e "sentir" a realidade do amor, comecemos com uma visualização, passando posteriormente à contemplação e terminando com uma meditação.

Imagine um diamante feito apenas de luzes radiantes. Ele é totalmente transparente. Qualquer coisa ou qualquer pessoa é capaz de penetrar o brilho das luzes do diamante e, ao fazê-lo, é acolhida por essa luz, tocada e iluminada por tal brilho. Quando somos "tocados" pelo gesto altruísta de uma pessoa, é como se estivéssemos sendo também acolhidos por sua luz e por ela mesma. Antes de agir de modo altruísta, repare no modo como você ensaia essa atitude na própria consciência, ainda que por um breve momento. É como se a luz de sua consciência estivesse irradiando na direção do outro. Ao fazê-lo, ela toca e acolhe esse ser, o "outro". Essa pessoa poderá até mesmo dizer que "sente" o gesto de amor antes mesmo de você transformar sua intenção numa ação palpável. Esse é o movimento da luz do amor, da luz do *self*. Ela não é algo separado de nós. É o que nós somos; invisível e impalpável e, ainda assim, bastante real. Em momentos como esse, conhecemos o poder radiante do amor.

Reserve um momento para visualizar na mente essas imagens de radiação. Contemple a ideia de que a sua energia é como essa luz. Não se trata da luz vista pelos olhos físicos. Não é a luz refletida por um espelho. É simplesmente uma energia radiante que emana do ser consciente que é você. À medida que contempla essa ideia, perceba como a primeira "coisa" que você toca e envolve com sua luz é o corpo que está ocupando. Perceba o modo como a sua luz preenche o ambiente onde você se encontra. Como ela silenciosamente toca as pessoas ao seu redor nesse ambiente. Imagine então essa luz, a sua luz, transpondo os limites desse ambiente, tocando e envolvendo todos em sua vida. A partir daí, ultrapassando o "conhecido", à medida que irradia mundo afora, tocando e envolvendo quem quer que seja e conectando-se com todos! Não é necessário que você conheça tais pessoas.

Agora, pare um instante e medite sobre a consciência descrita por essas palavras; então veja se é capaz de começar a "sentir" a realidade delas por si próprio. À medida que fizer isso, perceberá que a sua luz "é" a luz do amor. Isso não é um conto de fadas, não se trata de uma história romântica sobre "luzes de fadas". Essa luz é o que você é. O que você faz. Trata-se das maneiras do amor. Da maneira natural do seu ser.

Portanto, não é possível perder o amor, já que você não pode perder o seu *self*. Você não pode perder a luz que é você mesmo nem a capacidade de irradiar essa energia sutil, invisível, intangível e radiante que é você.

A ilusão de que "o amor pode ser perdido" surge quando você esquece o seu *self* e acredita ser outra coisa exceto o *self*. Isso tende a acontecer sempre que se olha no espelho e confunde o seu *self* com aquilo que vê no espelho! No momento em que, ao despertar, você se assusta com o próprio rosto! Mas você não é um rosto! Quando faz com que seu rosto fique bonito, não torna o seu *self* bonito. Assim, mesmo que tenha um rosto bonito, "você" não é um rosto bonito. Não é um corpo material; portanto, quando faz com que seu corpo tenha uma boa aparência, não está fazendo com que o *self* tenha uma boa aparência. Você tem um rosto e habita um corpo, mas o verdadeiro encanto não pode ser refletido por um espelho. O verdadeiro encanto é invisível a olho nu.

Se acha que rostos e corpos bonitos são sinais de encanto e de amor, essa é uma ilusão que o leva a esquecer o seu *self* e sair em busca do amor. Deparamos diariamente com essa ilusão, por meio da indústria de cosméticos, do rosto e do corpo. E, à medida que o corpo perde a forma e tem a aparência alterada – o que necessariamente acontece –, você começa a acreditar que perderá o amor. A aceitação dessas ilusões, a crença continuamente alimentada nessas ilusões, sustentam a confusão que fazemos em relação ao amor.

Voltemos, então, ao princípio, para refletir um pouco sobre a pergunta aparentemente mais frequente no Google: "O que, exatamente, é o AMOR?"

Se ao menos você soubesse...

Se você soubesse que o amor é o que "eu sou"
Se conhecesse o próprio self como amor
Não teria mais nenhum desejo
Jamais tentaria novamente tirar algo de alguém
Perceberia que VOCÊ jamais "precisa" de coisa alguma –
somente o seu corpo tem necessidades, VOCÊ não tem
Naturalmente abandonaria o apego a tudo e a todos e, no
entanto, se sentiria intimamente conectado a tudo e a todos
Não haveria mais nenhuma dependência de nada nem de ninguém
Ninguém jamais seria capaz de magoá-lo e você nunca teria a
intenção de magoar alguém
Saberia que jamais poderá perder algo que seja "verdadeiro"
Seria capaz de reagir ao sofrimento alheio sem que você
mesmo sofra
Saberia exatamente o que faz as pessoas tão infelizes
E saberia os segredos para ser feliz no interior de seu self
Se ao menos você soubesse...
Mas você, na verdade, sabe.
Não está lembrado?

O que é o AMOR, afinal?

O SÍMBOLO UNIVERSAL DO AMOR É O CORAÇÃO. Quando se conhece o coração, se conhece o amor. Os termos *alma*, espírito, coração e *self* são quase sinônimos; todos se referem ao nosso autêntico *self* espiritual, que é consciente, que está alerta. O coração não é algo separado do "eu" que diz "eu sou". Contudo, esse nível de autoconsciência não é algo que aprendemos. É muito mais frequente termos uma "consciência do corpo", ou estarmos cientes da presença de alguma emoção que provoque o estresse ou do que está acontecendo no mundo "lá fora". Examine as ideias a seguir e veja se elas fazem sentido para você, à luz de sua **ex**periência e "**in**speriência".

UM VISLUMBRE DE DOIS CORAÇÕES

Todos nós temos dois corações. É comum que um seja confundido com o outro. O primeiro é o que temos no corpo. Trata-se da mais potente bomba do mundo, criada para operar 24 horas por dia, sete dias por semana, e movimentar uma imensa quantidade de sangue oxigenado através dos sistemas físicos do organismo. Normalmente, ele funciona a uma velocidade de 60 a 90 batimentos por minuto. Mas, se começar a produzir pensamentos que envolvam o medo, aumentará para cerca de 120 batimentos por minuto. O que nos leva ao outro coração, ou ao SEU coração, que é... VOCÊ!

O segundo coração é o da sua consciência. Completamente não físico e, portanto, não material. Esse é o seu coração espiritual, chamado às vezes de alma, ou de autêntico *self*.

Ele não é algo separado de você, não é outro órgão do seu corpo, ele é (você é) a energia viva do seu corpo. Ele é (você é) invisível a olho nu; ele é (você é) o "espaço interior" da consciência, onde você simplesmente está sendo... o seu *self*.

Todos têm (são) um coração bom, pois a natureza original de todo coração, de cada ser humano, é a bondade. Essa bondade nunca poderá ser perdida ao ser ocultada (sufocada) pela consciência. Assim como o coração físico, se seu coração espiritual – que é você – for poluído por elementos tóxicos, tais como alguns dos mitos e crenças sobre o amor que vimos anteriormente, por lembranças de mágoas ou por hábitos que alimentem o medo e a raiva, essa "poluição" da atmosfera de sua consciência obscurecerá a bondade original, trazendo efeitos adversos ao bem-estar do seu ser.

Consequentemente, a qualidade da energia que você dá à forma que está animando (seu corpo), aos seus relacionamentos imediatos e ao mundo de maneira geral será tóxica – ou, como às vezes é chamada, negativa.

Se durante um determinado período seu coração físico trabalhar em excesso e sem descanso, enfraquecerá e entrará em colapso. Ao passo que, se o coração da consciência, o coração espiritual, for subutilizado e se exercitar pouco, terá a sensação de que está atrofiando, decaindo e, portanto, perdendo a força. Basta que a alegria, o entusiasmo e o otimismo se ausentem para que a apatia, o sofrimento e a desesperança surjam como os principais sintomas da atrofia do coração espiritual.

Dentro de você, o *self* consciente é a sua mente. A mente não é um órgão do corpo, mas uma "faculdade" da consciência. É nela que você cria pensamentos e "produz" raciocínios. Um estímulo mental excessivo, seja externo (como o de filmes), seja interno (como o das lembranças), fará com que a mente (os pensamentos) entre em estado de agitação, criando o caos dentro da energia da consciência e perturbando tanto o coração espiritual (você) quanto o coração de seu corpo (efeito psicossomático), causando aceleração da pulsação.

Enquanto o coração do corpo tem a função de fazer circular sangue e oxigênio para todas as partes do organismo, o coração da consciência, o coração espiritual, você, tem a função de movimentar a luz do amor, a energia impoluta e sutil da consciência, a sua energia, expandindo-a para o universo dos relacionamentos por meio dos pensamentos, sentimentos e atitudes.

A RESPIRAÇÃO DO CORAÇÃO

O que ocorre nas dimensões físicas de tempo e de espaço é, com frequência, o contrário do que acontece na dimensão espiritual – ou seja, na consciência, que está além do tempo e do espaço. O corpo físico precisa consumir ar, água e alimentos para ter energia, para crescer, ganhar força e permanecer saudável. Porém, na condição de seres espirituais, precisamos compartilhar a energia, a luz e o amor de que dispomos a fim de ter maior força espiritual e dar maior poder (energia) ao nosso *self*. Isso fica claro quando sentimos que a satisfação de dar é muito maior do que a de tomar ou mesmo a de receber. Fica claro por meio da leveza que "sentimos" durante ou após qualquer atitude benevolente. O corpo "necessita" do consumo de alimentos para permanecer forte, enquanto o seu espírito, você, necessita (se isso pode ser chamado de necessidade) partilhar o seu *self* para permanecer forte e vigoroso, dentro do seu *self*.

Uma maneira alternativa de entender essa questão é a seguinte: qual é o elemento central que constitui grande parte do material do universo físico, incluindo o corpo? E qual é o elemento que une todos nós no nível físico? O oxigênio. Ele é o elemento que constitui tanto o ar quanto a água. A atmosfera do mundo está repleta de oxigênio. Sem o ar, o corpo teria uma morte quase instantânea. Sem água, a morte dele seria gradual. Ambos contêm o ingrediente vital a que chamamos de oxigênio. O oxigênio contido no ar e na água mantém o corpo vivo.

Porém, o coração espiritual do ser humano não precisa de oxigênio. A força vital, a energia revigorante de que precisamos é o amor. Não como algo que deva ser adquirido, mas como a energia invisível que foi concebida para ser "expirada". Expirada não no sentido de "conduzida para um fim", mas no sentido de irradiada para fora. Inspire o oxigênio, e a saúde do organismo será enriquecida e mantida. "Expire" o amor, e a alma e o *self* serão enriquecidos e sustentados. Portanto, você poderia dizer que "o amor é... o oxigênio da alma". Ele é a essência pura do "ser" que eu sou, que você é, que nós somos. É a mais alta vibração do *self*, do "eu" que diz "eu sou". É a luz da consciência. É a luz de cada ser. A luz que nunca se apaga. Uma luz que se irradia em todas as direções, em todas as dimensões. Mas, obviamente, não é uma luz que pode ser vista com os olhos físicos.

Sob vários aspectos, poderíamos visualizar a vida como um longo exercício de respiração ocorrendo em paralelo! Da mesma maneira que o corpo precisa consumir alimentos e eliminar os excessos, inspirar o oxigênio e expirar o gás carbônico, o *self* também precisa inspirar e expirar (receber e dar) a energia do amor. Embora tanto a "inspiração" quanto a "expiração" sejam vitais para ambos os corações, pode-se dizer que, para o corpo, o mais importante é a "inspiração", ao passo que, para o coração espiritual, para você, o mais importante é a "expiração", ou seja, a doação do seu *self* sem nenhuma condição ou desejo de retribuição, o que chamamos de altruísmo.

A LUZ DO CORAÇÃO

Sabemos, aparentemente de modo intuitivo, que a verdadeira intenção e a expressão do amor são incondicionais. Quando a luz do nosso amor (*self*) recebe a luz de outra pessoa (amor), não é uma necessidade que está sendo satisfeita; trata-se de uma re-união, de uma reintegração de duas luzes, de dois seres conscientes. Acenda duas luzes no mesmo ambiente e, embora você possa enxergar as fontes individuais de luz, não será capaz de ver onde o brilho de uma se encontra com o da outra; o ambiente todo simplesmente fica mais iluminado. Uma luz não precisa da outra, mas o ambiente todo "sente" gratidão pela luz emanada pelas duas fontes... se é que os ambientes podem sentir gratidão!

A única necessidade que temos é a de que a luz do amor de outra pessoa nos mostre como iluminar as trevas da nossa consciência, até que sejamos capazes de fazer nossa luz brilhar novamente. Às vezes, aparece alguém em nossa vida que desempenha esse papel. Alguém cujo amor é como uma luz brilhante. Mas é comum confundirmos o papel dela em nossa vida, como se exigisse devoção ou mesmo adoração de nossa parte. Na realidade, a presença dessa pessoa tem o mero intuito de nos mostrar como acender nossa luz e dissipar a escuridão interna. Se, de fato, tal presença estimular nossa dependência em relação a ela, isso quer dizer apenas que ela se perdeu no caminho, que a luz dela também está bloqueada e por isso tem necessidade de que precisemos dela. O amor verdadeiro é sempre livre de qualquer tipo de dependência, ou de dependência mútua, no nível espiritual. Caso contrário, não é amor.

O MOVIMENTO DO CORAÇÃO

Dito da maneira mais simples, o amor é a vibração da energia do *self*. Não é fácil perceber e partilhar o verdadeiro amor se passamos a vida toda – como é o caso da maioria das pessoas – alimentando a crença de que somos apenas a forma física, possuindo, portanto, um único coração, aquele situado atrás da caixa torácica. Contudo, todos sabem que o amor verdadeiro e "sincero" não é uma experiência palpável. Trata-se de uma intenção que "movimenta" a doação de um presente, o cuidado pelo outro, a compaixão pelas demais pessoas.

Assim como a brisa movimenta as folhas da árvore de maneira invisível, o amor, também invisivelmente, se distingue e modela a si mesmo para atender às necessidades do outro. O amor é a luz que irradia através dos olhos, num vislumbre. Ao entrar pelos olhos do outro, toca o seu coração, atinge o seu "*self*". Embora não possa ser percebido pelos olhos através dos quais ele se irradia, é sentido e conhecido tanto por aquele que o irradia quanto por quem o recebe. Assim como a luz de uma vela é capaz de iluminar uma sala escura, o verdadeiro amor é como mil velas capazes de eliminar a escuridão do medo e do ódio na "sala" da consciência humana. E, ao fazê-lo, exerce um efeito poderoso sobre a consciência das demais pessoas.

O VERDADEIRO AMOR

Não existe uma coisa chamada "verdadeiro amor", já que não existe algo chamado "falso amor". O amor é simplesmente confundido com uma coisa distinta, do mesmo modo que confundimos o self *com algo que não somos. Uma vez compreendido isso, você jamais poderá ser algo diferente daquilo que é ou se distanciar de onde está. Verá que o amor jamais se perde; ele é somente obscurecido, evitado, ignorado ou reprimido. Contudo, assim como você, o amor está sempre presente. Sempre ao seu lado, pois ele é você, mesmo quando você se esquece de que você é você! Se isso tudo lhe parece um tanto vago ou uma linguagem cifrada, é porque as palavras, as ideias e os conceitos são inadequados para capturar a própria "energia" que se encontra além de qualquer definição ou conceitualização.*

O amor ainda não foi capturado em um tubo de ensaios, nem submetido à manufatura industrial, tampouco empacotado para ser exibido numa vitrine. Conhecemos o amor como a energia invisível e impalpável que sacia a sede daquele que se esqueceu do que significa ser, ele mesmo, o amor. Conhecemos o amor por sua capacidade de transcender as divisões, de prevenir o estresse e de eliminar conflitos. Conhecemos o amor como a liga invisível de todos os relacionamentos harmoniosos.

OS SENTIMENTOS DO CORAÇÃO

O que acontece exatamente, então, numa verdadeira troca de amor? Qual é a verdadeira natureza do amor? Estamos cercados, em toda parte, em todos os momentos, por várias modalidades de luz, incluindo raios X, micro-ondas, ondas ultravioleta e ondas cósmicas. Muitas delas passam diretamente através do nosso corpo. Não somos capazes de enxergá-las, pois elas são de espectros, ondas e vibrações diferentes da luz física. O amor é uma vibração da nossa luz espiritual, da luz da consciência. É completamente invisível ao olho físico; contudo, nós o sentimos tanto quando o irradiamos quanto ao recebermos a radiação de outra pessoa.

Portanto, o "sentimento de amor" é a percepção de uma conexão entre o *self* e o outro. É a união sensível de dois corações espirituais que se tocam por meio de uma troca de energias numa vibração chamada amor. Quando, no início da manhã, a luz do sol entra em contato com a flor, ela desabrocha e revela a beleza de sua forma, e, como retribuição, libera uma doce fragrância. De modo semelhante, quando somos "tocados" pelo verdadeiro amor de outra pessoa, nos abrimos e retribuímos a fragrância de nossa estima. O amor produz um movimento de vai e vem.

Em um relacionamento humano, essa conexão invisível – porém sensível – não faz diminuir o senso de individualidade, mas destrói quaisquer barreiras existentes entre duas almas, entre dois corações. Tais barreiras são formadas por crenças e ideias em relação ao outro. Trata-se de divisões construídas pelo *self* que ficam armazenadas na mente, e é isso que impede a energia do amor de expandir-se de modo radiante para o mundo e para nossos relacionamentos. São também essas barreiras mentais, esses julgamentos e crenças em relação ao outro, que impedem a passagem da vibração radiante do outro para o mundo interior de nossa consciência, nosso *self*. Daí surge o provérbio: "O verdadeiro amor não faz julgamentos".

Quando essa associação entre dois corações espirituais é restabelecida, ela liberta a alma/o *self* de qualquer apego ou dependência do outro. Como já vimos anteriormente, ao contrário do que sustentam muitas de nossas mitologias modernas, incluindo aquelas de nossos amigos em Hollywood, o amor não é apego nem é dependente. Porém, uma vez desfeita a conexão amorosa, uma vez que essa ligação pareça romper-se, o que sobra é a lembrança da beleza da conexão, e tal lembrança é capaz de criar de novo o desejo ardente e a busca pela coisa verdadeira. Você só pode buscar algo que perdeu, algo que já esteve presente em algum momento.

Em meio à busca manifesta de satisfazer o desejo ardente por aquela "insperiência" de beleza gravada na memória, nasce o apego, a carência se instala, e a dependência facilmente se transforma na nova "condição" do coração (*self*/alma). A satisfação momentânea do desejo ardente passa assim a ser confundida com o amor.

Por que então existe tamanha confusão em relação ao amor? Por que usamos a palavra amor com tanta frequência, mas temos tanta incapacidade de sentir o verdadeiro amor (perdão pela generalização)? Teremos esquecido que nosso coração verdadeiro não é o físico, mas o espiritual? Isso equivale a dizer que nos esquecemos de quem e do que somos, alma em vez de corpo, consciência em vez de matéria, espírito em vez de forma externa. Agarrar-se à crença de que somos apenas entidades físicas nos faz acreditar que o amor é apenas físico, algo a ser buscado, encontrado, tomado, conquistado, armazenado e consumido, assim como todas as coisas do mundo físico. Consequentemente, procuramos o amor da maneira errada e no lugar errado. Essa "crença equivocada" é a causa primordial da ausência generalizada de amor no mundo. É a razão de todos os conflitos e de toda a violência praticada contra o outro e contra si mesmo. Contudo, não será fácil perceber todas essas relações de causa e efeito se não pararmos para refletir, contemplar e meditar sobre essas ideias como uma possibilidade e, com isso, compreender a realidade do nosso *self*.

Para entender por que perdemos a verdadeira consciência do *self* como seres espirituais, vejamos outra história que descreve esse processo. Ela tem como protagonista o seu companheiro mais antigo, mais próximo e mais querido neste mundo. Trata-se de um companheiro que não deseja que encontremos o verdadeiro amor – o que significa, de fato, encontrar e conhecer nosso autêntico *self*. Pois, se isso acontecer, ele sabe que terá de morrer!

POR QUE VOCÊ É INCAPAZ DE AMAR O SEU *SELF*!

Amor define o puro estado de alerta e a irradiação da consciência quando ela está livre de qualquer apego, de qualquer possessividade, de qualquer ligação, livre de posses ou de aquisições. Dizer "Amo o meu self [9]*" só faz perpetuar a ilusão de que existe um "eu" e um "self", quando, na realidade, há somente o "eu" que diz "eu sou". O eu é o self. Portanto, você não é capaz de amar o seu* self. *O amor não pode amar o amor. Nem o* self *nem o amor são objetos. O amor simplesmente é porque você simplesmente é.*

---

[9] No original: *"I love my self"*. Outro jogo de palavras: na linguagem cotidiana, *I love myself* se traduz como "eu me amo". (N. T.)

E também a sua história.
Mas lembre-se: é apenas uma história.

Está sentado confortavelmente?

UMA HISTÓRIA VERDADEIRA

Era uma vez...

Quando você chegou aqui, naquele momento que posteriormente chamaria de nascimento, não sabia ainda quem ou o que você era. Não tinha nem consciência de que estava dentro de um corpo. Você não era ninguém, não era um corpo, era um não corpo. Ocupando um corpo de bebê, não sabia que era um bebê, já que não tinha consciência de nenhum tipo de separação.

Quando olhava através dos olhos, não sabia que tinha olhos. Ficou fascinado com um mundo multicolorido, multiforme e multissensorial que, até onde você sabia (embora ainda soubesse de muito pouca coisa), NÃO estava fora de você, pois você ainda não tinha assimilado a noção de que havia um mundo externo. Tudo o que havia era o que estava à vista. A alegria e o deleite com essa dança de luzes acendeu uma faísca em seus olhos, colocou-lhe um largo sorriso no rosto e inúmeros balbucios começaram a emergir da sua boca, de cuja existência você ainda não se dera conta.

A primeira grande surpresa se deu quando alguém colocou um objeto na frente daquilo que você logo identificaria como uma mão do seu corpo. E, ao tocá-lo, teve a sensação do tato, bem como o choque de perceber, pela primeira vez, algo que parecia estar separado de você. Até então, sua impressão era de que tudo o que surgia à sua frente era você mesmo.

Você não pensava a respeito disso tudo, pois ainda não aprendera a pensar, simplesmente era assim, em meio à inocência da sua consciência.

Gradativamente, o rosto desses adultos, que, como você logo perceberia, eram seus pais, começara a aparecer com bastante frequência, com muitos sorrisos e risadas. O interessante era que, toda vez que uma dessas imagens faciais surgia em sua consciência, brotava um sentimento de afeto, como se uma luz estivesse brilhando dentro do seu ser. Mas você ainda não tinha nenhuma percepção de que houvesse uma luz vindo de fora de você, pois estava, simplesmente, irradiando uma luz própria.

Às vezes, quando um desses rostos não trazia um sorriso, você sentia surgir uma vaga dor interna, e do seu coração partia o impulso de franzir a testa, o que então aparecia em seu rosto. Naqueles instantes, há tempo relegados à memória profunda do seu subconsciente, você refletia as luzes, a vibração do outro, no espelho de sua própria luz.

Ao longo dos dias e das semanas seguintes (dos quais você não tinha a menor consciência), aqueles rostos e seus donos conversariam, sorririam, tocariam em você e lhe dirigiriam o olhar de tal maneira que lentamente você começaria a ter a noção de separação. Gradualmente, o poder das sensações físicas que lhe chegavam por intermédio do corpo provocaria o estabelecimento de uma nova realidade, ou seja, você tinha uma forma, um corpo, que começava a controlar. De repente, era capaz de tocar e segurar objetos que até então eram apenas imagens flutuando em sua consciência. Dos olhos para as mãos, da visão ao tato, sua coordenação começou a melhorar, e se deu conta de que o que antes parecia ser você na realidade estava fora, separado de você. Com frequência, o rosto refletia essa confusão cada vez maior, e sua testa franzida refletia esses momentos ocasionais de confusão, à medida que aprendia a navegar pelo mundo concreto.

Enquanto isso, aqueles adultos iam e vinham, e você adquiria uma consciência cada vez maior de que era retirado da cama, recolocado nela, tocado ou não, para quem eles riam ou não. Num estado de inteira receptividade, você se mostrava sensível ao humor deles, de modo que, se este flutuava, isso o afetava. Sem saber exatamente o que sentia, era capaz de sentir o mesmo que eles, mesmo quando não estavam presentes. Porém, era frágil a sua consciência da conexão entre os seus sentimentos e eles.

À medida que sua percepção de separação aumentava e que aqueles adultos lhe mostravam objetos, produzindo sons, você passou a fazer o mesmo. Começou a se dar conta de que seria recompensado com sentimentos de imenso afeto da parte deles quando aprendesse a produzir sons que, conforme viria a saber mais tarde, eram palavras, e então frases, seguidas de ideias e conceitos. Contudo, a linguagem que você aprendia era também a linguagem da separação, e lentamente você começou a perceber o seu isolamento: você estava sozinho, era... diferente. Aprendeu que, na percepção deles, você era um rapazinho ou uma garotinha, um lindo menino ou uma linda menina, tinha um rosto bonito ou a cabeça pequena, um gênio difícil, era um menino bonzinho ou levado.

De modo inocente, você acreditou no que lhe diziam a seu respeito. A imagem de você mesmo e seu senso de identidade começaram a ganhar forma. Mas você não sabia que as coisas que lhe ensinavam sobre o seu *self* não faziam sentido; que eram, portanto, *nonsense*. Não tinha a menor ideia de que estava sendo programado pelos mitos e crenças preponderantes no mundo que o cercava. E que o programa básico se chamava "Minhas várias identidades".

De repente, você se viu como parte de uma família, e, se o nome da família era Silva, você se tornou o último pequeno Silva. Você ouvia o tempo todo a palavra José ou Maria, portanto se tornou um José ou uma Maria. Quando começou a frequentar a escola pela primeira vez, assimilou a identidade daquela escola. Ao brincar com os amigos, você imitava os heróis e as "estrelas" da TV, enquanto aprendia a identificar-se com eles. Ao tirar seu primeiro passaporte, assimilou sua identidade nacional. Ao concluir um determinado curso, uma nova identidade profissional foi acrescentada à lista. Seu primeiro emprego lhe adicionava duas identidades, baseadas no que você fazia e na posição que ocupava. Você se casou e teve "seus filhos", e então voltava para casa para ficar com "sua família", criando assim uma identidade com a família.

Posteriormente, andaria pelo mundo carregando identidades múltiplas. E, quando uma delas era ameaçada de alguma maneira, mesmo que fosse por sua própria imaginação, você se sentia ansioso e inseguro. Essa ansiedade logo se transformaria em momentos de raiva, à medida que aprendeu a usar a raiva para defender uma ou várias de suas identidades.

Eventualmente, você se perguntava por que a vida era cada vez mais permeada por circunstâncias sombrias. Situações que identificaria, futuramente, como estresse. E, embora houvesse muitos momentos bons de alegria e felicidade "aparentes", esses também se tornavam mais escassos e mais curtos, à medida que a vida parecia acelerar ao seu redor. Com o passar do tempo – numa velocidade aparentemente assustadora –, começou a sentir que precisava acelerar o passo, se quisesse preservar sua ligação com essas várias identidades.

Em meio a essa crescente agitação, na qual a combinação entre o trabalho para a sobrevivência e o gerenciamento de múltiplas identidades consumia todo o seu tempo e atenção, era difícil perceber que o estresse, o sofrimento emocional e a infelicidade eram sempre criados por você mesmo. Os mitos comuns que você absorvera e assimilara ao longo de tantos anos, desde a infância, o convenceram de que "Não sou eu, são eles que estão fazendo eu me sentir dessa maneira". Essa crença assimilada daria sustentação a uma de suas geralmente falsas identidades, que diz: "Eu sou a vítima". Ao identificar a si mesmo como vítima, cada vez mais você passou a interpretar os acontecimentos e as circunstâncias de modo a afirmar sua condição de vítima.

À medida que os níveis de estresse e desconforto começaram a se elevar, cada vez mais você tinha a sensação de que a vida deve ter mais a oferecer do que "isso", mais do que a simples possibilidade de viver na defensiva ou na ofensiva, mais do que viver apenas para a sobrevivência. Passou a buscar, conscientemente, razões e soluções para sua infelicidade, mau humor, estresse e sofrimento. Durante a busca, notou que passara a maior parte da vida acreditando em algo ou em alguém que você não é. Passara esse tempo fingindo! Começou a se dar conta de que o acúmulo e a assimilação de uma série de identidades eram a causa das frustrações, dos medos, do estresse e, portanto, da sua infelicidade. Mas não era só você que estava fingindo ser alguém ou algo que não era; todas as demais pessoas faziam o mesmo, sem saber que estavam fingindo!

Pouco a pouco, passou a deletar o programa "Minhas várias identidades" do seu sistema operacional, também conhecido como consciência, enquanto tentava parar com os fingimentos.

O FIM DOS FINGIMENTOS

O PRIMEIRO FINGIMENTO
"Eu sou o meu corpo."
Felizmente, não é verdade!

SE VOCÊ LER QUALQUER TEXTO ESPIRITUAL ANTIGO, pesquisar sobre algum guru espiritual ou ouvir as palavras de praticamente todos os mestres da iluminação de nossa era, verá que quase todos concordam em um aspecto, talvez a única coisa: você não é a forma física que ocupa. Não é o que vê refletido quando se olha no espelho do banheiro, pela manhã. Mas, como vimos em nossa história, essa é praticamente a primeira coisa que você aprende a acreditar que é. Trata-se do primeiro item de uma longa lista de fingimentos! No momento em que você passa a acreditar que é aquele objeto que o olha fixamente de volta no espelho, uma centena de outras crenças logo o agarram pela "garganta espiritual", trazendo a infelicidade para a sua vida. E esse é um tipo de infelicidade com o qual aprendemos a viver.

Uma crença em particular se instala nos recantos da consciência durante toda a vida: a crença na mortalidade, ou seja, que você morrerá, por ser esse o destino reservado a todos os corpos. Quando você finge ser o seu corpo, também finge que a vida terá um fim. A partir dessa crença particular, todos os medos são criados. Todo e qualquer medo nasce da crença de que alguma coisa ou alguém, sobretudo o *self*, terá um fim. Isso inclui a crença na perda de algo ou alguém, que na verdade é o fim da posse de algo ou de uma pessoa. O medo é estresse. Medo é sofrimento. Porém, aprendemos a disfarçá-lo ou a justificá-lo quando fingimos aceitá-lo como algo natural e necessário. Mal nos damos conta de que onde existe o medo não pode haver amor.

É claro que não existe nenhuma maneira de provar cientificamente que você, o "eu" que diz "eu sou", é uma entidade completamente diferente do corpo que está ocupando, ao qual está dando vida, o corpo que está usando neste momento. Mas vale a pena, pelo menos, estar atento às inúmeras histórias já registradas de EFC (Experiências Fora do Corpo) e EQM (Experiências de Quase Morte). Repare como o corpo da vovó tem ganhado mais rugas a cada dia que passa, mas como ela – ou até mesmo o vovô – certamente está entrando em sua segunda infância, já que seu espírito se torna mais leve, adquirindo uma natureza infantil à medida que o corpo envelhece. Então, o que é que está envelhecendo e o que não está? Faça um registro de cada experiência passível de verificação da "localização" do seu corpo no ambiente neste exato momento. Ele não tem como estar em outra parte. Mas "você" pode deixar o ambiente agora mesmo e partir para outra dimensão, perdendo a total consciência do próprio corpo e do ambiente. Quem é que fez isso? O que é que fez isso? O que é que deixou as três dimensões do ambiente, passando a uma quarta dimensão? Você. O seu *self*. O "eu" que diz "eu sou" fez isso! O ser que não tem nome, mas que finge ter um, ele é que fez isso!

O que é mais real, o seu dedo ou o seu pensamento em relação a ele? O que está mais perto de você, o dedo ou o pensamento sobre o dedo? Você pode colocar o dedo num tubo de ensaio, mas não pode fazer o mesmo com os pensamentos. Quem é que cria o pensamento? Você! Portanto, você é o criador de algo que não é capaz de cortar, queimar, sufocar, tocar ou experimentar! Uma coisa que não é física. Por extensão, o que pode ser dito a respeito de você, o criador? A mesma coisa! Também algo que não é físico.

Esses pensamentos e *insights* sobre o autêntico *self* não são novidade. Mas ouvi-los novamente nunca é demais. O mundo foi construído para estimular você e também para ajudá-lo a continuar fingindo que é um corpo! É do interesse "deles" manter você no "modo fingimento", pois confiam que continuará lhes pagando para ajudá-lo a continuar fingindo!

Teoricamente falando, talvez você saiba agora quem e o que realmente é; contudo, se assim que fechar o livro começar a se preocupar com o trabalho, a retocar a maquiagem, a reclamar do clima, a fazer críticas, a alimentar a expectativa de ter uma vida melhor no futuro, é porque a ficha ainda não caiu. Você continua enxergando o mundo e vivendo nele com um senso de identidade equivocado. Com isso, a modalidade mais comum de medo, a ansiedade, quase certamente será uma presença constante em sua vida cotidiana.

A transformação da teoria sobre o "autêntico *self*" na verdadeira realização do verdadeiro "você" requer tempo e paciência. Muito disso depende da regularidade com que se dedica à introspecção, em que medida aprecia estar sozinho, até que ponto está preparado para experimentar a experiência de estar "em silêncio", do tempo que destina a alguma prática meditativa e do valor que dá à contemplação silenciosa. Todos esses movimentos interiores na consciência contribuem para o redespertar do verdadeiro autoconhecimento e para a integração desse conhecimento às atividades cotidianas. Todos ajudam a eliminar o primeiro e mais profundo fingimento.

A AUSÊNCIA DA FORMA FÍSICA

Libertar-se do hábito enraizado de identificação com a forma física é, ao mesmo tempo, desafiador e libertador. Grande parte de nossos pensamentos habituais do dia a dia é moldada pelo que podemos chamar de "ansiedades em relação à consciência do corpo". Reserve um momento para fazer uma experiência com a visualização a seguir e veja se ela é capaz de lhe dar uma sensação de liberdade momentânea quanto ao apego à forma que você ocupa neste momento. Encontre um canto tranquilo da casa e imagine que está segurando um apagador. Você apagará da mente cada parte do seu corpo, uma por uma. Imagine

seu corpo na tela da mente. Comece pelos pés. Apague-os. Suba
para as pernas e, delicadamente, apague-as. Vá então ao tronco
e passe o apagador pelo tronco inteiro até que ele desapareça.
Daí, suba para o peito, até que ele seja removido. Apague, então,
os ombros e o pescoço. Por fim, passe o apagador delicadamente
sobre a imagem do rosto até que não esteja mais visível. Seu cor-
po inteiro foi apagado e, contudo, você pode perceber que você
mesmo, o self, ainda está "aqui", consciente e alerta. Você está
livre de sua forma física por alguns momentos. Repare como a
ansiedade desapareceu e surgiu um sentimento de tranquilidade.

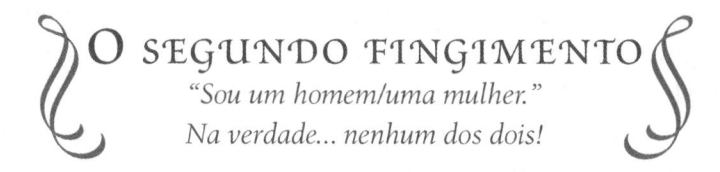

O SEGUNDO FINGIMENTO
"Sou um homem/uma mulher."
Na verdade... nenhum dos dois!

O primeiro "fingimento", de que você é um corpo, compõe a base de todos os outros fingimentos que você aprende. Isso significa, também, que você não é o seu gênero. Este diz respeito ao corpo, não ao *"self"*. Todos nós somos masculinos e femininos, já que temos o potencial de desenvolver características e tendências de caráter ou personalidade masculinas ou femininas. No início da vida, somos condicionados a nos "identificar" com um, e não com o outro, e assim aprendemos a fingir que somos um ou o outro.

Ao demonstrarmos que aquilo em que nos ensinaram a acreditar são os traços adequados ao nosso gênero, recebemos o estímulo, o reconhecimento e o apoio dos demais, no sentido de que estamos sendo uma boa mulher ou um bom homem, que estamos no caminho certo. A aprovação dos demais se transforma numa recompensa e pode acabar se tornando uma dependência. Isso nos estimula ainda mais a desenvolver alguns traços de personalidade e a reprimir outros. Sim, certas influências hormonais são inerentes a ambos os gêneros. Porém, os hormônios têm uma natureza física, e, por meio da prática da concentração e da meditação, é possível aprender (e muitos afirmam ter conseguido isso) a não se deixar influenciar mentalmente pelo efeito que os elementos químicos exercem sobre a mente.

Todos conhecem alguma pessoa que tem forma feminina mas é mais masculina do que muitos homens, e vice-versa. Essa é uma das melhores provas (se é que algum tipo de prova é necessário) de que o verdadeiro *self*, o autêntico *self*, independe de gênero. Infelizmente, não é nisso que acreditam o mundo das mercadorias e dos estilos de vida, o mundo das revistas e dos esportes ou o mundo dos clubes e dos *spas*. Todos eles têm interesse em que você mantenha o seu "fingimento em relação ao gênero".

Em praticamente qualquer ambiente ou meio social, o gênero é enfatizado como um elemento vital da identidade. Disso nasce a declaração de guerra dos homens contra as mulheres e vice-versa, e o termo "guerra" significa aqui qualquer nível de conflito. Tudo isso porque acreditamos, de modo equivocado, que somos o nosso gênero. Porém, o gênero não passa do mais elementar "tipo de corpo". Na sua essência, você não se reduz a um tipo de corpo. Você é um tipo de corpo? Você ocupa, neste momento, um determinado tipo de corpo, mas isso não é o que você é, assim como você pode ocupar sua casa, mas a casa não é você.

No momento em que a crença em relação ao gênero, a ilusão do gênero, é compreendida claramente, quando é vista pelo que realmente é, ou seja, apenas uma parte da programação que ocorre no início da vida, você liberta o seu *self* de certos hábitos que trazem infelicidade. Hábitos como a comparação de seu corpo ao de outros, que são sempre uma ótima maneira de sabotar a autoestima. Hábitos como a preocupação com o que os outros pensarão sobre a sua aparência, uma excelente prática para os campeonatos mundiais de preocupação. Hábitos como afligir-se em relação ao que vestir, que roupas comprar – uma garantia eterna de esvaziar o bolso. Hábitos como a maquiagem, a musculação, os suplementos hormonais – ótimas formas de alimentar a insegurança. Hábitos como a tentativa de desafiar o processo de envelhecimento e até mesmo a busca de um elixir da eterna juventude, que podem resultar num número ainda maior de cabelos brancos. Hábitos como o de afogar todas as mágoas criadas pelos hábitos acima. Todos eles, e muitos mais, têm raízes na identidade com o gênero, que, por sua vez, se baseia na crença de que "Eu sou o meu corpo". Ideias desse tipo não são nada saudáveis nem fazem ninguém feliz. Talvez estejamos também fingindo, simplesmente!

LIBERTAÇÃO EM RELAÇÃO AO GÊNERO

A crença em relação ao gênero é uma das mais poderosas e dá sustentação à sensação de que se está num beco sem saída. Se você for capaz de descartar essa ideia – pois, em última instância, não passa disso, de uma ideia –, haverá a possibilidade de uma verdadeira sensação de libertação. Não apenas de uma falsa "identidade em relação ao gênero", mas de todas as mensagens externas que têm como alvo o "apego" às crenças nesse sentido. Todo tipo de marketing *orientado na direção do gênero deixa, então, de exercer qualquer poder sobre você. Não se trata de negar o gênero do corpo, mas simplesmente de parar de se identificar com ele, parar de dizer "sou o meu gênero". Parar de fingir que você é uma garota ou um rapaz, homem ou mulher, masculino ou feminino. O* self *é um ser que antecede o gênero, que transcende o gênero e que é muito maior que o gênero da forma à qual ele dá vida. Do ponto de vista "espiritual", fica claro por que a "liberação feminina", bem como o "movimento dos homens", ainda está presa às tensões relacionadas à questão dos gêneros. Ao libertar o* self *da questão do gênero, é possível transcender todas essas tensões. Somos todos masculinos e femininos e, no entanto, nenhum dos dois!*

O TERCEIRO FINGIMENTO
"Sou a minha aparência externa."
Desculpe, mas não é!

Se você não é sua forma física tampouco o seu gênero, conclui-se, naturalmente, que não é a sua aparência externa. Você não é o seu rosto, seja ele bonito ou não. Não é a forma do seu corpo, esbelta, gorda ou não. Quando a autoestima é associada à imagem física do rosto e do corpo, transforma-se na receita perfeita para produzir uma enorme ansiedade e uma autodepreciação cada vez maiores. Desde o momento em que nascemos e começamos a ouvir frases como "Que bebê bonito", "Que garotinha linda", "Que menino bonitinho!", muitos de nós, provavelmente a maioria, passam a centrar as atenções na aparência externa. Fazemos de tudo para manter uma boa aparência, a fim de atrair a atenção e obter a aprovação dos demais.

Logo surgirão a carência e a necessidade de agradar aos outros, e o enorme desejo de ter a contínua confirmação de que nossa aparência é boa transforma-se num hábito que nos acompanhará pelo resto da vida. Se nosso corpo não é tão bonito segundo os padrões da sociedade, fazemos qualquer coisa para adequá-lo. Mesmo que ele seja praticamente perfeito, somos estimulados a encontrar alguns defeitos que precisam ser reparados. Uma série de desodorantes, escovas, *sprays*, cremes e demaquilantes nos é oferecida e começa a surgir em todo canto da casa. Guarda-roupas, armários e cômodas passam a acomodar os estilos mais recentes, os itens mais *"in"*, as roupas *sexy* e tudo aquilo que provocará comentários como "Nossa, como você está liiiinda!". Tudo isso porque nos identificamos com a aparência externa do rosto e do corpo.

A novidade é uma notícia já bem velha. A beleza é muito mais profunda do que a pele. Ela não aparece nas curvas ou na cor da pele, nos contornos do corpo, na sombra dos olhos ou numa "barriga de tanquinho". A beleza nasce, como sabemos, de um lugar interior e mais profundo. Tampouco vem *da* personalidade ou *do* caráter, mas *através* do caráter. Ela é a própria natureza do *self*, de cada *self* em particular, pois o *self* de cada um é belo. Não é uma beleza com um antônimo chamado fealdade. Trata-se da verdadeira beleza. É o "produto" mais natural da alma. Ela é sentida sem ser vista, percebida sem ser medida. Você a conhece quando é tocado por ela. Naquele momento em que vai embora, logo após o encontro com alguém especial. Em geral, é uma pessoa velha e cheia de rugas no rosto, dotada da sabedoria de uma vida inteira e com uma serenidade que o deixa imediatamente à vontade. Depois de ela ter se doado com um amor quase palpável, você comenta, à saída: "Ela não é simplesmente linda?". Ou às vezes essa beleza o deixa impressionado no momento mais inesperado, quando alguém age com uma generosidade profunda e altruísta, e você diz: "Não foi lindo o que ela fez?".

Verdadeira beleza: esse é o significado do amor. Aquilo que é amor não pode ser visto com olhos físicos, tocado por mãos físicas. Não pode ser comprado, encaixotado ou empacotado numa linha de produção. Somente o que o amor "faz" pode ser visto e registrado pela memória. Acreditar que você é, ou fingir que você é, a sua aparência externa significa perder a conexão com o amor, com o coração, com o seu *self*. Além de não ser uma boa ideia, é um erro dos mais comuns. Vestir-se de modo elegante, caprichar na maquiagem ou modelar a forma física e então fingir que é belo não substitui a beleza natural, que dispensa fingimentos.

COMO SER BELO(A)!

A frase me parece ser um bom título para um livro, e me surpreende que ninguém ainda o tenha escrito. Na verdade, o tema dele só poderia ser a "verdade", simplesmente porque as verdades mais profundas são belas. Já foi dito que a verdade é a beleza, e a beleza é a verdade. Então, o que é a verdade? É aquilo que é verdadeiro, e aquilo que é verdadeiro jamais muda. Aquilo que é eterno. Que é imune ao tempo e à deterioração. Durante alguns minutos, sente-se em silêncio, permita que o mundo externo desapareça de sua consciência. Deixe que todos os pensamentos se esvaneçam, que todos os sentimentos se diluam, que todas as lembranças evaporem... o que restará? Apenas você, apenas o "eu" que diz "eu sou". Nesse exato momento, você conhecerá o verdadeiro "você". E isso será algo lindo de contemplar, mas você não poderá tomar posse disso. Nesse momento, perceberá e saberá que tudo que não é você está sujeito a mudanças e à deterioração e, por isso, não é tão belo. Intuitivamente, perceberá que somente você é aquilo que é real, e que tudo o mais é irreal... mas é divertido. A partir da consciência dessa verdade, a partir da beleza que é o amor, haverá a criação de algo belo, como a sua serenidade em meio ao caos a que damos o nome de "vida".

O QUARTO FINGIMENTO
"Eu sou minha nacionalidade."
Impossível!

Caminhe pelo interior de qualquer fábrica de enlatados e acompanhe a parte do processo de produção em que o rótulo é colado às latas. Com a nacionalidade ocorre algo semelhante, só que mais devagar! Ao longo da história, algumas pessoas resolveram dar determinados "rótulos" a alguns lotes de terra ou território. Se você nasceu em uma dessas extensões de terra, é automaticamente rotulado com o mesmo nome que a terra. "Aparentemente", isso o torna um ser humano diferente dos demais que têm outros rótulos, de pessoas originárias de terras com rótulos distintos. Você começa a fingir que é o rótulo conhecido como nacionalidade. Sua identidade se perde no rótulo.

Quando algumas pessoas com rótulos de diferentes territórios entram no ambiente, é provável que você as ignore, entre em conflito com elas ou então simplesmente as julgue como inferiores por terem um rótulo diferente. Isso é como dizer que uma lata de ervilhas é muito melhor que a outra porque seu rótulo tem uma cor mais brilhante.

Existem hoje mais de 180 tipos de rótulo nacional para os seres humanos em todo o mundo. Não é de surpreender que haja tamanha divisão, fragmentação, separação e, portanto, conflitos internacionais. Mas você é um rótulo? É isso que você é? Obviamente não. Isso não passa de uma ideia. Porém, fingimos que somos nossa nacionalidade, e então construímos histórias, culturas, costumes e tradições em torno de tais rótulos. A arrogância surge quando acreditamos que "nosso" país ou cultura é o melhor e quando julgamos os demais inferiores ou os consideramos uma ameaça.

A nacionalidade não passa de um conceito. Ela existe apenas na mente. É verdade que as línguas são diferentes, mas são apenas sons físicos, símbolos físicos compostos de ruídos físicos que nascem do corpo físico. Tais sons simplesmente se desenvolveram de modos físicos distintos. A verdadeira linguagem dos seres humanos é a linguagem do amor. Não o amor de Hollywood, mas o amor que cria a unidade entre as pessoas, em vez da divisão. É uma linguagem que transcende os rótulos.

Ela conecta e une os seres humanos. É por isso que é impossível amar o outro quando ele se identifica com "meu rótulo" e enxerga o "seu rótulo" como diferente e de menor importância. A identidade nacional é simplesmente um "jogo de separação" alimentado por aqueles que tentam controlar o comportamento das pessoas e, com isso, o seu destino. A cultura do controle tem uma longa tradição. O amor ignora rótulos nacionais, pois não enxerga nenhuma divisão, separação ou barreira em lugar algum, em época alguma.

Embora o corpo possa estar coberto por rótulos e etiquetas (especialmente após uma visita à loja de roupas), "você" mesmo não pode ser rotulado. O que não pode ser visto não pode ser rotulado, ou seja, identificado. Sim, alguém pode dizer que você é "uma pessoa maldosa" ou "um amigo formidável", mas esses não passam de rótulos atribuídos à sua personalidade, e você não é a sua personalidade. Você cria sua personalidade, mas ela não é o que você é, não é o "eu" que diz "eu sou". A personalidade é formada por todas as tendências, características e hábitos criados por você desde o nascimento até hoje. Porém, na condição de criador, você não é a sua criação. Você não é a sua personalidade. A origem da personalidade é a palavra "persona", que significa máscara, e você não é uma máscara. Você cria e usa uma máscara. Criamos várias máscaras de personalidade, razão pela qual às vezes sentimos e agimos de modo diferente com diferentes pessoas. Isso significa apenas que o senso do *self*, nossa identidade, se perdeu em meio à nossa personalidade, de modo muito semelhante ao que ocorre com os atores, que se perdem no personagem que estão interpretando, ou com os artistas, que se perdem nos próprios quadros. Alguns pintores chegam mesmo a dizer: "Sou as telas que pinto". Impossível!

IMAGINE UM MUNDO

Imagine um mundo em que ninguém ou nada tenha rótulos. Seria um mundo dividido ou um mundo unido? Um mundo em conflito ou harmonioso? Imagine um mundo em que não houvesse mais rótulos em todas as conversas. Passaríamos a falar mais ou menos? Em que medida? O que faríamos para preencher as lacunas? Imagine um mundo no qual, a cada vez que você fizesse menção a um rótulo, as pessoas ririam discretamente, dizendo: "Ele ainda não entendeu, a ficha ainda não caiu. Ainda enxerga os rótulos". Você ficaria constrangido ou grato por eles o terem lembrado a esse respeito? Seria capaz de manter uma conversa sem nenhuma referência aos rótulos? Caso positivo, qual seria o assunto da conversa? Tente isso hoje mesmo e terá uma fina percepção da quantidade de rótulos que dominam as avaliações e os pensamentos que você faz sobre si mesmo e sobre os outros.

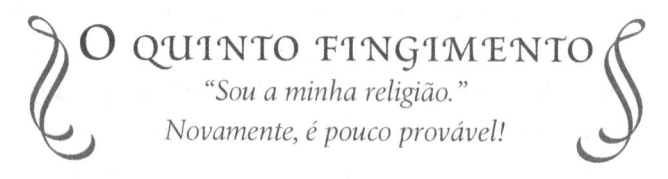

O QUINTO FINGIMENTO

"Sou a minha religião."
Novamente, é pouco provável!

A maioria das religiões é baseada num conjunto de crenças específicas. Trata-se de um sistema de crenças criado por determinadas pessoas em algum momento do passado e então registradas e "representadas" por meio de símbolos, chamados palavras, que são transmitidos de uma geração para outra.

Você nasceu em um corpo, não em um sistema de crenças. Não nasceu em um conjunto de ideias e conceitos. Não nasceu em meio a crenças e percepções alheias. Seu corpo não saiu do ventre da sua mãe física com o nome "cristão", "muçulmano" ou "budista" estampado na testa. Todas as crenças são aprendidas ou assimiladas. A "programação" delas é feita por outra pessoa, normalmente os pais ou, no caso das crenças religiosas, o padre/pastor local. Tais crenças não são o que VOCÊ é, independentemente de quão corretas elas possam parecer.

Você é capaz de mudar as próprias crenças? Claro que é. Talvez tenha acreditado que a Terra era plana, e então, um dia, viu uma imagem que lhe mostrava que é redonda, assim você mudou sua crença em relação à Terra. Quem operou essa mudança? Você. Portanto, siga a lógica ou a experiência. Existe você e existem suas crenças. Então, você não é as suas crenças. Você não precisa acreditar em coisa alguma. Não precisa fingir que é as suas crenças! Tão logo se apega a um conjunto de crenças, começa a identificar o seu *self* com elas. Tenderá a acreditar que está certo em suas crenças e que, se as outras são diferentes, é porque estão erradas. Você separa o próprio *self* e fecha as portas dele para as demais crenças. A partir daí, é fácil percebê-las como uma ameaça. Há pessoas dispostas a ir à guerra para defender e justificar "minhas crenças", que elas acreditam ser o que "eu sou".

É por isso que, para uma alma iluminada, nunca poderá haver uma boa razão para ir à guerra. Trata-se apenas de dois lados, de dois grupos de pessoas que perderam a identidade pessoal em meio a diferentes conjuntos de crenças.

O hábito de identificar-se com um conjunto de crenças está tão enraizado que é difícil livrar-se da identidade falsa. Há tantas outras coisas que emergem quando se finge ser um sistema de crenças! Coisas como rituais diários, uniformes, autoridade em relação aos outros, uma arrogância "justificada", obstáculos criados para impedir que a crença dos outros se "instale" e corrompa "nosso" sistema de crenças, a culpa que surge no momento em que alimentamos uma mínima dúvida a respeito das crenças que aprendemos, a intenção de persuadir e de converter os outros para que pensem da mesma maneira.

Quando você percebe a insanidade de "simplesmente acreditar" naquilo que os outros dizem ou disseram, nas ideias expostas pelas escrituras e pelos livros (incluindo este aqui), você se coloca no limiar do território dentro de você, dentro de sua consciência, que transcende as crenças, também conhecido como "saber". Quando você "sabe", não tem mais necessidade de acreditar. Por exemplo, quando sente o *self* se estendendo e se conectando com os outros, livre do desejo de ter algo em troca, e então age com base nessa intenção, você "se sente" amoroso. Vê e percebe que, naquele momento, você é amor. Não precisa mais acreditar que é amor, agora já sabe.

Porém, talvez você acredite que é necessário ter algumas crenças. Alguns dizem: "Preciso ter uma opinião". Precisa mesmo? Não será isso apenas outra crença comum, que nos mantém sob a pressão (autoprovocada) de "ter uma opinião"? É "preciso" que você tenha ou faça alguma coisa? Não acredite nisso. Tente passar um único dia sem expressar nenhuma opinião e repare como você se tornará muito mais "presente", muito mais "em paz" em seus pensamentos e "positivo" em suas atitudes.

É quando refletimos e prestamos atenção às coisas que dissemos numa conversa qualquer que estamos mais propensos a identificar as crenças às quais nos agarramos. Repare nas emoções que tendem a surgir em sua consciência ao expressar suas crenças. Existe alguma ansiedade, irritação ou mesmo tristeza acompanhando tais crenças? Alguma atitude defensiva quando você depara com crenças alheias, que não estão em sintonia com as suas? Se houver, é porque o medo está presente. Consegue perceber que é o ato de "agarrar-se" a essas crenças que provoca essas emoções?

Esses são sinais que nos mantêm presos numa espécie de cela construída por nós mesmos. As grades são as crenças enraizadas. É como se tivéssemos encarcerado o *self* dentro dessas crenças e, ao fazê-lo, fechamos as portas de nossa vida para os outros. Nesse cárcere, é praticamente impossível que haja a intenção e a ação do amor, o impulso natural de estender-se e conectar-se com os outros. Daqui nasce o provérbio "Não acredite em nada, mas examine tudo". É durante tal exame que surge a possibilidade de ver para além das crenças e descobrir o que é verdadeiro. A crença não é a verdade.

PONTOS DE VISTA

O reconhecimento da realidade de que o "ponto de vista" de cada um de nós é diferente pode ser útil para que relaxemos o apego ao nosso sistema de crenças. Digamos que duas pessoas estão olhando para a mesma árvore. Uma delas descreve o que está vendo e a aparência da árvore. A seguir, a outra pessoa faz a descrição da mesma árvore. De alguma forma, ambas as percepções serão diferentes. Em qual medida, não importa. As percepções são diferentes, pois os dois estão olhando de diferentes ângulos, de diferentes "pontos de vista". Portanto, qual dos dois tem a visão correta? Nenhum. Ambos têm razão, de seu ponto de vista. Acontece exatamente o mesmo com as crenças.

Uma crença é uma "percepção congelada" que se cristalizou em algum momento do passado no arquivo da consciência. O apego a um conjunto de crenças paralisa a capacidade de enxergar sob outros pontos de vista! Certa vez, três discípulos foram se encontrar com o mestre. Este lhes mostrou uma flor e perguntou de que cor ela era. O primeiro disse: "Marrom, com um tom avermelhado". O mestre respondeu: "Você tem razão". O segundo discípulo disse: "Púrpura, com um tom azulado". O mestre disse: "Você tem razão". O terceiro, então, disse: "Mas, mestre, não é possível que os dois tenham razão". Ao que o mestre respondeu: "Você tem razão"!

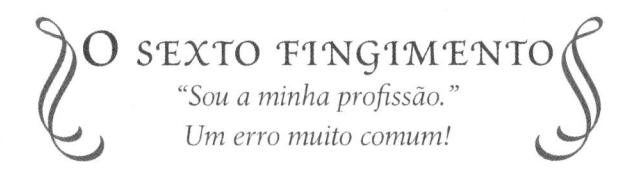

O SEXTO FINGIMENTO
"Sou a minha profissão."
Um erro muito comum!

Em algum momento, você sente dificuldade de não levar o trabalho para casa? Em algum momento, você leva o trabalho para casa, não dentro da mala, mas mentalmente? Sua mente fica tão ocupada em casa, ao pensar no trabalho, quanto no ambiente de trabalho? Isso simplesmente significa que você investiu a própria identidade na atividade profissional, presente e passada. Você está fingindo ser sua profissão. É um erro comum neste mundo superagitado repleto de pessoas superocupadas, fazendo coisas que acreditam ser superimportantes. Isso significa que ainda não nos demos conta de que não somos a nossa profissão.

Digamos que José é um arquiteto. Ao longo dos anos, muitos conhecidos seus lhe têm dito que ele é um excelente arquiteto, e ele acreditou nisso. Então, um belo dia, alguém o aborda e pergunta: "Foi você mesmo que projetou aquele prédio horrível no fim da rua?". Como é que José se sente? Se não ficou arrasado, está triste, no mínimo. A tristeza transforma-se, então, em raiva e em indignação. E, na próxima vez em que José encontra essa pessoa, diz: "Desculpe, não posso falar agora, estou com pressa", pois teme que ela possa dizer a mesma coisa novamente, ou algo parecido.

Assim, o que José fez? Criou três momentos de sofrimento para o próprio *self* – tristeza, raiva e medo. Por quê? Porque acreditou que é um arquiteto. Porém, arquiteto é o que ele é ou a profissão dele? É a sua profissão. Mas ele aprendeu a acreditar que isso é o que ele é. Você aprendeu a identificar o seu *self* com aquilo que faz? Isso se torna, então, a causa primordial de sofrimento emocional, inteiramente criado por nós mesmos. Se José não estivesse identificado com sua profissão, não teria reagido emocionalmente. Poderia ter dito: "Interessante percepção, a sua. Do que exatamente você não gostou no prédio? Tenho interesse em saber para projetos semelhantes em que eu venha a trabalhar no futuro". Ou algo do gênero. Nada de sofrimento. Nenhuma dor. Nenhuma reação emocional, apenas uma resposta sóbria e ponderada – pois ele não identifica o próprio *self* com sua profissão.

Na essência, a profissão é apenas um papel, ou um dos vários papéis que desempenhamos. Pergunte a qualquer ator, e ele lhe dirá que não é nenhum dos papéis que representa em cena. Ele o lembrará dos riscos de se identificar com o papel, de fingir ser o personagem fora de cena. Ele o recordará de que você desempenha vários papéis no palco da vida e que, se ficar empacado em algum deles – é o que tende a acontecer com muitos de nós (condicionamento, uma vez mais) –, a criatividade e o espírito brincalhão se ausentarão de sua vida e você começará a levar as coisas muito a sério. A situação lhe soa familiar?

Em grande medida, a "seriedade" nasce de algum tipo de medo. As pessoas de negócios tendem a ser sérias, pois acreditam que os negócios são um negócio sério! Têm medo do fracasso, de perder negócios ou de não ser bem-sucedidas "nos negócios". Isso porque o homem/a mulher de negócios costuma se identificar com o "negócio"! A consequência disso são os crescentes níveis de estresse na área empresarial e de negócios nas últimas duas décadas. A ansiedade provocada pelo desempenho desse papel é a emoção, que nos impede de nos conectar com os outros, de aceitá-los e valorizá-los. É o sinal de que confinamos o *self* aos limites de nossa profissão e o identificamos com essa ideia. Criamos então o hábito de perceber ameaças ao papel que desempenhamos e de tomá-las como ameaça ao nosso *self*. Toda vez que as coisas se tornarem sérias demais em sua vida, pare um pouco para refletir: você provavelmente está fingindo "ser" a sua profissão!

Então, que valor você tem?

Você pensa demais sobre o cargo que ocupa, sobre seu salário, suas posses e privilégios? Caso positivo, muito provavelmente está baseando o próprio valor e a autoestima em algo completamente transitório, superficial. Com isso, sentimentos de ansiedade e de insegurança tendem a ser frequentes, pois essas "coisas" podem desaparecer a qualquer momento. Quando tais sentimentos atingem o coração, fica praticamente impossível ser o amor, ser amoroso, estar pleno de amor. Quando nos preocupamos com o apego às coisas que, segundo acreditamos, definem nosso valor, somos incapazes de relaxar no interior do self, *e o coração tende a atrofiar. Se o coração tivesse uma mente própria, provavelmente nos diria: "Avise-me quando estiver farto de exaurir o* self *com esse 'apego' às coisas. E eu estarei aqui para acolhê-lo, com tanto amor que você se perguntará por que sempre me ignorou". O fato é que somos o coração, somos amor, somos a energia mais preciosa do mundo; talvez tenhamos, então, de conversar com o* self *nesse tom, carinhoso e gentil! Adeus, ansiedade e insegurança. Afinal, o amor é a segurança suprema.*

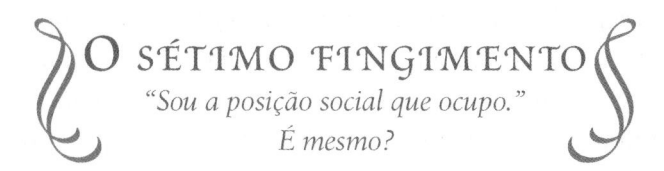

O SÉTIMO FINGIMENTO
"Sou a posição social que ocupo."
É mesmo?

No momento em que você se identifica com uma posição social, seja numa empresa, seja numa comunidade ou mesmo na família, um complexo de superioridade ou de inferioridade tende a se instalar. Se identificar o seu *self* com uma posição mais alta que a dos outros, se menosprezar os outros de alguma forma, eles sentirão sua arrogância e começarão a manter distância. Caso se identifique com uma posição inferior em relação aos outros, seja por meio de um título formal, seja por sua mentalidade, a subserviência e a carência poderão surgir em seu comportamento. É provável que os outros tentem se aproveitar de você ou ignorá-lo. Porém, se não se identificar com uma posição social, seja formal ou informal, tenderá a ver as pessoas como iguais e agirá com aceitação, humildade e graça, características que poderão atrair uma atitude semelhante da parte delas.

Isso não é tão fácil, pois acreditamos que a posição social é sinônimo de poder. Achamos que, por meio dessa posição, é possível ter algum poder sobre os outros. *Grosso modo*, isso significa que acreditamos poder controlar os outros. Mas não controlamos e não somos capazes disso, é uma ilusão. Você é incapaz de controlar os outros, assim como não pode parar um trem em movimento. Sua posição social pode desencadear o medo nas outras pessoas, e às vezes parece que elas estão motivadas por tal medo; portanto, pode parecer que você as tem sob controle. Mas isso não é poder, não é controle. Trata-se apenas do apelo a um medo da autoridade, um truque esperto frequentemente usado por pais e educadores e também nas empresas, por administradores indolentes. É um modo preguiçoso de conseguir aquilo que você quer num relacionamento. E só funciona quando o outro teme a pessoa que julga ser uma autoridade; ou então se ele teme a reação emocional do outro.

Quando você se identifica com sua posição social, quando "finge" ser tal posição, repare na insegurança que sente ao perceber algum tipo de ameaça à sua posição. Quando acreditamos que somos nossa posição social, temos a expectativa de ser mais respeitados do que de maneira geral e de um modo determinado. Quando tal respeito não se faz presente, tendemos a sentir raiva, na forma de ressentimento. Transferimos esse ressentimento para o relacionamento e então passamos a nos perguntar por que ele não dá mais certo e por que o outro lado também demonstra ressentimento!

Se você ainda alimenta um grande anseio em ser reconhecido e respeitado pelos outros, se ainda busca a aceitação e a aprovação deles, será fácil fazer uso equivocado de uma posição social para obtê-los. Porém, o reconhecimento, a aprovação e a aceitação alheios são armadilhas. Se começar a "absorver" tais energias, tenderá a surgir um tipo de dependência. Essa carência se fará presente em todas as coisas que diz ou faz. E, à medida que os outros a percebem, talvez comecem a explorá-la ou simplesmente a recusar aquilo que você busca para satisfazê-la. E, se reagir a essa "recusa", parecerá que eles têm poder sobre você. Esses são os jogos a que recorremos quando não conhecemos o amor. Por quê? Porque o motivo principal de toda carência é a necessidade de obter amor, e o uso de sua posição social para ser reconhecido e respeitado não é o caminho que o levará de volta ao amor autêntico. Você deseja que os outros o façam sentir-se amado porque ainda não se deu conta de que você é amor. Não percebeu ainda que é responsável pelos próprios sentimentos. Não notou que não são "eles" que fazem com que "se sinta" aceito e aprovado, reconhecido e respeitado, mas sim você.

PORTANTO, O QUE É VOCÊ?

Então, se você não é a sua forma física, não é sua aparência externa, não é sua posição social, não é sua religião, resta uma pergunta simples: Quem é VOCÊ? A resposta simples é: o "eu" que diz "eu sou". O "eu" que está ciente de que é o "eu" que diz "eu sou"; portanto, o "eu" é a consciência. Você e eu estamos cientes de que estamos cientes; somos, portanto, a consciência. Você e eu somos a própria consciência. E, quando se torna ciente de que é a consciência, percebe que tudo o que está "dentro" de sua consciência é o que você não é. E, quando percebe que não é nada que está dentro de sua consciência, descobre o próprio self como... consciência. A prática dessa consciência, de ser apenas a consciência, poderá ser um pouco desafiadora no início. Isso porque você está habituado a identificar-se com o que está "dentro" de sua consciência. Porém, gradativamente, começará a "ver" e a conhecer seu self como aquilo que você é, como pura consciência. Passará então a olhar para todas as demais coisas como o "conteúdo" da consciência. E, quanto mais perceber que você não é o conteúdo dessa consciência, mais frequente e mais duradouro será o seu contentamento.

O nascimento do nosso mais velho e querido companheiro

Esses tipos de identificação equivocada não são os únicos mitos ou ilusões que criamos em relação à nossa identidade. Não são as únicas maneiras pelas quais fingimos ser algo que não somos, sem nos dar conta de que estamos fingindo. São sete dentre muitas, talvez as sete mais frequentes, as sete mais óbvias. Dia após dia, essa identificação equivocada acontece com centenas de coisas, e não percebemos isso. É por isso que esquecemos que o amor é o que somos e também como perdemos a capacidade de ser amorosos no relacionamento com os outros. É igualmente desse modo que nosso mais velho e querido companheiro, o ego, nasce, permanece vivo e presente ao nosso lado. Ao contrário da opinião popular de alguns, o ego não é a força motriz da vida. Não é a soma total dos seus valores e crenças. Ele não é "o *self*", embora pareça ser esse o caso, às vezes. O ego é o nosso único e verdadeiro inimigo na vida. Ele destrói nossa felicidade, criatividade e capacidade de relacionar-se bem com os outros.

Todos os programas e processos de desenvolvimento pessoal, todos os tipos de orientação e aconselhamento sobre relacionamentos, todas as buscas espirituais e exercícios de disciplina mental existentes no mundo farão uma diferença muito pequena em nossa vida se não nos libertarmos de nosso mais velho e mais próximo companheiro. E, no entanto, como veremos adiante, ele nem mesmo é real. A irrealidade do ego está na base de todo o sofrimento, pois se baseia numa mentira. Quando se enxerga a mentira, quando se para de sustentá-la, o sofrimento desaparece. Compreenda o ego e compreenderá praticamente tudo.

Sente-se e aperte o cinto, pois viajaremos pelo mundo obscuro dos fantasmas, pelo lugar que dá origem a todo tipo de fingimento. Na sequência, teremos a oportunidade de ver:

- quem você realmente é por trás dessas falsas identidades;
- por que você continua sentindo o que sente, quando gostaria de não ter tal sentimento;
- como pode se libertar de todas as turbulências emocionais se escolher o caminho da liberdade;
- como ser, conscientemente, o seu *self* original, autêntico e belo... novamente.

Faz muito tempo desde a última vez em que você foi o seu *self*. E, contudo, não faz tempo algum!

Como o EGO bloqueia
a luz do amor

É RELATIVAMENTE RECENTE o surgimento de uma nova onda de escritores e educadores que têm tentado esclarecer e trazer à luz a existência do ego e seus efeitos tanto sobre o bem-estar pessoal quanto sobre a convivência em sociedade. Todos eles ainda apresentam ligeiras discordâncias – não tão ligeiras, em alguns casos – sobre o que, de fato, o ego representa. Porém, praticamente todos concordam em um aspecto. O ego é o inimigo do despertar, da autorrealização. Contudo, ele não é o inimigo, pois, em última instância, não é real. A principal razão pela qual não há consenso absoluto sobre o que é o ego parece ser a falta de consenso sobre o que é a consciência, sobre o que é a mente, o que é o intelecto e como essas "faculdades" da consciência, do *self*, se inter-relacionam e interagem.

Se você já teve a oportunidade de investigar e examinar a natureza e os mecanismos da consciência, do seu *self*, sabe que as palavras e os termos que usamos são, na melhor das hipóteses, apenas descrições, pontos de referência, indicadores, e não aquilo que indicam. O mapa não é o território, como eles dizem. Mas a tendência é que se fique "patinando", discutindo sobre o mapa, como se ele fosse o território. À medida que adentramos o território da consciência, que investigamos o significado de conceitos como intuição, mente, memória, emoções e sentimentos, recomendo que você adote a postura própria de um pesquisador curioso e entusiasmado, a explorar uma densa floresta antes da chegada da equipe de filmagem que fará um documentário sobre a vida na floresta. Tente enxergar dentro da selva de sua consciência aquilo que descreverei por meio de palavras e conceitos.

A cada vez que você enxergar por si mesmo, dentro do seu *self*, as coisas que descrevo aqui, encontre uma maneira de fazer anotações. Com uma marca à margem da página, por exemplo. Caso minha descrição não esteja clara, use um ponto de interrogação ao qual você possa retornar posteriormente. E então prossiga. Porém, se algo não ficar claro, antes de continuar, reserve nem que seja alguns minutos para se perguntar se está sentindo algum tipo de resistência às coisas que estou descrevendo. Se isso acontecer, não é porque você é incapaz de perceber tais coisas, mas provavelmente porque não quer percebê-las. Talvez identifique também que a presença dessa resistência significa que o ego está em ação. Ele está em guarda, diante do portão fechado, certificando-se de que você não será capaz de descobrir uma realidade na qual "ele" não é mais necessário. Reconheça tal resistência, sorria de modo consciente diante dela e continue. Por fim, recomendo que não continue lendo se estiver sentindo algum tipo de cansaço. Espere até ficar novamente revigorado e concentrado.

Comecemos com uma definição e uma descrição de nosso velho amigo... o ego. Convido você a reservar um tempo para refletir. Deixe de lado quaisquer definições sobre ele com as quais deparou no passado. Feche o livro por um instante ou escreva, num espaço livre no final do livro, a sua definição ou descrição do ego. Isso é para colocá-lo no clima, preparando-o para um bom desempenho, fazê-lo olhar para dentro enquanto olha para fora... por assim dizer. Que definição você daria para o ego? Escreva-a. Não há uma resposta correta, apenas a sua resposta, conforme a sua compreensão nesse momento.

Quando tiver terminado sua reflexão e anotações, volte a esta página.

DEFINIR E DESCREVER O EGO

Em seminários e retiros, é comum surgir, em meio ao grupo, uma grande variedade de ideias e *insights*, tendo em vista que as definições e as percepções do ego variam. Conceitos como crenças, pensamentos, sentimentos, valores, estima, imagem, autopercepção e até mesmo personalidade são alguns dos elementos que, segundo as pessoas, compõem o ego. Ele é geralmente visto como a "força motriz" da vida, e a palavra mais frequentemente mencionada é, claro, *"self"*. Essa é uma definição que eu gostaria de elaborar aqui. Ela não foi gravada em pedra alguma; portanto, se não funcionar no seu caso, pode jogá-la para o final do livro! Nessa definição, também descrevo como o ego é formado dentro da consciência.

O ego é o apego à imagem equivocada do *"self"*
ou à crença sobre o *"self"*.

Expandindo um pouco essa ideia, teremos:

O EGO é o *"self"* (o "eu" que diz "eu sou") apegando-se a uma imagem ou a uma crença que eu passo, então, a confundir com o meu *self*.

Se você estiver "consciente" no momento em que se encontrar apegado a algo, também "perceberá" três coisas:

1. o "apego" acontece" dentro de sua consciência;
2. você perde o senso de "identidade" na "imagem" do objeto do apego criado por você na tela de sua mente;
3. essa "imagem" pode ser de um objeto, de uma ideia, uma lembrança ou uma crença.

Portanto,

O EGO é o *self* (o "eu") se apegando à
IDENTIFICAÇÃO com uma imagem que não é o *self*

Isso ocorre inteiramente dentro da consciência, dentro do *self*, na tela de sua mente. Você não é a sua mente. A mente está em você, na consciência, mas o "eu" não é a mente. Fazemos isso centenas de vezes por dia, mas não estamos cientes disso. Por exemplo, digamos que, enquanto está dirigindo, você passa em frente a uma concessionária da BMW e percebe que um novo modelo foi lançado. Você se imagina dizendo ao vendedor:

"Levarei um destes". Três semanas depois, você volta à loja e pronto: agora você tem um novo BMW. Ao dirigir pela rua, passa perto de alguns amigos. Enquanto se aproxima deles, você lhes diz por meio do olhar e do sorriso: "Ei, olhem pra mim! Não, não olhem pra mim, olhem para o carro, olhem para o carro!". Nesse instante, você quer que eles vejam o carro, mas com você dentro. Quer que eles vejam você como o carro, o carro como um símbolo de você. A imagem do seu *self* que você está projetando para eles é o BMW. Nesse momento, você não está somente "apegado" ao carro, a sua "identidade" foi investida nele.

Isso pode ser facilmente comprovado: se um sujeito qualquer se aproxima do seu novo BMW e, com uma moeda, risca a lateral do carro, pronto. O que você sente? Uma pequena contrariedade? Uma pequena raiva? Não, você toma o comportamento dele como um ultraje, e daí nasce a ira. O que sente é prazer ou dor? Dor. O que é que cria a sua dor, a sua raiva? Você mesmo. Não foi aquele sujeito que criou o sofrimento com a atitude dele, foi você. Tudo o que ele fez foi riscar o carro com a moeda. Assim, de um ponto de vista racional, ele risca seu carro e você sente dor, o que significa que VOCÊ PENSA QUE É O CARRO! Nesse momento, vive a ilusão de que é um carro. É óbvio que você não "sabe" que está identificando o seu *self* com o carro. Você sente raiva, só isso.

Cometemos o mesmo erro, dentro da consciência, várias vezes ao dia e com diferentes objetos, pessoas, ideias, crenças etc. É por isso que a definição mais simples de ego é a de que ele é um "erro". Confundimos o *self* com algo que não somos.

Para enxergar com exatidão **como** fazemos isso, temos de ir ao lugar **onde** fazemos isso, ou seja, a consciência. A consciência é simplesmente a energia do *self*, e, dentro do campo energético dela, você tem uma faculdade conhecida como "mente". Todos têm uma mente. Ela funciona como uma tela. Trata-se do terreno para a criação onde você, o criador, cria. Você pode criar o que bem entender na tela de sua mente. E você faz isso. Pensamentos, imagens, ideias, conceitos, símbolos, lembranças – é possível projetar todas essas coisas na tela da mente, a qualquer momento.

Na condição de orgulhoso proprietário de um novo BMW, você está parado em pé, olhando para seu carro estacionado junto à calçada. Traz a imagem do carro para dentro através de seus olhos físicos e projeta essa imagem na tela da mente. Nenhum problema até aqui, você só precisa se lembrar do carro, colocar combustível nele, lavá-lo etc. O erro começa quando "você" se distancia do centro da consciência; então você, o "eu" que diz "eu sou", penetra na mente. Não apenas isso: "você" penetra a imagem do carro na tela mental. Você perde o senso do "eu", seu senso do *"self"*, em meio à imagem do carro que está em sua mente. Isso se chama "apego".

Então aparece esse sujeito, que risca com uma moeda a lateral do seu carro novo em folha, e o que você sente? Muita raiva. Muita dor. Por quê? Porque não está apenas apegado ao carro, você está, de fato, identificado com o carro. Você perdeu o "senso do *self*" em meio à imagem do carro que criou na tela da mente. Assim, quando essa pessoa coloca as mãos no carro "lá fora", é como se tivesse tocado em você. O que, obviamente, é absurdo. Você não é um carro. E ele não tocou em você. Porém, sua reação de raiva indica que você pensa que é o carro, já que tomou de forma pessoal a atitude do sujeito.

Portanto, se não quiser sentir essa dor, se não quiser ter raiva, se não quiser sofrer, é simples: não se apegue ao carro. Não deixe que o senso do *self* se perca na imagem do carro na tela da mente. Dito de outro modo, permaneça desapegado, de maneira que, se o carro for riscado ou danificado, isso não será um problema, você não reagirá, não criará um sofrimento emocional. Consegue perceber?

Isso parece simples na teoria, mas é óbvio que não é, na realidade. Embora nos ensinem, na infância, a nos "apegarmos" aos objetos, não estamos cientes de que fazemos isso. Ninguém nos ensina as consequências do apego num nível mental e emocional. Ninguém explica o mecanismo da consciência. Embora não seja fácil "enxergá-lo" no início, esse processo interno de apegar-se a uma imagem e identificar-se equivocadamente com ela é a causa primordial de TODO o nosso sofrimento mental e emocional do cotidiano. Se você for capaz de enxergar esse mecanismo, se estiver ciente do que ocorre em sua consciência no momento em que "se apega", se conseguir enxergar esse "erro", estará a um passo de restituir à sua vida a verdadeira liberdade e, com ela, a autêntica felicidade. Por quê? Porque a raiz de TODA a infelicidade, todo o sofrimento, é esse mesmo erro que cometemos de variadas maneiras (por exemplo, o apego a diferentes imagens) no interior da consciência. No instante em que o *self* se apega a algo, sacrificamos a liberdade.

Somente quando para, reflete e observa, não apenas lendo, mas refletindo e tornando-se ciente daquilo que está fazendo com a sua consciência, com o *self*, e enxerga isso por conta própria, é capaz de ver com clareza a frequência com que confunde o *self* com algo que não é você. Só quando para de prestar atenção ao mundo "lá fora" e passa a observar o modo como cria o mundo "lá fora" como imagens "aqui dentro", na tela da mente, você começa a enxergar o seu apego habitual. Somente então é capaz de libertar-se. Posso lhe dar ainda vários outros exemplos. Peço-lhe que me acompanhe.

NATURALMENTE NÃO NATURAL

Uma pergunta que normalmente aparece, a essa altura, é: "A raiva – e, portanto, a dor – não é uma reação natural diante de alguém que causou danos ao meu carro ou à minha propriedade?".

Qualquer sofrimento, seja em que nível for, na verdade significa que algo é "não natural". Significa que algo está desequilibrado, em desarmonia em seu interior, em sua consciência. E somente você pode reverter essa situação, pois você é a única pessoa que a criou. Porém, no momento em que se vir com raiva ou tomado pelo sentimento de medo, a última coisa que será capaz de perceber ou reconhecer é que VOCÊ é o criador de sua raiva e de seu medo, pois VOCÊ criou um apego para o seu *self* e identificou a si mesmo de modo equivocado com algo que você não é.

Talvez você esteja pensando: "Mas não é, de fato, normal e natural sofrer quando coisas como essa acontecem na vida?". Essa é uma crença comum à qual inúmeras pessoas se apegam no mundo de hoje. Porém, dizer que não há problema em sentir dor mental e emocional equivaleria, no nível físico, a golpear conscientemente a própria perna com uma faca. Não são muitos que "optam" por fazer isso todos os dias.

Talvez você ainda não consiga enxergar que é capaz de escolher os sentimentos que terá como reação a um evento. Caso seja verdade, ainda não se deu conta de que é 100% responsável por todas as suas emoções, por todos os seus sentimentos. Em outras palavras, ainda "acredita" que aquele sujeito com a moeda é quem está criando a sua raiva, a sua dor.

Não percebeu ainda que é responsável pela própria raiva, pelo próprio sofrimento... sempre. Isso está totalmente associado a você, pois é a sua reação, e você é o único responsável por suas reações.

Talvez considere que o problema, aqui, não é o carro, mas o tempo gasto e o dinheiro que foi preciso para comprá-lo. Se for esse o caso, seu apego não é à imagem do carro, mas à imagem do dinheiro ou à história mental que se formou em relação a todo o tempo que levou para comprar o carro. É o mesmo processo ou mecanismo interno que ocorre na consciência, é apenas uma imagem diferente à qual você se apegou e com a qual se identificou.

Talvez o problema não seja o carro nem o dinheiro, mas você se zangue porque agora terá de perder tempo com o conserto do veículo. Assim, a imagem à qual se apega é o uso de seu tempo para fazer outras coisas. E, em razão desse incidente com o carro, agora precisa fazer algo que não queria fazer. É como se tivesse "perdido" algo, como se lhe tivesse sido negada a possibilidade de fazer o que você queria. O sofrimento é o mesmo, mas agora há uma imagem diferente à qual você se apegou. Se não estivesse apegado à ideia de fazer outras coisas com o tempo de que dispõe, mostraria flexibilidade e estaria livre para navegar com a corrente que a vida lhe traz. Nesse caso, realocaria a atenção e o tempo necessários para o conserto do carro, sem reclamar, sem sofrimento algum. Afinal, você já sabia que "as coisas acontecem". Essa é a natureza da vida no planeta Terra!

Ou talvez o problema não esteja no carro, nem no dinheiro, tampouco no tempo; talvez seja uma questão de "respeito". Você acredita que, ao causar danos ao seu carro, essa pessoa mostrou desrespeito a você e talvez à sociedade. Nesse caso, a imagem à qual se apegou é a de ser uma pessoa altamente respeitada e a de que os outros o respeitam. Mas, se largar esse apego de ser sempre respeitado, não dependerá mais do respeito alheio para consolidar o respeito por si próprio. Então, não haverá sofrimento nem dor. Quando as pessoas não lhe demonstram respeito, você é capaz de movimentar-se à vontade, sem perder a paz interior, o poder ou a felicidade. Ou será que você carece do reconhecimento e do respeito alheios? Se for esse o caso, saiba que, na verdade, não é "você" quem está carente, mas o ego.

Talvez você julgue que o que estou dizendo é que deve simplesmente dar de ombros quando alguém causa danos a uma propriedade sua e que não deve fazer ou dizer coisa alguma. Contudo, não é esse o significado de desapego. Digamos que o carro foi danificado, como você reagirá a isso? Você tem escolhas. Se aquele sujeito ainda estiver na área, poderá lhe dizer: "Suponho que vá pagar pelos danos que causou". Ou pode, simplesmente, chamar a polícia, pois alguém infringiu a lei. Mas, em geral, nesse tipo de incidente a pessoa risca o carro e sai correndo.

Portanto, você tem várias alternativas: a) pode pagar pelo trabalho de pintura; b) pode acionar o seguro para cobrir o prejuízo; c) pode deixar a área riscada do jeito que está e continuar usando o carro; d) pode vender o carro, mantendo a área riscada.

Você sempre tem como escolher. Por que seria incapaz de "criar" tais soluções? Por que não consegue ser criativo? Porque sua consciência está preenchida pela raiva. E você é incapaz de ser criativo quando sente raiva ou medo. Essa emoção, criada por você, é uma espécie de autossabotagem, já que destrói sua capacidade criativa. Felizmente, ela é temporária, como qualquer emoção, portanto deverá passar. Desapegar-se não significa não se preocupar com o carro ou não lhe dar valor. Mas, como veremos adiante, apego não é a mesma coisa que cuidado; e, embora o apego geralmente seja confundido com a atribuição de valor, não é possível "atribuir valor" a coisa nenhuma enquanto você estiver apegado a ela.

O carro riscado é apenas um exemplo. Para muitos, um carro riscado nunca é problema. Para eles, o problema pode estar em outras coisas, outros objetos, como um tapete novo. Digamos que a loja acaba de entregar o tapete novo, e você está muito feliz com ele. Logo após o jantar, seus convidados chegam e você repara no café escorrendo de uma xícara, em direção ao tapete, como se em câmera lenta! Você grita, desesperada: "Aaargh, meu tapete novo!". Nesse momento, você é um tapete. Nesse momento, você se esquece de uma das fórmulas mais importantes da vida, que é a seguinte: tapete + gravidade + café = mancha. Carro + pessoas violentas + veículo estacionado na rua = carro riscado. A soma de tudo é a percepção iluminada de que os tapetes foram concebidos para aparar o café que foi derrubado e os carros foram feitos para ser riscados. Assim é a vida!

Chegando aos limites extremos

E se levarmos isso ao extremo? E se a pessoa prejudicada for seu filho? Com certeza não devemos mostrar desapego. Você certamente não pode mostrar desapego caso isso aconteça. Isso não significaria que não nos importamos? Essa é outra pergunta recorrente nos seminários e retiros.

A resposta é a mesma, o mecanismo interno da consciência é o mesmo. Ele é apenas mais difícil de enxergar e de ser aplicado, pois os apegos mais profundos que desenvolvemos são à família. Digamos que seu filho foi gravemente ferido por um ato violento de alguém. Como você se sentiria? Como a maioria das pessoas se sentiria? Um misto de tristeza, mágoa e raiva, sendo a raiva a mais saliente em relação às duas outras emoções e provavelmente ficaria cada vez maior. Portanto, é como se você também estivesse sofrendo. E do que o seu filho necessita, nesse momento? De empatia, cuidado, compaixão, apoio, sem falar na clareza que deve ter para raciocinar e talvez tomar uma decisão importante como: "Já para o hospital, vamos!".

Porém, se você está sofrendo, não poderá cuidar dele, apoiá-lo, ter clareza de raciocínio etc. Na verdade, você é quem carece, agora, dessas mesmas coisas, pois também está sofrendo. Alguém que esteja sofrendo emocionalmente não é capaz, de fato, de ajudar o outro que está sofrendo. Até mesmo a tentativa de aliviar as dores de uma ferida alheia não surtirá efeito se você estiver emocionalmente devastado ou tomado pela ira.

Não se trata de um assunto acadêmico

Os assuntos do amor, do ego e das emoções não devem ser deixados a cargo dos especialistas, pois não existem especialistas. O amor não é uma disciplina acadêmica que possa ser estudada nos claustros de uma instituição acadêmica. Esses são locais em que ratificamos a autoridade das pessoas nas quais confiamos, em relação aos assuntos sobre os quais acreditamos que precisamos receber instrução. Porém, a dona de casa ou o mecânico, que têm meditado e explorado sua espiritualidade há anos, são mais capazes de ter insights *claros sobre o amor do que muitos professores universitários. O buscador determinado, ao tentar compreender por que está passando por tamanho sofrimento, tem tanta probabilidade de ter* insights *claros sobre a formação e o mecanismo do ego quanto o médico psiquiatra com formação em psicologia. Em última instância, a única autoridade em assuntos do amor, do ego e das emoções é você. O laboratório no qual você faz pesquisas é você mesmo. A metodologia é a meditação, a contemplação e a reflexão em silêncio sobre o que está acontecendo... dentro de você!*

Desapego é uma palavra que, para muitos, adquiriu o significado de frieza, distanciamento e falta de amor. Mas ela não tem significado; quer dizer somente que você não está sofrendo enquanto os outros sofrem. Significa que você não se identifica com o sofrimento do outro. Significa que não se junta a ele em seu turbilhão emocional. Significa que é capaz de permanecer calmo, forte e completamente disponível para enxergar a situação e criar a resposta mais apropriada para o sofrimento alheio e de satisfazer a necessidade dele naquele momento. Quando você, de fato, "reage" emocionalmente ao sofrimento do outro, isso quer dizer que está apegado e identificado à imagem do sofrimento dele, que está sendo criada em sua mente. Você está confundindo o seu *self* com a dor dele. Isso não passa de um pequeno jogo do ego.

Embora aprendamos a criar facilmente apego a coisas externas, tais como posição social, poder, remuneração, privilégios, outras pessoas e o sofrimento delas, nada disso, na verdade, está dentro do *self* no momento do apego. Isso tudo são imagens ou conceitos que criamos na tela da mente.

Também nos apegamos facilmente a coisas como ideias, lembranças e, mais frequentemente, crenças. Você costuma ter discussões? Quando faz isso, é porque tem uma opinião, e no cerne de sua opinião está sua crença. Quando ouve a opinião da outra pessoa que contradiz a sua, percebe a crença dela como uma ameaça, não apenas à sua crença, mas a você, pessoalmente. Por quê? Porque, além de estar apegado à sua crença, você identifica o seu *self* com ela. Nesse momento, é como se você fosse a sua crença. Nasce disso uma discussão, que pode tornar-se acalorada.

Tal "calor" é um sinal de que você está sofrendo novamente. Essa característica "acalorada" é o sinal da existência das emoções, normalmente uma modalidade da raiva. Mas você é, de fato, as suas crenças? Você é capaz de mudá-las? Claro que é. Portanto, quem opera a mudança? Você mesmo. Então, aqui está você, e ali estão as suas crenças. Você não é as suas crenças.

Uma maneira certeira de desarmar a si mesmo e também ao outro antes que uma discussão se inicie é simplesmente dizer: "Interessante, posso perceber por que você acredita nisso. Eu mesmo não consigo, meu ponto de vista é diferente. Mas me diga mais sobre o seu ponto de vista a respeito desse assunto". No momento em que se desapega e para de se identificar com a própria crença, o "calor" desaparece, a sua resistência em relação à crença da outra pessoa se dissolve, e a comunicação normal é restabelecida. Sempre funciona. Tudo o que tem a fazer é desapegar o *self* da crença que está criando e sustentando em sua mente. A menos, é claro, que você seja uma dessas pessoas que gostam de provocar uma discussão a fim de ter um pretexto para ficar zangado (plano emocional), para então poder satisfazer sua dependência emocional. Voltaremos a esse ponto mais adiante.

A compreensão do ego e de como você o cria lhe permite compreender por que as pessoas fazem o que fazem, por que se comportam de determinadas maneiras, por que você se comporta de determinado modo, particularmente nos momentos em que "reage", em vez de "responder".

Onde há **EGO**, existe **APEGO**
Onde há **APEGO**, existe **RESISTÊNCIA**
Onde há **RESISTÊNCIA**, existe **MEDO**
Assim, para completar o círculo, sempre que houver **MEDO**, existirá o **EGO**

CORRIGIR O ERRO

Todo tipo de medo nasce do ego. Portanto, se o estresse é basicamente o medo em um de seus vários disfarces, e o ego é apenas um erro (identidade equivocada), se você quiser se livrar do estresse, tudo o que tem a fazer é corrigir esse erro. A essa altura, você deve estar se perguntando: qual é a imagem correta à qual devo me apegar, com a qual me identificar? Se o ego é o apego à imagem equivocada, qual é a imagem correta?

Na realidade, não existe "imagem correta", pois você não é uma imagem. Não somos imagens, somos seres de consciência, seres que são a própria consciência. E a consciência não tem imagem. O ser de consciência, o *self*, é o criador e o responsável por projetar as imagens. Uma imagem é um quadro, uma ideia, uma "coisa", projetada na tela da mente que você criou, e você não é um quadro, uma ideia ou uma "coisa" em sua mente. Isso talvez pareça ser o oposto daquilo que aprendemos, e de fato é. É por isso que o restabelecimento do poder, da paz e da felicidade não se dá por meio de um aprendizado qualquer, e sim pelo processo de desaprender o que é velho. O *self* autêntico não tem imagem. Renuncie ao apego a quaisquer imagens e você será o seu *self*... de novo. Pare de se identificar com algo que você não é, o que inclui todas as "coisas", e conhecerá a si mesmo novamente como amor. Esse é o objetivo da meditação: poder enxergar e renunciar a todas as imagens nas quais o *self* está se perdendo. Recuperar a própria consciência de si como... pura consciência!

Enquanto a sua energia, a sua luz, estiver presa a alguma "coisa" na mente, você será incapaz de conectar-se aos outros adequadamente e com amor, não conseguirá fluir por completo na direção das outras pessoas. Amor é conexão. Amar é fluir na direção do outro, conectando-se com ele e com o mundo. Quando o amor flui e se conecta adequadamente, isso significa que o *self* não está mais se apegando e se identificando com algo que não corresponde ao "eu" que diz "eu sou"! Antes de tudo, o *self* não tem ego.

COMPREENDER OS OUTROS

Não é fácil perceber a que, exatamente, as pessoas estão *apegadas*, pois o apego acontece na consciência delas. Em geral, é difícil enxergar a natureza exata do *medo* dos outros, pois somos hábeis em disfarçar os medos. Porém, você é incapaz de disfarçar o seu *comportamento*, o que sempre indica alguma forma de *resistência*.

SINAIS E SINTOMAS DO APEGO
E DA PRESENÇA DO EGO

Portanto, o que fazem as pessoas quando sentem medo, quando estão sob a influência do medo, quando estão apegadas e se identificam com algo que não são? Que espécie de comportamento de resistência você tende a perceber, num dia típico? Uma pequena lista incluiria os seguintes hábitos:

Criticar, reclamar, culpar o outro, gostar, não gostar, desaprovar, mostrar possessividade, invejar, desejar, projetar, competir, tentar controlar, agir de modo condescendente, corrigir o outro, duvidar, defender-se, julgar, limitar a si próprio, fragmentar, fugir de determinada situação, evitar, negar, mentir, preocupar-se.

Se você prestar atenção à sua experiência ao comportar-se de uma dessas maneiras, penetrando em cada um desses comportamentos visíveis, poderá traçar o percurso deles, desde sua origem dentro da consciência, dentro do seu *self*: o ego. Perceberá a que imagem, ideia ou crença está apegado, na qual está perdendo o próprio *self* na tela da mente.

Tomemos como exemplo dois comportamentos em particular, fazendo um trabalho de detetive à medida que os examinamos e tentamos compreender por que eles ocorrem, e o apego primordial (imagens, ideias, crenças com as quais nos identificamos) que os provoca.

1 Criticar
Exemplo
"Acho que sua ideia não é muito boa. Na verdade, acho que é péssima, é a pior coisa que eu já ouvi, e não vai funcionar nunca."

Medo específico
Acho que minha ideia é melhor, e tenho medo de que a sua seja aceita, portanto critico (faço ataques à) sua ideia.

Identificação/Apego
Estou apegado à IMAGEM de minha própria ideia e me identifico com ela. Assim, percebo sua ideia como uma ameaça à minha e, como estou identificado com a minha, percebo a sua ideia (você) como um ataque pessoal a mim. Disso nasce a crítica à sua ideia, que é um ataque a você – minha tentativa de defender minha ideia, isto é, meu *self*.

Às vezes, alguém surge com uma ideia nova e diz: "Ei, tive uma ótima ideia. Deixarei a critério de vocês, sintam-se à vontade para adotá-la, e, se não quiserem fazê-lo, não há problema". É uma pessoa bastante desapegada às ideias que tem. No entanto, se o indivíduo do exemplo acima é envolvido por uma energia diferente adota uma atitude diferente, e ele insiste que "a MINHA ideia é a melhor e deve ser adotada". No instante em que ele percebe que os outros não conseguem enxergar isso, fica transtornado e irritadiço. Sofre. Ele permanece empacado, incapaz de seguir adiante.

2 Mostrar possessividade
Exemplo
"Não gostei de ver você rindo, escancaradamente se divertindo com aquele cara (aquela garota) na festa de ontem à noite. Você ficou com ele durante 22 minutos e meio, não foi isso? Está gostando dele, não? Vai se encontrar com ele de novo? Não vai me abandonar, vai? Por favor, não me abandone!"

Medo específico
Temo que ela(ele) esteja gostando menos de mim, que possa me abandonar.

Identificação/Apego
Identificação e apego à IMAGEM da outra pessoa.

Nosso apego mais profundo quase sempre se dá em relação a outra pessoa e é frequentemente confundido com amor. Você já passou pela situação em que alguém tenta possuí-lo e controlá-lo? É como se você fosse capaz de sentir o apego dessa pessoa, a possessividade dela. Seu primeiro impulso é afastar-se ou abrir mão do relacionamento. A menos, é claro, que tenha necessidade desse apego da pessoa a você – o que significa que está apegado a ela! Portanto, é uma possessividade recíproca!

A essa altura, vem novamente à tona a questão dos relacionamentos próximos, à medida que as pessoas encontram dificuldade em aceitar a ideia de que não é saudável apegar-se aos membros da família, particularmente aos filhos. A questão em geral aparece da seguinte forma: "Então, isso quer dizer que, se algo acontece ao meu filho, não devo reagir, não devo demonstrar nenhuma emoção, não devo ficar perturbado? Ficar perturbado e demonstrar esse sentimento, quando meu filho sofreu algum dano, não é a coisa mais natural e necessária do mundo?"

Como já vimos anteriormente, se você como pai/mãe também está sofrendo emocionalmente, não poderá dar apoio, cuidar, mostrar empatia – modos de expressar o amor. Será incapaz de tomar decisões claras e criativas. O desapego é a única saída (às vezes, acontece de o filho superar o sofrimento antes das demais pessoas e começa a sentir empatia pelo pai/mãe que está sofrendo emocionalmente!). Assim, a dimensão mais profunda – ou o nível seguinte à resposta para essa pergunta – tende a ser ainda mais desafiadora. Avalie de que maneira isso se encaixa no seu caso particular. Lembre-se, o objetivo aqui é ajudá-lo a perceber que você tem opções em relação ao modo de reagir à situação. Buscamos a opção mais eficaz ao restabelecer a consciência de como nossas escolhas são criadas e de que modo elas sofrem a sabotagem do ego e do apego.

Será que o pai/a mãe é tomado por tal desespero quando algo acontece ao filho porque acredita que ele é o "MEU filho"? Em outras palavras, é "verdadeiro" dizer que este é o "MEU filho"? Isso implica que os pais possuem os filhos, que são uma propriedade deles. São mesmo? Seu filho é um ser humano individual, em sua jornada de vida, e, na condição de pai/mãe, temos o extraordinário privilégio de ser um guia, um orientador, um professor, um amigo, um conselheiro e também o pai/mãe. Em seu relacionamento com o filho, os pais têm a oportunidade de criar e desempenhar muitos papéis, e, ao fazê-lo, eles o ensinam a fazer o mesmo.

Contudo, muitos pais parecem ter dificuldade de enxergar isso. Compreensivelmente, em razão do apego (MEU filho deve fazer exatamente o que eu digo!), muitos pais tendem a desempenhar somente um papel na relação com o filho: o de controlador supremo! E quando o filho não age do modo que consideram correto, ficam irritados, frustrados, zangados, e com isso ensinam ao filho uma série de sete lições não muito úteis: 1) os adultos são capazes de controlar as crianças/adolescentes; 2) como ficar zangado; 3) sentir raiva das pessoas é saudável; 4) não há problema em continuar sofrendo, isso é algo natural e normal; 5) a felicidade dos pais depende dos filhos; 6) o apego traduzido na tentativa de possuir o outro é saudável; 7) a obediência gera a paz e a harmonia.

Novamente, o erro mais comum no que diz respeito a esse assunto é a confusão entre os significados. Ter desapego não significa que não nos importamos, que não amamos. Na verdade, só é possível cuidar (amar) quando existe um distanciamento entre a pessoa e a cena na qual alguém está sendo cuidado. É por isso que cirurgiões, médicos, enfermeiras e policiais aprendem o desapego no desempenho de suas tarefas. Caso contrário, teriam dificuldade para não ser afetados emocionalmente pelas inúmeras cenas com que deparam em sua rotina de trabalho.

O desapego não significa que você não se importa com seu filho ou com a pessoa a quem está apegada. Significa apenas que você não diz que "ele é MEU". Você reconhece e respeita a individualidade dele. Não o controla, ele não é uma posse sua. Sabe que, aconteça o que acontecer a ele, independentemente de como ele se sinta, não está acontecendo a você. Você só pode estar ao lado dele quando está totalmente presente dentro do seu *self*, ou seja, quando não permite que o *self* se perca em meio a uma imagem deles ou a uma imagem do sofrimento deles, projetada na tela de sua mente.

Se estivéssemos juntos na mesma sala, você provavelmente diria: "Isso não é fácil". E eu provavelmente responderia: "Você está absolutamente certo, não é fácil. Para começar, isso é o oposto daquilo que nos ensinaram, e com certeza o oposto do modo como a mídia retrata tais relacionamentos". Muito embora a maioria das telenovelas, filmes e histórias do gênero dramático seja realmente feita de várias modalidades de sofrimento emocional, em que predomina o apego e o ego está nitidamente presente, eventualmente surge uma "fala" em resposta a uma catástrofe pessoal, que é algo do tipo "Temos de ser fortes... por ele". O que significa, basicamente, ser desapegado e livre de quaisquer emoções.

Portanto, agora é a sua vez. A mera leitura, aqui, não despertará, de fato, uma consciência clara e consistente desse processo interno. A maneira mais eficaz de permitir que esses *insights* se "materializem" é usar exemplos passados em sua vida, perceber o que exatamente aconteceu e percorrer de novo o caminho das reações que você teve, até a causa original, até a fonte, até o ego, até chegar ao apego a uma imagem de sua mente. Somente então será capaz de perceber o que se tornou um hábito, romper com ele e responder de modo diferente a cada vez. Recomendo que você tome como exemplo os comportamentos 3, 4 e 5 da página seguinte (reclamar, culpar o outro e limitar a si próprio) e faça o que acabamos de fazer com os dois primeiros exemplos. Com base em sua experiência, procure exemplos de situações em que se comportou dessa forma e então percorra o caminho até o ego, isto é, a imagem mental à qual você se apegou, com a qual se identificou, antes de ter se comportado daquela forma.

Use a tabela a seguir ou desenhe uma tabela numa folha de papel à parte. Considere então cada um dos comportamentos e encontre um exemplo de sua experiência. Pergunte ao seu *self* qual foi o *medo*, qual foi a *imagem* à qual se apegou, com que se identificou, na mente.

COMPORTAMENTO	EXEMPLO	MEDO ESPECÍFICO	APEGO (SEMPRE UMA IMAGEM NA MENTE)
1 Criticar	"Acho que sua ideia não é boa, e nunca vai funcionar"	Acho que minha ideia é melhor, e temo que a sua ideia seja aceita	Apego e identificação com a IMAGEM de minha própria ideia.
2 Mostrar possessividade	"Não gostei de ver você rindo, escancaradamente se divertindo com aquele cara (aquela garota) na festa de ontem à noite."	Temo que esteja gostando menos de mim ou que me abandone.	Identificação e apego à IMAGEM dessa pessoa. Se ela morrer, ou se for embora, será como se uma parte de mim morresse ou se perdesse.
3 Reclamar			
4 Culpar o outro			
5 Limitar a si próprio			

Use como referência os primeiros dois exemplos (criticar e mostrar possessividade) para lembrar-se da sequência do processo, caso necessário.

É comum que, no início, muitos considerem esse exercício de autoconsciência um processo desafiador e difícil. Como tudo na vida, ele só requer prática. E fica mais fácil à medida que você se torna ciente do que está fazendo com a própria consciência, dentro do seu *self*, onde tem origem a criação do apego, do medo e das atitudes. Quando se dá conta de que todos os seus medos nascem *dentro* de você e que são criados inteiramente *por* você, uma nova escolha surge *para* você. Tem então a escolha de não se apegar, de não criar o medo, de ser destemido, ou seja, de não ter o ego. Reserve cinco minutos todos os dias para refletir sobre uma reação particular que teve durante o dia, e você logo começará a perceber por que o medo surgiu.

Exploremos um pouco mais alguns exemplos desses três comportamentos.

3 RECLAMAR

Exemplo

Você vai a um restaurante, e a sopa que pediu lhe é servida fria. Você começa, então, a reclamar a todos à mesa: "Essa droga de sopa está fria, como é que eles têm coragem de servir sopa fria, e ainda mais por esse preço? Eu fico indignado". Você está nervoso e obviamente está sofrendo. Quem é que criou tal sofrimento? Você mesmo.

Medo específico

O medo que você criou é simples – você acha que precisará tomar a sopa fria. Ou então vê nisso um sinal de desrespeito e teme que isso continue.

Identificação/Apego

A imagem que você criou, à qual se apegou e com que se identificou em sua mente é a imagem de você tomando sopa quente.

Uma vez mais, não estou sugerindo que você relaxe e permita que o mundo passe por cima de você. Então, o que pode fazer? Chamar o garçom e lhe dizer: "A sopa está um pouco fria, você pode esquentar para mim, por favor? Obrigado". Isso não é uma reclamação; você está apenas dando a ele um *feedback* e lhe fazendo um pedido. Porém, nesse processo você não sofre emocionalmente. Isso porque não está apegado e se identificando com o fato de que sempre lhe servem sopa quente. Você é desapegado o bastante para aceitar que o universo, às vezes, aparece com sopa fria!

A essa altura, você talvez diga: "Ah, vamos lá, não vejo problema nenhum em reclamar. Esse tipo de incidente é tão pequeno, ficar nervoso não causa problema algum, não acha?". Não se esqueça, porém, de que ao reclamar você está sofrendo emocionalmente, e é sempre você quem cria esse sofrimento. É sempre o ego em ação. Você optaria por criar o sofrimento se percebesse que tem uma alternativa? E embora possa achar que não há problema em eventualmente criar pequenos sofrimentos em relação a incidentes como a sopa fria, lembre-se de que todos os grandes sofrimentos na vida tiveram início com pequenos sofrimentos. Tudo isso pelo fato de você não saber que é o criador desses sentimentos.

4 CULPAR O OUTRO
Exemplo
Você culpa alguém por ter perdido um prazo. "O relatório não foi bem-feito e não foi entregue no prazo por culpa dele/dela."

Medo específico
Alguém pode pensar que, de algum modo, você é culpado pelo fato de o relatório não ter sido feito no prazo.

Identificação/Apego
Você se apegou e se identificou com a imagem de ser o Sr./Sra. Perfeita Eficiência, que jamais faz nada de errado, não é desleixado nem deixa de cumprir os prazos.

É claro que culpar o outro é um comportamento comum na maioria das empresas. Porém, às vezes, quando algo dá errado, alguém ergue a mão e diz: "Sim, fui eu, eu assumo a responsabilidade pelo erro". O oposto do ego é a humildade. Essa pessoa teve a humildade de ser honesta, portanto, nós a respeitamos por sua honestidade. Seu comportamento atrai o respeito.

Convém lembrar que, em todos os exemplos acima, não existe jamais uma resposta correta. É possível que os comportamentos "de resistência" tenham origem em variados medos e apegos. No exemplo de "reclamar", a sopa fria talvez seja considerada um sinal de desrespeito; assim, a imagem que criamos e com a qual nos identificamos é a de que somos uma pessoa altamente respeitada. Ou, no caso de culparmos alguém, pode ser pelo temor de que a segurança de nosso emprego esteja em risco ou de que não haja um aumento de salário; assim, o medo é a perda do emprego, ou a perda de dinheiro, de modo que o apego e a identificação se dão com a imagem de um futuro aumento de salário ou com o cargo ocupado nesse momento.

O "jogo de culpar o outro" é um de nossos prediletos, e pode ser encontrado no microcosmo do ambiente de trabalho e no macrocosmo de uma nação. Libertar-se do hábito de culpar os outros é uma coisa, mas o que fazer quando alguém culpa você? Antes de mais nada, procure entender a pessoa. Se ela culpa você, isso quer dizer que está apegada, tem uma identificação equivocada e sente medo. Não importa o que tenha acontecido, isso faz parte do passado e não pode ser mudado, mas você pode ajudá-la a desviar o foco na direção do futuro. Repare que, se adotar uma postura defensiva diante da culpa que lhe atribuem, estará criando o medo. Se fizer isso, procure descobrir o apego que se esconde por trás de sua postura defensiva. O medo geralmente está associado ao seu apego, a uma reputação aos olhos das demais pessoas ou ao seu emprego. No final das contas, a culpa não é de ninguém, mas a responsabilidade é de todos nós.

5 Limitar a si próprio
Exemplo
Não consigo aprender a dirigir.

Medo específico
Medo do sucesso (e não medo de falhar).

Identificação/Apego
Apego e identificação com a imagem de incapacidade e de inadequação.

A autolimitação geralmente começa com as palavras "Não consigo" ou "Não sou capaz". Às vezes, surge do medo de fracassar, mas também é muito frequente o medo de ser bem-sucedido.

Por exemplo, digamos que fui esquiar, quando tinha oito anos de idade, caí e quebrei a perna. Cheguei à conclusão de que não sei/não consigo esquiar. Criei a imagem negativa do meu *self* com um "não esquiador" e me apeguei a ela, me identifiquei com ela. Trinta anos mais tarde, meus amigos me convidam para viajar com eles a uma estação de esqui e eu respondo: "Não sei esquiar; obrigado, mas não, não irei com vocês". O medo, aqui, não é do fracasso, mas do sucesso. Estou vivendo tão confortavelmente com a imagem de ser um "não esquiador" que, para começar a esquiar, eu teria de fazer o esforço de romper os limites de minha zona de conforto, que é definida por essa imagem, à qual estou apegado, com a qual me identifico. Você está me pedindo que eu seja, hoje, mais do que era ontem. Não, obrigado, estou apegado à imagem do "pequeno eu" e prefiro claramente permanecer na zona de conforto dessa imagem de minha pequenez que criei do meu *self*. Estou até mesmo disposto a ser visto pelos outros como um fraco e como um fracassado, em vez de destruir essa imagem de mim mesmo como uma pessoa incapaz.

Esse é realmente um excelente exercício. Prepare um café, procure um canto silencioso, repasse todos os outros "comportamentos de resistência" da lista, identifique um exemplo pessoal para todos eles e busque a origem de cada um – o ego, sempre. É sempre uma imagem na tela da sua mente, que você, o *self*, criou e à qual manteve o *self* apegado. Rapidamente começará a compreender e distinguir quando e por que as pessoas sentem medo. É SEMPRE pelo fato de estarem apegadas a uma imagem de sua mente. É SEMPRE porque perderam o senso de identidade em meio àquela imagem. Verá claramente esse processo dentro de você mesmo e, ao fazê-lo, conhecerá a causa fundamental de muitos dos sentimentos e comportamentos que não gostaria de ter! Você é capaz, agora, de fazer uma escolha diferente em relação à maneira de responder às situações. Ao fazer tal escolha, estará de fato fortalecendo o próprio *self*, para realizar a mudança de "reagir" para "responder".

Quando você consegue perceber as causas de uma doença, pode livrar-se dela para sempre; mas, se lida apenas com os sintomas, ela simplesmente encontrará outras maneiras de manifestar-se. O ego é a raiz de TODO sofrimento mental e emocional, em toda parte, em TODOS os momentos. Trata-se de um "não estar à vontade[10]" em nossa consciência, que passa então a encontrar o caminho para dentro de nossos pensamentos, sentimentos, palavras e comportamentos. E, com muita frequência, isso cria a doença em nosso corpo (há quem argumente que todas as doenças físicas têm origem no ego). Mas o ego é simplesmente um erro. Um erro comum, e, como todo erro, pode ser mudado. Como qualquer erro recorrente, pode ser corrigido.

QUE DIFERENÇA FAZ?

Digamos que José entra na sala e se junta a nós para uma reunião. Ele começa a criticar todos da equipe. Faz algumas semanas que vem tendo essa atitude. Você é o chefe do grupo e todos os demais estão ficando fartos da atitude de José; então procuram você e se queixam sobre as críticas contínuas feitas por José. Eles lhe pedem para resolver a situação, já que é o chefe da equipe. Assim, você vai até José (como se colocasse o dedo em riste na frente do rosto dele) e diz: "Você é crítico demais, deveria parar de criticar, as pessoas estão fartas disso. Pare de fazer críticas". A essa altura, você mesmo já está bastante perturbado. Mas, espere um instante, o que está acontecendo aqui, o que você está fazendo? Você está criticando José pela postura dele de criticar os outros. Está fazendo exatamente o mesmo que ele. Está sofrendo da mesma maneira.

No entanto, você agora está ligeiramente mais esclarecido. Agora sabe que José tem feito críticas porque, por detrás de seu comportamento, ele se encontra num estado de resistência diante da equipe. Por quê? Porque está com medo. Está num estado de medo. Sofre uma dor emocional.

Quando sente uma dor física e vai ao médico, ele o manda deitar-se e diz: "Bem, vejo que você sente uma dor física enorme aqui e vou ter, então, de sacrificá-lo (tal como um velho cão de estimação)"? Não, ele procura compreender as causas da dor física e ajudar na cura do seu corpo. A dor que José está sentindo não é física, mas emocional e mental. Qual é a resposta humana diante de alguém que sente dor? Não é a condenação ou a crítica, mas a compaixão. Assim, você opera uma das maiores mudanças

---

[10] No original, um jogo de palavras: "dis-ease", referência ao termo "disease", ou doença. (N. T.)

que podem ocorrer no contexto de seus relacionamentos – a passagem da condenação à compaixão. Ou seja, a mudança do *medo* para o *amor*.

Ao olhar para o mundo de hoje, você terá a impressão de que praticamente todos estão julgando, criticando e condenando os outros. O conflito antecede tais comportamentos ou é resultado dele, e isso provoca um grande sofrimento. Talvez o mundo esteja à espera de pessoas capazes de operar essa mudança, da condenação à compaixão. Deixar de perceber e *reagir* com medo e raiva e passar a perceber e *responder* com amor. A compaixão é um ato de amor. Por que tão poucos estão exercendo essa mudança? Porque pouquíssimos têm consciência e compreendem o verdadeiro motivo de sua enorme necessidade de criticar e de condenar. Poucos entendem por que é tão difícil criar a compaixão. Isso porque poucos conhecem, de fato, os mecanismos do ego e de que modo ele deforma nossa percepção, nossas perspectivas e, em última instância, nosso comportamento. Isso simplesmente não faz parte de nosso processo de educação... ainda.

Portanto, agora você sabe que José está criticando os outros porque está sofrendo, e o sofrimento dele tem o nome de medo. Também sabe que, por trás do medo, ele se apegou a alguma imagem que criou em sua mente e se identifica com ela. Será que José sabe que imagem é essa? Provavelmente não, pois o autoconhecimento dele não chega a esse nível. Você sabe que tipo de apego é esse? É altamente improvável, pois não há como entrar na mente dele. Portanto, o que você pode fazer? De que maneira pode ajudá-lo a sair desse sofrimento criado por ele mesmo? Você é capaz de "fazer" com que alguém mude? Não. Impossível. Então, o que pode fazer por José? Duas coisas. Primeiro, faça perguntas. Questões que deem margem a respostas abertas, que o estimulem a explicar o que se passa na mente dele. Perguntas do tipo "Há alguma coisa na equipe que o está incomodando? O que o está deixando tão pouco à vontade? O que, na sua opinião, faz com que adote essa postura crítica?" Ao fazer isso, e à medida que ele expressa seus pensamentos e sentimentos, expande a própria *autoconsciência* e começa a perceber que é inteiramente *responsável* pelo próprio sofrimento e, portanto, por seu comportamento. Durante essa conversa, é mais provável que ele perceba exatamente a que está apegado e, portanto, esteja mais propenso a "relaxar, a diminuir o controle". É nisso que consiste o apego: "relaxar, diminuir o controle".

A segunda maneira de ajudar José é lembrar-se de que há apenas uma maneira de liderar, na vida, por meio do exemplo. O que faz de todos nós líderes em potencial. E isso significa que você nunca, nunca, jamais criticará alguém. Jamais. É fácil, não? Agora você sabe que, se criticar ou condenar alguém, isso indica que você sente medo, que está sofrendo, pois está apegado a uma imagem de sua mente e identificado com ela. Esse é o seu ego. Obviamente, é por isso que devemos ser capazes de enxergar e operar mudanças em nossa consciência, antes de estar prontos para, com eficácia, ajudar os outros a ajudarem a si mesmos em seu processo de mudança.

No final do livro, você encontrará mais exemplos de como o ego está na origem de muitos outros comportamentos específicos.

O VERDADEIRO SENTIDO DA TRANSFORMAÇÃO

Muito já foi dito e escrito sobre o processo de autotransformação. Porém, somente o ego faz com que isso seja necessário. Se você fragmentar a palavra "transformação", encontrará três palavras, ou três ideias, no conceito de transformação. Trans significa transcender ou elevar-se acima de algo. Forma e ação são as duas outras palavras. O ego significa que o *self* prendeu a si mesmo numa imagem que é criada pelo *self* dentro do *self* (a consciência) na tela da mente. À medida que o *self* se identifica com a imagem, é como se ele desse a si mesmo a "forma" dessa imagem e todos os pensamentos e sentimentos fossem modelados por essa falsa imagem do *self*. E, como já vimos, esses pensamentos, emoções e comportamentos compõem o sofrimento... sempre. A trans**forma**ção do *self* acontece quando o *self* **transcende** a imagem à qual se apegou, ou seja, liberta-se da imagem na tela da mente, "abandonando" assim a **forma** da imagem, de modo que o *self* não mais seja moldado pela imagem.

Isso altera completamente a sequência de pensamento/emoção/ação dentro do *self*. Portanto, se o seu desejo é transformar seu pensamento e, com isso, a sua vida, não há necessidade de criar um embate com os próprios pensamentos e sentimentos, nenhuma necessidade de mudar ou de desenvolver sua personalidade. Tudo o que tem a fazer é desapegar-se, renunciar à imagem à qual se apegou e com a qual se identificou na própria mente. Tudo o mais fluirá a partir daí. Dito de outro modo, redirecione o senso de identidade. Pare de identificar-se com aquilo que você não é.

Na verdade, não existe uma coisa chamada transformação do *"self* [11]*"*, simplesmente porque o *self* jamais pode ser outra coisa além do *self*. A ilusão surge quando o *self* "acredita" que pode ser algo além de si mesmo. O *self* aprisionou a si mesmo dentro de uma crença. Perceber isso, elevar--se acima disso e, com isso, para "fora" daquilo que você acredita ser o seu *self*, e simplesmente "ser o *self*" novamente, isso é transformação.

A ARTE DO NÃO APEGO

Em suma, o ego é praticamente o mesmo que o apego. Se o apego é a causa primordial do nosso sofrimento emocional, aprender a não se apegar parece ser, então, a solução óbvia e o caminho para uma vida sem sofrimento. E, de fato, é. Mas essa não é uma solução instantânea, simplesmente porque o hábito de apegar-se (identificar-se de modo equivocado) é tão sutil que leva algum tempo até que seja percebido e abandonado.

Nesse sentido, a prática da meditação torna-se essencial para "perceber" em que situações e a que, exatamente, você cria um apego para o seu *self*. A meditação não é um objetivo em si. Se fizer dela um objetivo, ficará decepcionado e desperdiçará muito tempo. A meditação é o cultivo da autoconsciência, é um processo de "percepção" e uma maneira de ser. Ao meditar, verá claramente que "você", na verdade, não se apega a um objeto externo. Verá que se apegou à imagem do objeto e que essa imagem é criada por você na tela da mente. Desapego significa aprender a criar a imagem do objeto, sem permitir que o senso do *self* se perca na imagem desse objeto.

O primeiro passo da meditação é chamado de "observação distanciada". Na meditação, você aprende a apenas observar tudo o que se passa na tela da mente. Para começar, não se trata de uma tentativa de controlar os pensamentos, mas simplesmente observar e testemunhar o que aparece na tela da mente. Com algum tempo de prática, você será capaz de fazer isso com maior naturalidade onde quer que esteja e sempre que precisar, como durante uma reunião na qual está havendo um conflito de egos, no carro, na cozinha, sentado à escrivaninha, numa conversa.

---

[11] Na linguagem cotidiana, diríamos *self-transformation*, ou autotransformação. (N. T.)

À medida que pratica a meditação, o que significa que está se tornando mais autoconsciente (em vez de inseguro[12] ou obcecado por si mesmo), começará também a perceber por que sente as coisas que sente, por que determinadas emoções são recorrentes, por que é praticamente certo que algumas reações aparecem nas mesmas situações e com as mesmas pessoas.

E quando percebe que a causa primordial dessas "reações" é sempre o apego e, portanto, a identificação equivocada, fica muito mais fácil desapegar-se e permitir que seu comportamento mude naturalmente, o que de fato acontecerá. Você não precisará mais se esforçar para mudar um comportamento, tampouco um sentimento. Simplesmente perceba e desapegue-se. Tudo o mais fluirá a partir disso.

Por que então você tenta apegar-se a algo? Trata-se, simplesmente, de uma crença assimilada de que, se puder adquirir as "coisas" e se apegar a elas, ainda que não sejam palpáveis, elas serão capazes de:

- ➛ completá-lo;
- ➛ fazê-lo sentir-se melhor (mais feliz);
- ➛ dar-lhe maior poder sobre os outros;
- ➛ fazê-lo acreditar que teve sucesso na vida;
- ➛ provar-lhe que você é um vencedor;
- ➛ ajudá-lo a sobreviver;
- ➛ elevar sua autoestima.

Contudo, essas são falsas crenças, às quais nós, você e eu, nos apegamos em maior ou menor grau. São ilusões que nos mantêm presos a uma vida inteira de forte apego e, portanto, de sofrimento.

VERDADES INCÔMODAS

Para que possa libertar o seu *self* do apego e da identificação com algo que "você" não é, ou seja, libertar o *self* do ego, aqui estão sete "verdades incômodas" que somente você pode provar para o seu *self*, em relação às crenças acima:

---

[12] No original, *self-consciousness*. O autor explora a ambiguidade da palavra: na linguagem cotidiana, é sinônimo de constrangimento, insegurança. Literalmente, denota "a consciência de si próprio". (N. T.)

1. completá-lo

Você não precisa acrescentar coisa alguma ao *self* para que ele seja completo. Na verdade, você é incapaz de acrescentar qualquer coisa ao *self*. Pode adicionar coisas ao corpo, mas não ao *self*.

2. fazê-lo sentir-se melhor (mais feliz)

Você não precisa adquirir/conquistar nada para se sentir melhor. *Na verdade*, precisa desapegar-se de tudo para se libertar, e somente quando for livre poderá se sentir feliz, o que realmente significa estar contente.

3. dar-lhe maior poder sobre os outros

Você jamais poderá ter poder ou controle sobre os outros, pois cada ser humano, independentemente de tamanho, idade ou histórico de vida, é uma "unidade de poder" isolada e única. *Na verdade*, você só pode ter poder (controle) sobre suas próprias faculdades mentais, intelectuais e físicas.

4. fazê-lo acreditar que teve sucesso na vida

O sucesso na vida não tem a ver com as conquistas, nada a ver com "quem tem mais brinquedinhos ganha". *Na verdade*, o sucesso está mais relacionado à capacidade de estar contente em qualquer situação e de responder calmamente e de modo positivo nos momentos em que tudo ao redor está contaminado pelo pânico e pelo medo. Isso exige de você toda a sua energia – a qual não estará disponível se estiver apegado a algo ou a alguém.

5. provar-lhe que você é um vencedor

Na vida, os vencedores não são aqueles que "vão lá e ganham", como nos foi ensinado. Os verdadeiros vencedores são os que "vão lá e doam", pois é dessa maneira que eles conquistam o respeito e a confiança das pessoas. *Na verdade*, fomos concebidos para dar, para contribuir, para irradiar. E, ao fazer isso, a vida vem correndo bater à nossa porta.

6. ajudá-lo a sobreviver

Quando você se dá conta de que não é a forma que está ocupando, quando percebe que é simplesmente a consciência, simplesmente espírito, alma e *self*, e não o corpo, a sobrevivência deixa de ser uma questão importante, pois você aprende que não pode deixar de sobreviver... por assim dizer. *Na verdade*, apenas o corpo morre e se transforma em alimento. Você não!

7. elevar a autoestima

Você provavelmente já se deu conta de que é um erro fatal basear o seu valor em quaisquer "coisas" que estejam fora do *self*, pois a qualquer momento o universo poderá tirar isso de você – e ele o fará. E você sabe que não tem absolutamente nenhum controle. É por isso que grande parte das pessoas vive em eterna insegurança.

Na verdade, o seu valor é infinito e ilimitado, porque "você", o "eu" que diz "eu sou", é infinito e ilimitado. Porém, perceber que isso é verdadeiro exige que abandone tudo aquilo a que está apegado, pois tudo é finito e limitado. Isso explica o valor da prática da meditação diária.

E impossível acrescentar qualquer coisa ao *self*. A ilusão de que é possível acrescentar algo a você mesmo nasceu no momento em que lhe ensinaram a acreditar que você é um corpo, uma forma física. Você pode acrescentar roupas ao corpo, mais objetos à casa, mais troféus às prateleiras, mas não pode adicionar nada ao *self*. Se for capaz de perceber isso, compreender e viver isso, estará praticamente "em casa". Se entender isso, aqui e agora, neste momento, não precisará fazer mais nada, nem sequer continuar lendo este livro. Tudo o que tem a fazer é observar os momentos em que recai numa dessas ilusões acima, rir de si mesmo e abandoná-las novamente. Observar, olhar, desapegar-se, tudo isso faz parte da arte da meditação. É por isso que ela não é somente algo que se faz sentado num canto, em silêncio (embora tais momentos de prática sejam necessários). A meditação é o cultivo da autoconsciência onde quer que esteja. E, assim como as plantas crescem gradativamente quando são plantadas e adubadas, sua autoconsciência também se expandirá quando você alimentar sua prática de meditação.

Para praticar a meditação:

Sente-se em silêncio
Relaxe o corpo e fixe o olhar em um ponto à sua frente

Suavemente, concentre a atenção no *self*
Torne-se ciente do seu *self*
Deixe que os pensamentos e sentimentos venham e vão embora
Esteja ciente do *self* que está ciente do *self*
Permita que a paz preencha o seu ser
Conheça o *self* como paz
Esteja em paz

Toques leves

Um dos métodos mais recentes de libertar-se de uma vida inteira de emoções acumuladas e armazenadas é dar leves toques no próprio corpo, num número determinado de vezes, em certas regiões do corpo e em determinada sequência. Segundo todos os relatos, isso funciona como um modo de liberar a energia emocional do passado que foi mantida presa e armazenada dentro da estrutura física e nas células do corpo. A liberação dessa energia acumulada terá, então, um efeito sutil sobre a mente, sem que você esteja plenamente ciente disso. Esses toques leves ajudam a "limpar" os registros emocionais. Contudo, lidam apenas com a energia emocional anteriormente criada e armazenada. Eles têm efeito limitado no sentido de alterar as causas da criação dessa energia emocional, que é sempre o apego. Somente por meio do desapego a ideias, imagens, crenças e conceitos aos quais normalmente nos agarramos dentro da consciência será possível atingir as verdades profundas e a sabedoria no centro da consciência. Só então poderemos lidar com as "causas" das emoções, em vez de apenas lidar com os sintomas.

As sete estratégias para o desapego

DEPOIS DE UMA VIDA INTEIRA DE "APEGO", o desenvolvimento da arte do não apego não é algo que possa acontecer do dia para a noite. Nesse meio-tempo, apresento algumas maneiras de praticar o desapego na vida cotidiana, até que você chegue ao estágio em que não precisará mais de um método.

Estratégia 1
Mude o seu relacionamento, passando de "proprietário" a "depositário"
Use *esta estratégia* quando se tornar excessivamente apegado às suas posses. Lembre-se de que nada, na verdade, pertence a você. Você não pode possuir coisa alguma. Contudo, você é um "depositário" de cada "coisa" que aparece em sua vida até que chegue o momento em que alguma outra pessoa precise disso. Olhar para si mesmo como um depositário em sua relação com os objetos e a posição social faz relaxar o apego e diminui o medo da perda, até que você perceba plenamente que nada é MEU! Ou, nas palavras gastas do velho ditado: "Você não poderá levar essas coisas quando tiver de partir". Assim, faz sentido parar de apegar-se a isso enquanto essas coisas estão por aqui. Use *esta estratégia* até que tenha a plena percepção de que não pode possuir nada nem ninguém.

Estratégia 2
Abandone/renuncie

Use *esta estratégia* quando estiver apegado a uma opinião ou ponto de vista específico. Na próxima vez em que se vir no meio de uma discussão, desarme o outro dizendo simplesmente: "Não concordo com você, mas aceito que esse é o seu ponto de vista. Apresente-me mais argumentos, de modo que eu possa compreender por que sua opinião é essa". Use essa estratégia até perceber claramente que jamais pode ter mais razão do que qualquer pessoa e que nunca poderá "fazer" com que alguém compreenda a razão contida em suas opiniões. E continue fazendo isso até se dar conta de que, no universo da consciência, não existem o certo e o errado.

Estratégia 3
Cultive o hábito de dar/doar

Use *esta estratégia* quando perceber que está frequentemente – ou sempre – querendo obter algo das pessoas. Quando você quer algo, já está apegado ao objeto de seu desejo. Onde? Na tela da mente. Praticamente todos aprendem tal hábito desde o momento em que nascem. Soa como um constante "Me dá, me dá, me dá!". Abandone esse hábito ao praticar de modo consciente maneiras de doar que estejam dissociadas de qualquer desejo de obter algo em troca. Use *esta estratégia* até perceber que você cria sua vida por meio da doação, não do recebimento, e até ter plena percepção de que doar (aos outros) é receber (do *self*).

Estratégia 4
Visualize diferentes resultados para as situações

Use *esta estratégia* quando sentir medo da mudança – o que significa que você está apegado e se sente à vontade com o atual estado das coisas – ou quando estiver apegado a algum modo de autolimitação ("Não consigo"). Todos os atletas de primeira linha, na maioria dos esportes, estão cientes do poder que deriva do ensaio mental e da visualização, e o colocam em prática. Reserve alguns minutos para visualizar mudanças futuras como uma preparação para acolhê-las, quando de fato ocorrerem. Visualize a si mesmo fazendo algo de que antes se julgava incapaz. Use *esta estratégia* até se dar conta de que a única coisa que nunca muda na vida é o "eu" que observa todas as demais coisas em processo de mudança, e você é esse "eu"!

Estratégia 5
Não se identifique com a situação ou com seu resultado
Use *esta estratégia* em qualquer circunstância, a qualquer hora e em qualquer lugar na vida. Isso significa apenas: não torne a sua felicidade dependente de qualquer coisa fora do *self*, particularmente do resultado das suas ações ou das dos outros. Fique contente, seja qual for o resultado que elas tiverem. Isso não quer dizer que as coisas não possam ser melhoradas. Significa, apenas, que o percurso é tão importante quanto o destino final. Aproveite a viagem e o seu percurso. A felicidade, que realmente é sinônimo de contentamento, representa uma escolha e uma decisão, e não uma experiência aleatória ou uma dependência. Faça o bem, e ao fazer isso perceberá a felicidade surgindo naturalmente. Use *esta estratégia* até perceber plenamente que tudo o que está acontecendo num determinado momento, próximo ou distante de nós, é exatamente o que deveria estar ocorrendo naquele momento.

Estratégia 6
Imagine outra pessoa lidando com a situação – de que modo ela agiria?
Use *esta estratégia* quando o apego estiver claramente sabotando a sua capacidade de interagir com os outros de maneira tranquila. Pare um instante e imagine como uma pessoa cuja sabedoria você respeita lidaria com a situação. Isso atenuará o seu apego às suas próprias maneiras, às suas "percepções", e, no final, enfraquecerá seu hábito de reagir. Se essa pessoa estiver por perto, aproxime-se e pergunte-lhe qual seria a reação dela diante da situação. Use *esta estratégia* até conseguir ter a capacidade e a sabedoria para lidar tranquila e positivamente com qualquer situação que a vida lhe trouxer.

Estratégia 7
Olhe para a situação pelos olhos de alguém de fora
É apropriada para todos os tipos de situação conflituosa. Essa atitude o forçará a abandonar o apego aos seus pontos de vista, à sua postura, e a

desenvolver a compreensão da percepção e da postura do outro. Perguntar, ouvir, perguntar, ouvir, perguntar, ouvir: eis o segredo para a compreensão do ponto de vista dos outros. Ao fazê-lo, você será capaz de ver pelo olhar do outro e, nesse processo, libertará a si mesmo. Use *esta estratégia* até ter a plena percepção de que não é capaz de controlar os outros; mas você pode influenciá-los, isso é tudo. Use *esta estratégia* até conseguir libertar-se completamente do desejo de obter qualquer coisa das pessoas!

Somente quando você tem pleno domínio sobre o desapego, ou o não apego, é capaz de libertar-se de suas reações emocionais, já que todas as emoções têm raízes no apego e, portanto, no ego. A essa altura, a pergunta que frequentemente surge é: "Mas a emoção humana não é natural e também saudável?".

Isso depende completamente do que você entende por "emoção". E isso depende completamente do seu nível de inteligência emocional ou da sua capacidade de reconhecer e identificar as emoções que sente.

Portanto, cultivemos um pouco o nosso QE (Quociente Emocional) e, nesse processo, libertemos o *self* da influência de alguns mitos predominantes no mundo contemporâneo.

A montanha-russa emocional

Há 20 anos, "inteligência emocional" era uma expressão praticamente desconhecida. Ao longo da última década, esse conceito levou à produção de muitos livros, seminários, *workshops* e debates acalorados. Tem sido assunto de destaque na área de treinamento e de desenvolvimento pessoal e também no universo empresarial. Foi somente em anos recentes que algum tipo de aprendizado em relação às emoções ganhou espaço no terreno da educação tradicional, em razão de um reconhecimento cada vez maior da deficiência significativa da capacidade da criança de ter controle sobre os próprios sentimentos e de construir relacionamentos saudáveis.

Contudo, parece haver ainda uma grande incompreensão quanto à verdadeira natureza das emoções e ao significado dos sentimentos. Isso ocorre porque o ego não foi inteiramente compreendido. Não há ainda o reconhecimento generalizado de que o ego é a raiz de todas as emoções. Isso não quer dizer que todas as emoções sejam ruins ou que você não deve se deixar levar por elas. Significa apenas que, assim como o ego, a emoção é um erro. Mais precisamente, ela é o resultado "do" erro.

Passemos, portanto, ao cerne[13] de todas as nossas emoções, ponto em que poderemos descobrir que as emoções não têm coração, que as

---

[13] No original, *heart*. (N. T.)

emoções não vêm do coração, que todas as emoções implicam sofrimento e que todo sofrimento tem um elemento emocional; poderemos, por fim, distinguir a diferença entre emoção e sentimento e começar a aprender **como** sentir e **o que** sentir... novamente!

Inteligência emocional ou confusão emocional?

Em todo o mundo, todo sábado à tarde, centenas de milhares de machos da espécie humana, maduros e plenamente desenvolvidos, fazem a peregrinação semanal ao seu templo de adoração em suas terras. É nesse local que alguns deles exibem, em 90 minutos, uma carga de emoção maior do que toda a emoção sentida nos seis dias anteriores. Quando o time adversário marca um gol, eles são tomados por uma profunda tristeza e até mesmo pelo desespero. Quando o gol é de seu time, pulam de alegria e daquilo que é comumente confundido com a alegria: excitação. Durante uma hora e meia, e talvez muitas horas depois da partida, entregam as emoções nas mãos de 22 homens de calção, que chutam uma bola para cima e para baixo sobre um terreno gramado.

Portanto, a que eles estão apegados? Ao time para o qual torcem. Não estão apenas apegados, eles se identificaram completamente com o time. "E o que há de errado nisso?", você talvez diga. Bem, nada é intrinsecamente errado, no sentido de que não existe nada que seja errado! No plano amplo e geral das coisas, tudo está do jeito que deveria estar. Mas esse é um exemplo clássico de identificação equivocada. Você não é um time de futebol. Você é você. Porém, ao identificar-se com o time, você entrega o controle sobre suas emoções a onze homens que correm atrás de uma bola.

Com o tempo, isso se tornará cansativo, provocará um enfraquecimento, perda de energia. E não será nada saudável. Mas, se insinuar isso a um torcedor, esteja preparado para encontrar uma forte resistência. Você será visto como uma ameaça à droga que ele escolheu consumir, já que a emoção, em si, não passa de mais um vício. Assim como as drogas proporcionam altos e baixos no humor, os apegos também proporcionam altos e baixos, chamados emoções. E, assim como as drogas provocam o vício, as emoções podem conduzir ao vício.

Às vezes, um espectador neutro assiste a essa partida. Ele não se identifica com nenhum dos lados, mas vibra com a excelência da habilidade de todos os que vê jogar. Aprecia o jogo como um todo. Não fica "excitado" ou "triste" quando um dos times marca um gol. Não se torna dependente dos eventos exibidos diante dele, para estimular seu estado emocional. Ele não "retira" do jogo a mesma quantidade que "dá" àquilo que está vendo. E o que ele dá é a sua apreciação. Isso não cansa, não debilita, não lhe rouba o poder, pois, com sua apreciação, está dando energia aos outros. E, ao fazê--lo, fortalece a si mesmo. Porém, para o torcedor fanático, comprometido com seu time, apegado a ele, isso soa como tolice. Ele dirá: "Qual é a graça disso?". O que pode ser traduzido como: "Onde está a excitação disso?". O que significa que ele está viciado não apenas em seu time, mas também no estímulo visual de assistir ao jogo de seu time. E "onde está" o que ele está assistindo? Parece estar ali no gramado, mas na verdade ele está assistindo ao jogo na tela da própria mente, é ali que o "apego" está ocorrendo. Enquanto isso, onde se encontram as mulheres? Bem, algumas também acompanham a partida. Mas muitas outras estão nas lojas, fazendo compras, criando o próprio apego!

Chegamos então ao espaço maravilhosamente interior, invisível e impalpável, sobre o qual mais se escreveu nos últimos 15 anos que nos últimos 150 anos. Trata-se do espaço interior das emoções e dos sentimentos. É aqui que as coisas se tornam bastante "interessantes" e, de algum modo, reveladoras. Vou lhe pedir que feche o livro por um instante, ou use uma página em branco no fim, e escreva a sua definição de **emoção** e sua definição de **sentimento**. Esse é um exercício essencial, se quiser conduzir o seu *self* para além das crenças que talvez tenha assimilado em relação às emoções e aos sentimentos e perceber a verdade por si mesmo.

Enquanto você desafia o *self*, e reflete sobre o que são esses fenômenos internos, relembre e reviva a experiência da emoção de um evento do passado. Examine-o e descubra por que a emoção surgiu, onde se origina, qual é a natureza exata dela etc. Pare um instante e faça isso agora. Defina "emoção" e "sentimento" e então retorne a esta página.

Como você provavelmente percebeu, não é fácil ter uma noção clara do que são a emoção e o sentimento, ainda que você pare, reflita e faça conscientemente um exame interior. Sempre que faço essa pergunta em palestras, em geral menos do que 3% das pessoas chegam perto de uma clara definição de emoção na qual sintam confiança. Um número ainda menor de pessoas tem uma percepção clara da diferença entre ambos e às vezes confunde um com o outro. Uns dizem que a emoção é interna e o sentimento é externo, enquanto outros dizem o oposto. Uns dizem que a emoção não pode ser controlada, mas o sentimento pode. Alguns dizem que a emoção é o sentimento e o sentimento é uma emoção. Outros dizem que a emoção é uma reação, ao passo que o sentimento é o que ocorre na sequência de uma reação.

O mais interessante é que, se você se distanciar um pouco e considerar sua "vida" inteira, de modo geral, tudo o que verá é uma série de relacionamentos. A vida, essencialmente, consiste nos relacionamentos. E qual é a moeda de troca mais frequente em todos eles? As emoções e os sentimentos. Contudo, nem sequer sabemos o que são eles. Atribua isso à educação que recebemos. Foi alguém que decidiu que não deveríamos saber? É improvável, mas desde então muitos perceberam a vantagem que pode ser obtida quando se invocam as emoções humanas numa escala gigantesca. Essas pessoas costumam ser chamadas de marketeiros.

Se alguma vez você se vir participando de uma conversa sobre emoções, tentando compreender de onde elas vêm, se são boas ou ruins, não fará absolutamente nenhum progresso a menos que inicie com uma definição clara e consensual e uma descrição de como elas são criadas. Na verdade, se você não chegar de antemão à definição da emoção e às causas dela, é provável que a conversa não leve a parte alguma e, de certo modo, adentre o terreno... das emoções!

Portanto, permita-me partilhar com você uma definição de *emoção* (voltaremos ao *sentimento*, mais adiante). Uma vez mais, assim como a definição dada à palavra ego, ela não foi talhada na pedra, mas é a definição com a qual eu gostaria de trabalhar aqui. Se não se aplicar ao seu caso, poderá jogá-la fora e elaborar a sua própria, assim que terminar de ler o livro. Deixe-me convidá-lo, então, a trabalhar com essa definição e essa descrição, para que você "perceba" em que medida ela é verdadeira ou exata na sua experiência.

A emoção é...
... a perturbação da energia do consciente quando o objeto do apego é danificado, ameaçado, alterado ou perdido.

Você é do estilo perfeccionista? Já parou para observar uma pessoa assim? O perfeccionista entra na sala, caminha até uma estante no canto e imediatamente desloca o vaso cinco centímetros para a esquerda, enquanto diz, bastante irritado: "Quem tirou esse vaso do lugar? Ele deveria estar AQUI, e deve ficar voltado para o lado de fora, exatamente ASSIM!".

Em outras palavras, quando as coisas não estão exatamente perfeitas, o perfeccionista cria uma perturbação na própria consciência, chamada emoção, porque alguém mexeu em seu objeto de apego. Ou seja, o perfeccionista criou uma imagem do vaso na tela da própria mente e se identifica com essa imagem de tal forma que, quando o mundo "lá de fora"– nesse caso, o vaso sobre a estante – não se ajusta perfeitamente à imagem à qual está "apegado", ele toma isso de maneira pessoal e, assim, cria em sua consciência uma perturbação emocional chamada de irritação. Ufa! Felizmente, sua perturbação logo passa, e a rotina normal é retomada, até que a próxima imperfeição seja detectada! Essa situação lhe é familiar?

Voltemos ao carro riscado, por um instante. Ocorre uma perturbação na energia de sua consciência porque alguém *causou danos* ao objeto de seu apego. Você é o criador dessa perturbação chamada raiva, não o sujeito que riscou o carro. Alguma vez já perdeu a chave do carro? Repare que, quanto mais tempo leva para encontrá-la, mais intensa é a emoção da ansiedade. Por quê? Porque você *perdeu* um objeto ao qual está apegado e do qual se tornou dependente. A perturbação que você criou na consciência é chamada de ansiedade. No momento em que encontra a chave, observe como, com um grande suspiro de alívio, toda a ansiedade desaparece.

A definição do dicionário para a palavra emoção é muito mais simples. A emoção é definida como...

uma agitação da mente.

Eu simplesmente expandi ligeiramente a definição oficial do termo, incluindo um mecanismo por meio do qual o "E" do "C" se transforma em M. Em outras palavras, como a Energia do Consciente (*self*) se transforma em Movimento. E-moção... Energia em Movimento.

Talvez você considere que a ideia implícita, aqui, é que todas as emoções são negativas. Prefiro não usar os termos "negativo" ou "positivo" por serem demasiadamente preto ou branco, sem nuances. No terreno da consciência, nada é preto ou branco. Mas é verdade: se você tem isso em mente, está na direção certa, pois estou dizendo que NENHUMA emoção é saudável. É um sinal de que você não está em sintonia com o verdadeiro "você", o você sem ego, o autêntico "você". Simplesmente porque todas as emoções, tal como definidas aqui, são o resultado do ego (apego)... sempre. E o ego, como já vimos, é a mais perfeita "ausência de saúde" que podemos criar ou conhecer. Mas, ainda assim, ele é apenas um erro, e os erros podem ser reparados.

EM BUSCA DO AMOR E DA FELICIDADE

Isso nos leva à seguinte questão: o AMOR não é uma emoção? A FELICIDADE não é uma emoção? E, diante dessa pergunta, a maioria das pessoas tende a assentir com a cabeça, dizendo: "Claro que são". É isso que foi ensinado à maioria de nós e que continuamos a transmitir aos outros. Porém, mais de 25 anos de pesquisas, muita contemplação, meditação e conversas profundas e significativas deixaram claro que é aqui que tem início uma das mais onipresentes confusões da vida. Você chamaria isso de origem da "confusão emocional". É nessa fronteira interna entre as emoções e os sentimentos que as definições são deturpadas, as descrições são distorcidas e o significado é perdido.

Se investigar a fundo o verdadeiro significado do amor e da felicidade, perceberá que essas são as palavras mais mal-empregadas e abusadas da linguagem. Quando usamos a palavra AMOR, geralmente o que "queremos dizer" é outra coisa, tal como *desejo, apego, dependência* ou *identificação*.

O que o AMOR NÃO é

Essas quatro confusões elementares a respeito do amor são assimiladas bastante cedo, na vida. São inocentemente transmitidas de uma geração para outra, fortalecidas e amplificadas por Hollywood, de modo particular, e pelo *marketing*, de modo geral. São incorporadas à linguagem e à cultura e, no entanto, servem apenas para dar sustentação ao estresse dentro de nós mesmos, bem como ao conflito nos relacionamentos.

1 O amor é confundido com o DESEJO

Quando você vai ao cinema e assiste a uma clássica história de amor, normalmente há um momento em que ele diz a ela: "Querida, eu te amo". Mas o que ele realmente quer dizer é: "Eu quero você. Quero estar com você. Quero que você seja minha... esta noite!". E, claro, ela responde com um "Eu também te amo", que em geral significa "Eu tenho você!". Porém, o verdadeiro amor não deseja nem possui. O verdadeiro amor não quer coisa nenhuma. Como já vimos anteriormente, o amor já é completo, e sua única intenção é conectar-se e doar, em vez de conquistar/adquirir.

2 O amor é confundido com o APEGO

Quando dizemos "Amo meu time de futebol, amo meu carro novo ou amo meu jardim"[14], isso não é amor. Novamente, é um uso equivocado da palavra amor. O que queremos dizer é "Tenho apego ao meu time, tenho apego ao meu carro novo". E o amor não é apego, sobretudo porque todo tipo de apego causa o medo, e, neste mundo dualista, o medo é o oposto do amor. O medo é o amor corrompido pelo apego.

3 O amor é confundido com a DEPENDÊNCIA

Quando dizemos "Amo minha cocaína, amo tomar café da manhã, amo ir à academia", isso é confundir amor com dependência. O amor não depende de coisa alguma. Estamos afirmando nossa crença de que essas coisas nos fazem felizes. Embora pareça ser o caso, essa felicidade não é autêntica, como veremos adiante.

4 O amor é confundido com a IDENTIFICAÇÃO

É muito comum as pessoas dizerem: "Amo minha nação, amo meu país". Novamente, isso não é amor, mas identificação. Estamos identificados com uma identidade nacional, que em si é um erro. "Eu sou" não é uma nacionalidade. O amor não se identifica com nada que não seja ele próprio. Já vimos que, tão logo isso aconteça, surge o ego e, com ele, também o sofrimento (emoção).

---

[14] Neste caso, e também nos mencionados em seguida, o verbo usado na linguagem cotidiana geralmente é traduzido por "adorar". (N. T.)

O que a FELICIDADE NÃO é

De modo semelhante, usamos a palavra felicidade de modo equivocado. Quando empregamos o termo "feliz", o que de fato está implícito em nossa fala é *aquisição, estímulo, consumo* ou *alívio*. Esses significados equivocados – um emprego pouco cauteloso da palavra "felicidade" – se incorporaram à linguagem da sociedade de consumo, que é a linguagem da propaganda.

1 A felicidade é confundida com a AQUISIÇÃO

Quando dizemos algo como "O tapete novo acaba de chegar, estou tão feliz", isso não é felicidade verdadeira. Trata-se da aquisição de um objeto externo chamado tapete, no qual rapidamente perdemos a identidade. Não demora muito, alguém – ou você mesma – grita: "Aaargh! Quem manchou o meu tapete?". E, como vimos, nesse momento, é como se você estivesse dizendo: "Eu sou um tapete!". Um momento não muito feliz.

2 A felicidade é confundida com o ESTÍMULO

Ao sair do cinema, às vezes dizemos coisas do tipo: "Uau, esse filme não é incrível? Ele me deixou tão feliz!". Mas essa felicidade não é verdadeira, pois o *self* está dependendo de uma fonte de estímulo que jamais pode ser sustentada. Trata-se de uma "experiência estimulada" que, assim como qualquer outro estímulo, quando confundido com a felicidade, levará à dependência, ao vício e a uma enorme infelicidade.

3 A felicidade é confundida com o CONSUMO

Todos já passaram por aquela situação em que dizemos "Este é meu sorvete predileto, meu chocolate predileto. Estou tão feliz". Tudo bem, talvez não digamos "Estou tão feliz", mas é isso que queremos dizer. Novamente, essa felicidade não é verdadeira, uma vez que o sentimento depende de um estímulo sensorial que também não pode ser sustentado. Todo tipo de estímulo é uma excitação, e a excitação não é felicidade. Não passa de excitação.

4 A felicidade é confundida com o ALÍVIO

Ao voltar do dentista, damos um berro de felicidade: "A dor passou, estou tão feliz". Novamente, essa felicidade não é verdadeira, é apenas um alívio pela dor que sentíamos. E o alívio dessa dor não é felicidade, é só alívio.

Portanto, o que SÃO o amor e a felicidade?

Como saber que, em todos os exemplos acima, estamos dando um sentido equivocado às palavras "amor" e "felicidade"? Todos eles são formas de *dependência*. Todos são dependentes de algo externo ao *self*. E o amor e a felicidade não dependem de nada. Como sabemos intuitivamente, o verdadeiro amor é incondicional e, por isso, não depende de nada que seja externo ao *self*.

Então, o que é o "amor"? Já tivemos a oportunidade de investigar alguns dos mitos comuns sobre o amor e começamos a examinar a verdadeira natureza do amor como a energia invisível e impalpável que irradia para fora, a partir do coração de cada ser humano. Ela é aquilo que conecta, que une e nos mantém todos juntos. Eis outra maneira, um pouco mais ativa, de descrever e definir o "amor":

O AMOR é... a expressão natural do *self*, ou a doação do *self*, por meio de
doação
assistência
estímulo
fortalecimento
aceitação
apreciação
celebração
(e muitas outras "expressões")
...sem querer nada em troca e com a intenção de beneficiar o próximo.

A partir do momento em que você deseja algo em troca, isso não é mais amor, é comércio. Quando busca algo em troca, começa a fazer negociações sutis, que acabarão comprometendo, e até mesmo sabotando, o relacionamento. É por isso que a expectativa geralmente é a origem do colapso de muitos relacionamentos. O amor não alimenta quaisquer expectativas das quais a felicidade pessoal seja dependente, ele é tão-somente uma visão positiva para "o outro" e suas iniciativas.

Conhecemos o sentimento que nos invade quando não conseguimos aquilo que desejamos. Porém, a intenção do amor é sempre garantir que as necessidades do outro sejam atendidas em primeiro lugar. E, do ponto de vista mais elevado, que muitos descrevem como o ponto de vista espiritual, a maior necessidade de praticamente todos nós hoje em dia é perceber que o amor é o que você é, ele é o que "eu sou", não aquilo que você necessita. Se existe alguma necessidade, é a de se dar conta de que não precisa de nada! Só assim você poderá ser completamente livre, sem nenhuma agenda em seus relacionamentos. Só então poderá partilhar o seu *self* sem o sentimento de que está esgotando o próprio *self*. Só então poderá estar inteiramente presente para o outro. Se você não estiver presente, o amor não estará presente.

Por outro lado, a FELICIDADE é...
O contentamento do *self* quando conheço minha verdadeira riqueza interior e não desejo obter nada dos outros. A autêntica felicidade não está condicionada a ninguém nem a nada nem depende de nenhum acontecimento ou circunstância.

A felicidade surge naturalmente quando o *self* está livre da necessidade e do desejo, quando o *self* para de tentar adquirir e de acumular e se dá conta de que "eu sou" tudo o que posso ser e de que nada me falta. Ela surge naturalmente quando a sua energia – você – é partilhada sem nenhuma condição. Somente então todos os desejos ardentes e as dependências desaparecem; só quando você para de se apegar é capaz de ficar feliz e contente. Em essência, a paz é... a verdade guia... o amor faz... a felicidade traz a recompensa.

Sim, surge uma espécie de felicidade quando você ganha um brinquedo novo, quando ganha um presente, quando vê a vitória de seu time, quando saboreia seu prato predileto etc. Mas ela é do tipo passageiro e dependente. Esse "pico" estimulado será sucedido por um "ponto baixo". Alguns dizem que os altos e baixos fazem parte da riqueza do espetáculo da vida. Sim, realmente fazem; ocorre, porém, que com o tempo a dificuldade de atingir os picos fica maior, e com isso os pontos baixos passam a ser cada vez mais profundos, tornando-se mais difícil sair deles. E, como qualquer viciado poderá confirmar, você precisará cada vez de mais drogas para alcançar os picos, até que, um dia, haverá apenas "pontos baixos". É por isso que todo "pico emocional" não é uma felicidade autêntica, mas apenas estímulo.

BUSCADORES DE SENSAÇÃO

Quando caímos na armadilha de fazer com que a origem do amor e da felicidade esteja nas coisas externas, materiais e físicas, começamos a ficar dependentes das sensações por elas produzidas. Tornamo-nos "buscadores de sensações". Isso tudo nasce da primeira "identificação equivocada", do primeiro apego, da primeira dependência, todos ligados ao corpo físico. Nosso senso de identidade torna-se físico. Essa identidade passa a estender-se a todos os rótulos que damos ao corpo (tamanho, gênero, traços físicos). A partir daí, a todos os rótulos que damos às coisas com as quais nos relacionamos por meio do corpo (posição social, salários, posses). Parece, então, que a única maneira de "sentir" tais "estímulos" – que confundimos com o amor e a felicidade – é por meio das sensações físicas. O amor e a felicidade são, assim, equivocadamente considerados possíveis apenas por meio das sensações e dos estímulos físicos.

A solução não é novidade. Ela tampouco é velha. É bem antiga. Chama-se "autorrealização", que significa tomar consciência de sua verdadeira identidade e de sua verdadeira natureza. Conhecer o próprio *self* e a própria natureza é conhecer o *self* como o espaço da paz, como fonte de amor e como o espaço a partir do qual surge a felicidade em sua vida. Por isso, o ditado: "Aquele que busca é o que é buscado". Há duas formas de chegar à consciência de quem e do que você realmente é e, assim, restabelecer a conexão com o coração, onde o verdadeiro amor e a felicidade autêntica têm residência fixa.

A REALIZAÇÃO DO SELF

O primeiro caminho rumo à realização do "eu" que diz "EU SOU" é o científico. Assim como a ciência cria uma teoria e então realiza experimentos a fim de confirmar a sua verdade ou autenticidade, o *self* também contempla uma teoria de QUEM EU SOU. O laboratório é a consciência, o método é a meditação, a matéria-prima são os pensamentos, o modo de medir o progresso é por meio dos sentimentos, dos *insights* e da percepção, e o resultado dos experimentos internos é a autorrealização. Em primeiro lugar, eis a teoria, que não é nova e pode ser descrita mais ou menos da seguinte forma.

O "eu" é um "ser" consciente, que tem a consciência do self. *A consciência é energia, mas não uma energia que possa ser vista com olhos físicos. Essa energia é indestrutível e é geralmente chamada de espírito, alma ou de autêntico* self. *Ela não é separada do* self. *É o EU que diz "Eu SOU EU!". É a força vital que anima a forma. É o "eu". E a natureza original e imutável do "eu" é pacífica e amorosa.*

Essa é a teoria, em palavras e em ideias. O experimento é então realizado no laboratório da consciência, e o seu objetivo, como em todos os experimentos científicos, é validar ou refutar a teoria. A metodologia é a meditação. Enquanto o *self* medita sobre as ideias, as crenças e os conceitos contidos na teoria, concentra total atenção no interior, em tais pensamentos. Gradativamente, à medida que esses pensamentos (acima) se tornam mais profundos, penetram o cerne da consciência, ao mesmo tempo em que desaparecem no silêncio. É como se eles batessem à porta do coração e, quando o coração do *self* se abre, ocorresse um *insight* (uma visão interna) dentro do coração, dentro do *self*, e a "realização" do "eu sou", ao qual nada mais precisa ser acrescentado. Não existe nem mesmo o pensamento de que "eu sou", mas simplesmente a consciência pura. Nesse momento, o *self* tem a "insperiência" da realidade mais elevada, fica silencioso e imóvel e, contudo, com uma paz radiante. O *self* realiza a si mesmo como consciência pura.

Daí em diante, todas as outras "identidades aprendidas" deixam de exercer poder sobre o *self*, que se encontra agora em seu estado original e verdadeiro; elas se dissolvem num plano secundário (bem, quase), à medida que são claramente percebidas pelo que são: "as ilusões do eu".

Lembrando quem "Eu Sou"

A preservação da autorrealização, ou do *self* de que se tomou consciência, torna-se então o trabalho interior da vida cotidiana. O *insight* (visão interna) em relação a quem eu sou é sustentado pela "re-lembrança". O hábito, alimentado durante toda a vida, de identificar-se com o que você não é está tão enraizado que há momentos inevitáveis durante o dia em que você fica adormecido para a verdadeira autoconsciência e retorna à identificação equivocada. É preciso fazer um "esforço" para se lembrar e restaurar sua consciência, seu *self*, como o "eu" que diz "EU SOU", como consciência pura e nada mais.

Com o tempo, essa lembrança e relembrança enfraquecerão o hábito de permitir que identidades falsas invadam a sua consciência e se apropriem dos pensamentos e dos sentimentos. À medida que o *self* estabiliza a si mesmo em meio à consciência pura do *self*, o senso verdadeiro do seu ser puro torna-se claro e consistente. Esse é o caminho para a libertação do ego, geralmente chamado de "libertação da alma". De certa forma, você já chegou lá, pois não pode ser nada mais além do seu *self*. Contudo, são esses hábitos de identificação equivocada que exigem a atenção e a percepção, a prática de "enxergar através" deles e a prática do desapego.

Um sinal inequívoco de que a autorrealização é genuína é a mudança de percepção: da visão dos outros como "inimigos" e, portanto, como inimigos em potencial, da visão do mundo como um lugar de conflitos e de sobrevivência e, por isso, perigoso, passa-se a um lugar onde você pode aceitar e acolher a todos, pois agora os vê também como seres de consciência pura (mesmo que não consigam enxergar a si próprios dessa maneira), e vê o mundo como uma oportunidade para acolher e dançar com a vida inteira... metaforicamente falando.

O PROCESSO DE ELIMINAÇÃO

O segundo caminho de volta para o *self* autêntico é o processo de eliminação. Esse processo é semelhante a despir-se de várias camadas de roupa a fim de revelar seu físico nu. Quando consegue ver aquilo que você não é, aquilo que o "eu" não é, aos poucos você desvenda o verdadeiro *self*, que está sempre presente, e nu, no interior. Em vez de começar com QUEM SOU EU, experimente com QUEM ou O QUE EU NÃO SOU.

A seguir, procure reconhecer todas as coisas com as quais você se identifica à luz reveladora de sua consciência, desafiando cada uma delas com a pergunta É ISSO QUE EU SOU? Em pouco tempo, você começará a ver aquilo que não é. Isso inclui todas as "coisas" que investigamos anteriormente, tais como a nacionalidade, a profissão, a posição social e até mesmo a família. Tudo isso são rótulos, ou ideias, ou conceitos. São as "coisas" que não são o "eu". Ao fazer isso, talvez você tenha um vislumbre de que você também não é sua raça, seu gênero nem mesmo seu corpo, uma vez que eles não correspondem ao "eu" que diz "eu sou". Novamente, esses são rótulos ou, no caso do corpo, apenas o pedaço de carne e osso ao qual o "eu" dá vida.

Se você aplicar esse conceito em um nível ainda mais sutil, começará a enxergar e eliminar todas as coisas em que temporariamente acreditou, de modo equivocado, serem você. Coisas como os pensamentos, os sentimentos e até mesmo as suas crenças e lembranças podem também estar na origem de um falso senso de identidade. É claro que todas essas coisas "sutis", assim como todas as outras "coisas", vêm e vão; contudo, o "eu" sempre permanece.

O que resta, então, após o processo de eliminação, depois da retirada de todas as camadas de falsa identidade, todos os fingimentos? Não resta nada. Apenas a consciência. Isso pode parecer um pouco amedrontador, em tese. Pode parecer uma total perda de identidade. Contudo, na realidade, trata-se do restabelecimento da "verdadeira identidade", pois com frequência a identidade já se perdia em meio a todas essas outras "coisas". Na realidade, a sua "identidade" real é uma "não identidade". Não é, pelo menos, uma identidade que possa ser "capturada" em palavras, ideias ou conceitos. Esses podem apenas "apontar" na direção daquilo que você é. Essa restauração da consciência de um puro "eu sou" não é uma ideia ou uma teoria; isso significaria identificar-se novamente com outra ideia ou teoria. A "identidade" transcende teorias, conceitos e ideias. Assim... no final do processo de eliminação, o que lhe resta é a consciência do *self* como "consciência", como o indivíduo que está ciente de ter consciência. Embora possa parecer abstrato (como ocorre na linguagem material), na prática e na realidade (da consciência), isso é libertador e fortalecedor.

É HORA DE REPRESENTAR NOVAMENTE

O que entra em colapso é, na verdade, toda forma de luta e de defesa do que eram falsas identidades, todo o enorme esforço e empenho para sobreviver à aparente ameaça a tais identidades, bem como todo o sofrimento emocional e o estresse que nascem da tentativa de construir e manter essas identidades falsas. Você não precisa mais continuar alimentando nenhum fingimento. Não precisa mais fingir ser algo que não é. Se quiser continuar fingindo, também não há problema. Mas agora, como um ator em cena, você tem consciência de que está fingindo, e essa passa a ser uma oportunidade de criar um fingimento de alta qualidade – o que é divertido, pois você acrescenta amor à criatividade e, por meio de seu estilo brincalhão, transmite esse amor aos outros.

Embora às vezes você possa "parecer" verdadeiramente sério, ou seriamente verdadeiro, por trás da sua aparente seriedade você não leva nada a sério, pois sabe que esse é apenas um jogo. Então, entra no jogo. Um jogo chamado vida. E, no momento em que percebe alguém sofrendo nesse jogo da vida, você representa o papel de "estar no lugar dele", enquanto estende o *self*, seu amor, de um ser para outro, sabendo que o sofrimento dele se deve ao fato de ele levar tudo demasiadamente a sério. Você sabe que ele ainda não se deu conta de que está sofrendo por acreditar ser algo/alguém que não é. Ele esqueceu, ou ainda não percebeu, que se trata de uma brincadeira, de um jogo, uma oportunidade de "jogar criativamente", de modo alegre, com os outros. Ser "brincalhão" é permitir que o objetivo da vida reencontre seu caminho de volta neste mundo. Um ser brincalhão é o amor em movimento, é a dança do amor sobre a Terra.

SER, SIMPLESMENTE

Libertar seu *self* de tudo a que você o aprisionou faz libertar um entusiasmo pela vida reprimido há tempos, além da alegria de viver. Porém, até que o *self* se revele ao *self*, por assim dizer, muitos resistirão e lutarão contra essa ideia de não ser "nada", dizendo coisas como "Mas eu gosto de lutar... preciso lutar... a vida e o sofrimento caminham juntos, não? Isso tudo não faz parte da existência?" O que eles querem dizer, na verdade, é que estão viciados na dor emocional da existência, uma dor que – ainda não perceberam – é criada por eles mesmos ou que ainda não é tão intensa a ponto de terem de fazer algo a respeito. Para eles, a pergunta "QUEM SOU EU?" é irrelevante... por enquanto!

Somente quando eliminar todas as coisas que você não é poderá revelar o que sobra: você. E o que sobra? A pura consciência do "eu" que diz "eu sou". Nada mais. Simplesmente... eu sou. Nenhum pensamento. Nem mesmo o pensamento "Eu sou". Simplesmente a consciência pura. Você é incapaz de ver, tocar, cheirar, queimar, reduzir, sufocar essa consciência. Contudo, a consciência do "eu" é mais real que qualquer coisa que você tenha conhecido na vida. Trata-se de ser e de conhecer a si mesmo como você verdadeiramente é.

Sim, é claro que você ainda terá de preparar o café da manhã, ir ao escritório, comprar presentes de Natal para as crianças. Pode ser que até mesmo assista a filmes ou a partidas de futebol. Porém, a diferença é que não levará essas coisas a sério. Você se ocupa com elas, mas sem se tornar uma pessoa séria, pois sua felicidade não depende mais de ninguém, de nenhum acontecimento, de nenhum resultado, de nenhum objeto. Você é um espírito livre... de novo. Sendo livre, a sua natureza será a felicidade na forma de "contentamento". Você não precisa de motivo algum para ser feliz, simplesmente está contente. O amor é a sua intenção natural, e você não precisa de um acontecimento especial para ser amoroso: você simplesmente é. E o alicerce inabalável sobre o qual eles (o amor e o contentamento) se encontram é o poder da sua paz. Nada, ninguém, nenhum acontecimento jamais o surpreende, o deixa chocado nem é capaz de abalar você. Nunca mais. Você não pode lutar para chegar a isso. Não se trata de trabalho, não é uma tarefa a ser desempenhada. Você "retorna" a esse estágio, seu estado natural de ser, por meio de um processo de "ver" e de perceber. O único esforço é observar e assim se tornar consciente de que você é o observador. Passa então a perceber aquilo que não é você. Enxerga através das ilusões que tem criado a respeito dos outros e de você mesmo. Tudo o que é passageiro e temporário não é você. Essas coisas são reais, mas muito menos que a sua realidade.

DESENVOLVER A PRÁTICA

Estar "aqui", estar centrado e observando a atividade circular do movimento da vida, que muda, sobe, desce, flui e reflui ao redor do *self*, sem se apegar ou se identificar, sem ser "sugado", exige prática. Porém, é somente quando você realmente começa a praticar que a lacuna entre a teoria e a prática fica visível. Como sempre, teorizar é fácil; a prática é... desafiadora.

A seguir, apresentada de modo bastante resumido, vem a prática:

Sente-se num lugar tranquilo
Observe com atenção
Recolha-se ao seu interior
Observe com atenção redobrada
Mas sem tensão
Repare quem está observando
Note que tudo o que está sendo observado se movimenta
Mas repare que o observador está imóvel
Tudo o que é observado passa
Apenas o observador permanece
E aqui está VOCÊ
O observador
Observando
Além do tempo
Além do espaço
Apenas observando
Completamente presente
Aqui
Agora
Observando

Enquanto estiver praticando, lembre-se de não alimentar nenhuma expectativa, não se comparar aos outros e nunca tentar repetir nenhuma "insperiência" que tiver.

CONFUSÃO EMOCIONAL, ILUSÃO E ENGANO

EU ESTAVA PRESTES A DIZER "a maioria" de nós é "emocionalmente confusa", mas talvez seja mais exato dizer TODOS nós somos, pois fomos todos infectados pela mesma espécie de vírus emocional, que conhecemos como o EGO. Todas as emoções têm origem no ego, mas não estamos cientes disso. Também não sabemos que estamos emocionalmente confusos. Sem o cultivo da autoconsciência, não é fácil discernir a diferença entre determinadas emoções, muito menos perceber o modo pelo qual as criamos.

Essa ausência de consciência emocional resulta na incapacidade de reconhecer as emoções, de eliminá-las e deixar de criá-las. Quando de fato tentamos controlar ou eliminar as emoções, acabamos criando mais confusão, tornando-as ainda mais poderosas. Tudo isso se encontra no cerne daquilo que foi chamado, nesta última década, de inteligência emocional. Aparentemente, pouquíssimos se dão conta de que, quanto mais emocional você for, menos inteligente será, sobretudo no que diz respeito às... emoções.

Portanto, antes de investigarmos as confusões características do plano emocional que tendem a governar nossa vida, cabe compreender o conceito de inteligência. O que é a inteligência? Uma definição simples seria a seguinte:

Inteligência é usar o que você SABE, da maneira correta, no lugar correto, no momento certo e com a intenção certa.

Se você não "sabe", e sabe que não "sabe", então é sinal de inteligência admitir que não sabe. Embora alguns saibam que não sabem, muitos outros simplesmente não sabem que não sabem. Em outras palavras, é ignorância "pura". Se eles agirem baseados nessa ignorância, é pouco provável que farão a coisa certa, da maneira certa, no momento certo.

Para ajudar em nossa investigação sobre o amor, você poderia dizer que a "inteligência do *self*" se encontra em três esferas – a racional, a emocional e a espiritual, às quais pode ser acrescentada uma quarta, a saber, a "inteligência intuitiva".

INTELIGÊNCIA RACIONAL (QI)

É a que desenvolvemos na sala de aula das escolas, bem como na escola da vida. Trata-se, essencialmente, do uso das informações, da experiência, do pensamento e da razão para chegar a uma decisão de modo racional. Ela é um pouco lenta e requer uma dose considerável de pensamento. Dizemos com frequência: "Preciso pensar a respeito". Ela provoca bastante ruído dentro da mente e pode ser cansativa. Trata-se do modo lógico – porém lento – de tomar decisões. Por exemplo, em determinado momento da infância, as pessoas lhe dizem que, se você pisar na rua no instante em que os carros estiverem passando e um deles bater no seu corpo, isso resultará numa grande dor e provavelmente na morte do corpo. O uso racionalmente inteligente dessa informação consiste em atravessar a rua quando não houver carros que possam atingi-lo ou pelo menos caminhar por entre os carros, enquanto eles passam. Você está usando de modo inteligente aquilo que sabe sobre o corpo e os carros, do modo certo, no momento certo, com a intenção de continuar vivo e saudável. Aqueles que desconhecem o que ocorre quando um carro se choca contra o corpo, ou aqueles que se esquecem disso, podem ser chamados de ignorantes sobre a relação entre carros, velocidade e o corpo humano, e portanto de pouca inteligência, já que caminham na frente dos carros que passam. Até aqui, tudo é óbvio.

Inteligência intuitiva

A intuição tende a ser vista como uma característica exclusivamente feminina, mas é algo que todos nós temos, embora raramente seja desenvolvida de maneira consciente. Ela ocorre quando um "estado de saber" surge na consciência, para o qual não existe uma explicação racional. É mais um sentimento do que um pensamento. Alguém talvez lhe pergunte: "Por que você está indo por esse caminho, e não por aquele?", e você responde: "Não sei por quê, mas tenho a sensação de que ele é o certo". Você toma uma decisão baseado num sentimento imediato, em vez de no resultado de um processo de pensamento lógico. Enquanto o pensamento a respeito de algo leva tempo e cria um grande ruído mental, o sentimento é a capacidade de "enxergar" instantaneamente através do olho interno. Esse olho é chamado, às vezes, de "intelecto". Intelecto, mas não no sentido acadêmico, mas como a capacidade de ver e "discernir" a qualidade de uma ideia ou em que medida um *insight* está em sintonia com a verdade. O intelecto é a segunda faculdade da consciência, e pode operar de modo *racional* ou *intuitivo*.

Quando o intelecto age de modo intuitivo, as decisões praticamente não levam tempo nenhum e consomem muito pouca energia. A intuição emerge na superfície da consciência e na luz de seu estado consciente, a partir do centro silencioso do seu ser.

No coração de cada um de nós existe uma sabedoria inata. A intuição é a capacidade de dar ouvidos a essa sabedoria, de modo que possamos discernir o que é verdade daquilo que não está em sintonia com a verdade. É a voz silenciosa do nosso "tutor interno", sempre disponível para nos guiar. Ela fala conosco o tempo todo, mas é muito comum que a ignoremos, já que estamos habituados à criação do ruído mental do pensamento. Pergunte à maioria dos cientistas, empresários, homens de negócios e inventores: muitos lhe dirão que suas melhores decisões e seus *insights* mais poderosos ocorrem sobretudo de modo intuitivo, normalmente durante o banho ou num ambiente mais relaxado. A prática da meditação é a grande facilitadora da intuição, pois você aprende a silenciar a mente e, então, sente e ouve a voz sutil do seu tutor interno, a sabedoria do coração.

INTELIGÊNCIA ESPIRITUAL

Há um elemento naturalmente belo na inteligência espiritual, simplesmente porque tudo o que é "feio" em nossa consciência deve deixá-la antes que tal inteligência possa florescer no *self*. Essa fealdade certamente é o ego, o hábito do apego, que foi investigado anteriormente. Embora o *self* seja o espírito (geralmente chamado de alma ou de autêntico *self*), a inteligência espiritual só é possível quando o *self* não está apegado a nenhuma ideia ou conceito do *self*, incluindo a "ideia" de que eu sou espírito/alma! A autoconsciência pura não se baseia no pensamento "Eu sou a consciência". O pensamento é silencioso. O *self* simplesmente é, e é nesse "estado de ser (*is-ness*)", nessa condição de que "eu sou", que a beleza é vista e conhecida. Essa beleza é a verdade. A verdade é aquela que jamais muda, aquela que é eterna. A "insperiência" da eternidade de si mesmo é o primeiro aspecto da verdade de si mesmo do qual se toma consciência. A eterna beleza do *self* enquanto paz, amor e alegria também é vista e conhecida, não como ideias ou conceitos, tal como aparecem aqui, mas em sua realidade enquanto *self*. É em meio a esse estado do ser, a essa consciência da verdade, que surge a capacidade de ser, conhecer e fazer a coisa certa, da maneira certa, no momento certo e com a intenção certa neste mundo de ações.

Se tivéssemos de apresentar o seu perfil enquanto ser espiritualmente inteligente, você demonstraria a consciência, as habilidades e os atributos descritos a seguir.

Você está ciente do seu *self* como um ser espiritual, não existindo mais nenhuma identificação equivocada, a começar pela forma a que você dá vida e que ocupa.

Você é capaz de valer-se de seus recursos internos naturais, sua natureza e os atributos dela – paz, amor, alegria e sabedoria – e de usar tais recursos da maneira certa, no momento certo e com a intenção certa.

Você está consciente – e consegue reconhecer isso – de que somente o ego é capaz de sabotar sua inteligência, no momento em que você equivocadamente associa o *self* a "algo" que é uma imagem dentro da consciência, dentro de você, na tela da sua mente.

Você está ciente de como e por que cria uma perturbação na sua consciência, chamada emoção, sendo capaz de identificar e nomear todas as emoções que surgem hoje, a partir de seus apegos do passado.

Você está ciente de que, no momento em que associa o seu coração, o *self*, a uma coisa qualquer (imagem em sua mente), mesmo que durante uns poucos instantes, isso dá origem ao sentimento/percepção de separação, de desconexão e de isolamento.

Você está ciente de que qualquer "insperiência" de sofrimento significa que perdeu momentaneamente a conexão com sua verdadeira natureza, que é a paz. Perdeu temporariamente a capacidade de calibrar a energia de sua consciência e de irradiar e propagar-se no nível do amor.

Você nunca fica surpreso ou escandalizado com nenhum acontecimento ou circunstância, pois percebeu que tudo o que acontece no mundo "lá fora" é exatamente o que deveria e deve acontecer.

Você consegue perceber por que e como o ego é a "causa verdadeira" de TODOS os conflitos e de qualquer tipo de desarmonia entre as pessoas e as nações. É capaz de usar tal conhecimento do modo certo, no lugar certo e no momento certo a fim de orientar as demais pessoas; por esse motivo, jamais entra em conflito com ninguém.

Você nunca culpa alguém por coisa alguma e sempre assume a responsabilidade pelos próprios pensamentos, emoções e atitudes em todos os momentos.

Você sabe que nada tem a perder, já que "sabe" que não pode possuir coisa alguma; portanto, não tem medo.

Você não necessita mais da aprovação ou da aceitação dos outros para sentir-se bem em relação ao seu *self* ou para estar contente dentro dele.

Você está livre de todo tipo de dependência, uma vez que seu senso de segurança nasce de "dentro para fora", e não "de fora para dentro".

Você se deu conta de que a única forma de expandir e fortalecer sua capacidade pessoal de amar é doando, usando, presenteando, desejando esse amor para os outros, a serviço deles. Um tipo de serviço que é, portanto, bastante sutil.

O trabalho, para você, é um lugar que propicia a criatividade, que lhe dá a oportunidade de criar novos relacionamentos, aprender, desenvolver-se e aprofundar o autoconhecimento, de modo que possa compreender melhor os outros.

Você encara a vida com leveza, como um jogo, uma oportunidade de jogar; contudo, está ciente do significado do tempo desse "jogo". Sabe que, em razão do vírus espiritual conhecido como ego, existe uma escuridão dentro das pessoas e no mundo, e que a maneira mais eficaz de iluminar essa escuridão para os outros é, antes de tudo, por meio da plena libertação do seu *self* de tudo isso. Intuitivamente, você sabe que a energia capaz de conectar – implícita, invisível e inquebrantável –, conhecida pelo nome de amor, fará o trabalho restante.

INTELIGÊNCIA EMOCIONAL (QE)

Repare que, a cada vez que é tomado pelas emoções, você se torna menos capaz de enxergar e fazer a coisa certa, no lugar certo, no momento certo. Na verdade, as emoções fazem com que sua inteligência diminua. Elas sabotam a capacidade de discernir, decidir e agir da maneira mais apropriada e eficaz. A emoção é a energia da "reação". Digamos que ficou zangado com uma pessoa pelo fato de ela ter feito algo que você não aprovava ou por ela não ter feito o que você desejava. A raiva é uma expressão da falta de consciência sobre como funciona o "relacionamento" com as outras pessoas. Ela indica que você "acredita" que pode controlar os outros ou que eles devam dançar conforme a sua música. Por trás dessa crença está a crença de que os outros são responsáveis pela sua felicidade. São crenças populares, mas ambas são erradas! Você não tem ciência da verdade de que não pode controlar a outra pessoa e de que ninguém mais é responsável por sua felicidade. Não é verdade?

Você passa, então, a culpá-los por aquilo que sente (raiva) e expressa a crença de que os outros fazem com que se sinta emocionalmente perturbado. Não é verdade. É você que faz isso. Talvez tente justificar sua raiva, dizendo que sentir raiva é bom e simplesmente natural. Também não é verdade. Se a raiva que você sente é contínua, acabará afetando sua saúde física, como a medicina já comprovou. Você também está criando "na direção contrária" de sua própria natureza, que é a de um ser pacífico e amoroso. Porém, é provável que tenha dificuldade de perceber que a sua inconsciência é que está causando essa ausência de inteligência sobre as emoções e uma dificuldade ainda maior de mudar os hábitos de uma vida inteira, pois essa "ignorância emocional" é onipresente na sociedade. Talvez tenha dificuldade até mesmo de enxergar e de reconhecer que a raiva está sabotando sua capacidade de tomar decisões de maneira racional.

É por isso, claro, que a inteligência emocional, de alguma forma, é um oximoro, uma contradição em termos. Ou seja, quando você está tomado pelas emoções, de algum modo não está usando a inteligência. Não é verdade?

Começa-se a usar a inteligência emocional quando se coletam informações sobre as emoções. Quando se percebe de que maneira as emoções são criadas e provocadas, como todas elas são o produto do ego, que é sempre um caso de identidade equivocada. Um aspecto vital desse processo é ser capaz de identificar e nomear as emoções. Tal conhecimento lhe permitirá ser inteligente (compreender as outras pessoas) no momento em que elas são tomadas pela emoção e, como resposta, fazer a coisa certa, no lugar certo, no momento certo.

Na ausência de uma compreensão e de um conhecimento exatos sobre nossas emoções, e envolvidos pela confusão em relação a elas, aprendemos a acreditar que o amor e a felicidade são emoções. Então, quando associamos o amor e a felicidade ao bem-estar e à boa saúde, passamos a crer e aceitar que as emoções que confundimos com amor e felicidade são sinais de boa saúde e de bem-estar. Na realidade, estamos criando o oposto e, consequentemente, causando danos à saúde, sabotando nosso bem-estar. Passamos, assim, o resto da vida em busca de algo, de alguém, de algum acontecimento ou de algum lugar que possa estimular as emoções fora do nosso *self*. E isso, como sabemos pela experiência, estabelece as bases, em nossos relacionamentos, para uma prática chamada "chantagem emocional".

Tudo isso é classificado sob a categoria de "confusão emocional". Trata-se de um nível de confusão que permeia todas as sociedades e culturas contemporâneas. Embora haja muitos tipos de confusão, ilusão e engano, os sete mais populares talvez sejam os seguintes.

INTELIGÊNCIA INTEGRADA

Na verdade, todos esses aspectos individuais da inteligência não existem separadamente. Existem de maneira potencial na consciência de cada ser humano. Não estão em compartimentos isolados na mente. Estão interconectados e são integrados, e simplesmente descrevem a capacidade da consciência, do self, de ser inteligente de diferentes maneiras e em níveis distintos.

As sete confusões emocionais

COMO CONSEQUÊNCIA de nossa incapacidade de reconhecer e controlar as emoções, transformamos o amor em uma negociação (se você me amar, eu amarei você), a felicidade em um processo de aquisição (serei feliz quando conseguir...), e as lágrimas de tristeza geralmente se transformam numa experiência catártica que confundimos com a alegria (chorar ao assistir a um filme). Passamos, então, a criar a raiva e o medo quando: a) o amor que damos não é correspondido; b) não obtemos o que desejamos; ou c) o filme é emocionalmente entediante. E então nos perguntamos o motivo do nosso sofrimento!

De certa maneira, TODOS nós estamos "totalmente confusos[15]", já que herdamos, absorvemos, transmitimos e reafirmamos diariamente os mesmos mitos e ilusões. E, se nossa reação não é de raiva, se não discutimos os assuntos ancorados no medo, se não respondemos de maneira aflita e "na mesma hora", as pessoas passam a nos olhar como se tivéssemos vindo de outro planeta.

Enxergar a verdade por trás de uma ilusão pode levar a um "momento eureca!", que, em essência, é uma mudança de percepção. Tal

---

[15] No original, *"all screwed up"*, que também tem o significado de "mental ou emocionalmente perturbado, atrapalhado". (N. T.)

mudança provoca um abalo nas crenças que existem por trás da percepção, permitindo que a verdade passe a moldar sua maneira de perceber, enxergar e sentir. E, como diz o velho ditado, a verdade o libertará.

Que você consiga enxergar por trás da cortina da ilusão, enxergar a verdade que eliminará os seus enganos e todas as suas confusões.

1 A DOR É CONFUNDIDA COM O PRAZER

Embora seja difícil acreditar, podemos afirmar que praticamente todo ser humano aprende a acreditar que a dor é prazerosa ou que o sofrimento é algo satisfatório ou até mesmo sublime. Aprendemos a acreditar que emoções como a raiva, o medo e a tristeza são saudáveis e normais e que nossa raiva se justifica. Quando você cria tais emoções como resposta a um acontecimento, uma situação ou uma pessoa, elas estimulam a produção de elementos químicos "intensificadores" dentro do corpo, dando a você a "ilusão" de um estado de maior alerta e, com isso, de maior criatividade e de maior energia. Tais elementos químicos podem fazer com que as emoções pareçam prazerosas.

Mas isso é uma ilusão. Essas emoções são sinais de fraqueza. A ciência já provou que, se continuarmos a criá-las, elas terão um importante papel na destruição do organismo. A isso damos o nome de fator psicossomático, no qual a tensão e a preocupação provocam dores de cabeça e úlceras, o medo e a raiva contribuem para a ocorrência de ataques do coração e pressão alta. Essas são apenas algumas das consequências "psicossomáticas" de tais emoções.

Nascemos num mundo que aceita e ensina que o medo e a raiva são experiências naturais e necessárias em nossos relacionamentos. A crença predominante de que as "emoções" são saudáveis nos dá o pretexto conveniente para não fazer nada para compreendê-las e mudá-las. Justificamos a criação delas alegando que foram nossos pais e professores, e aqueles que nos serviram de exemplo na vida, que nos mostraram como criar e expressar tais emoções. Nós os imitamos, primeiramente no nível mental e depois nas atitudes.

Essas emoções são obviamente desconfortáveis. Só depois que elas passam pode haver algum sentimento de alívio, que é então associado a algum tipo de felicidade. Mas essa felicidade não é real, é apenas um alívio do estresse que nós mesmos criamos. O estresse (emoções como medo, raiva e tristeza) é simplesmente a mensagem de que há algo que você precisa mudar. De que algo está desequilibrado, em desarmonia, dentro de você. Não dentro de outras pessoas no mundo, mas dentro de você. Portanto, a primeira coisa que deve ser alterada é a crença de que outra pessoa está fazendo você sentir raiva ou medo, que é ela que está causando o seu estresse emocional. Não, não está. Essa é uma boa notícia, pois significa que você pode fazer algo em relação àquilo que muitos creem estar fora de seu controle. A segunda coisa a ser mudada é a crença de que o mundo e as pessoas lá fora podem ser controlados. Não podem. A terceira coisa que deve mudar é a crença de que os outros são responsáveis por nossa felicidade, por nossos "sentimentos". Não, não são. Esse é um trabalho interior!

SENTIR PRAZER significa saber quem você é e aceitar a vida como ela é, pois não precisa mais fingir ser alguém que não é, não precisa mais controlar outra pessoa, tampouco tentar adquirir algo para obter as coisas que já possui!

FIQUEI TÃO EMOCIONADO!

Esta é uma frase que dizemos quando algo ou alguém nos comove e ficamos bastante emocionados. "Não foi emocionante?", eis a frase geralmente ouvida após funerais, à saída dos cinemas, diante da confissão sincera de uma pessoa ou quando se contempla algo belo na natureza. Tudo isso aparentemente nos leva às lágrimas ou nos traz alegria, um estado em que nos sentimos tomados por uma "emoção". Em última instância, do ponto de vista espiritual, que significa saber e compreender que o espírito é o que você é, essas coisas são apenas tipos de condescendência emocional. São sinais de fraqueza no interior do self. Por quê? Porque estão dizendo que "você" não está emocionando a si mesmo, está permitindo a algo ou a alguém externo a você que o deixe emocionado. Você está trazendo esse algo ou esse alguém de fora do seu self, *projetando-o na tela de sua mente, associando seu* self *a ele e fazendo com que seu* self *se perca nele. Portanto, não é uma experiência fortalecedora. Muito pelo contrário, é um sinal de que você ainda é dependente. A essa altura, você provavelmente dirá: "Não haverá nada no mundo aí fora que possa me emocionar? Esta não será uma vida de frieza, dificuldades e isolamento, uma existência em que nada com que eu depare possa me emocionar?" Não, na verdade, é completamente o contrário. Continue observando, continue enxergando, continue apreciando o belo, mas, em vez de ficar emocionado com isso – o que significa que está retirando algo disso –, movimente-se nessa direção e doe-se a isso, dê sua apreciação. Estenda a energia do seu* self, *que é o amor, enquanto aprecia aquilo que vê. Enquanto abençoa o que vê. Enquanto aplaude o que vê. Isso é o amor em movimento. Sentirá o poder do amor, o seu poder, emocionando você. E saberá que tem novamente o domínio sobre a sua vida porque você é amor. Você é aquele que se emociona ou aquele que é capaz de emocionar?*[16]

2 O estímulo é confundido com o relaxamento

Estamos no fim de mais um dia agitado. Você chega em casa e é o momento de relaxar. Você suspira aliviado e coloca os pés para cima, na frente da televisão, e o único movimento que fará nas próximas horas será o dos dedos no controle remoto. Chega a hora do filme da meia-noite, *Rambo 3*. Noventa minutos de estresse, terror, horror, violência explícita e o eventual esparramar de sangue. Mas você está, de fato, relaxando? Ou sendo estimulado? Isso é relaxamento ou estímulo?

Fomos perfeitamente condicionados a crer que ficar diante da televisão ou ir ao cinema é uma boa maneira de relaxar. Isso não é relaxamento, é estímulo. E o estímulo não é relaxamento, é estímulo. Quando você usa a energia mental para processar a energia que lhe chega através

---

[16] No original: *"Are you the moved or the mover?"*. Duplo sentido na frase, que também pode ser lida como: "Você é a pessoa que sofre a mudança ou quem a opera?". (N. T.)

dos olhos e ouvidos, sua energia se esgota. A presença de qualquer emoção vinda da tela capta sua atenção, atrai você e, quando menos espera, começa a criar exatamente o mesmo estado emocional no seu *self*, ainda que em intensidade menor.

Observe a si mesmo enquanto vê outras pessoas na tela reluzente. Observe a si mesmo sendo "sugado" para dentro do drama do filme ou da telenovela e começar a viver por meio dos personagens. O que eles sentem, você sente. Eles ficam empolgados, você também. Ficam tristes, você também. A indústria de entretenimento depende de você, fazendo com que entregue a sua consciência, e com ela a própria vida, aos personagens por ela criados. Ela o manipula por meio de sua mente, e é como se você permitisse que ela fizesse o trabalho de pensar e de sentir por você. E você chega a pagá-los para que façam isso!

Você cria e preenche o seu consciente e subconsciente com uma energia negativa e nada saudável (palavras e imagens) e então, ao retornar à vida real, passa a se perguntar por que não consegue ser mais otimista ou positivo. Senta-se com os olhos arregalados, enquanto o olho criterioso de sua consciência, sua faculdade intelectual, permanece completamente fechado.

O verdadeiro relaxamento significa estar livre de todo tipo de estímulo. Para a mente, isso é o silêncio. Para as emoções, a tranquilidade. Para o corpo, a ausência de movimentos, sem o menor sinal de tensão ou de retesamento de qualquer músculo. O verdadeiro relaxamento é a liberação de todas as tensões. Nada fácil, se estiver viciado em observar e absorver as tensões e as lágrimas do drama de outras pessoas, que nem sequer são reais.

O relaxamento é uma arte e uma ciência. Porém, os profissionais do *marketing* são espertos a ponto de nos convencerem de que estímulo é sinônimo de relaxamento. Trata-se de um truque esperto que mantém as mãos deles dentro do seu bolso. Mas, embora eles pareçam saber o que estão fazendo, na verdade não sabem.

O RELAXAMENTO é a ausência de qualquer tensão física, ansiedade mental e ignorância espiritual. É a presença de um corpo saudável, de um estado de alerta mental e do bem-estar.

Capacidade criativa

Não me interprete mal: não estou lhe dizendo para ir para casa e jogar sua televisão no lixo. Contudo, convém ser cauteloso com seu modo de relacionar-se com a tecnologia. Basicamente, a tecnologia foi concebida para imitar e duplicar as funções da consciência, ou seja, criar imagens, projetar imagens, gravar (memorizar) imagens, reproduzir imagens, editar imagens, manipular imagens e representar imagens de uma variedade de formas. Tudo isso são faculdades da criatividade humana, e, quando permitimos que a tecnologia faça todo o trabalho por nós, a capacidade criativa se atrofia e nos tornamos preguiçosos. É por isso, claro, que a mídia pode ser usada tão facilmente para influenciar milhões de mentes, o que, na essência, consiste na manipulação das emoções. Isso não é uma conspiração, mas simplesmente o modo pelo qual a vida na Terra evoluiu. Só que não se trata de evolução no sentido de um progresso alcançado. É evolução num sentido de regressão. No sentido de que com o passar do tempo não nos tornamos mais desimpedidos, mais livres, mais sábios, com mais energia. De modo geral, ocorre exatamente o oposto.

3 A vingança é confundida com a alegria

Obviamente, celebrar a dor dos outros é, de algum modo, uma perversão. Mas isso está na essência daquilo que denominamos uma boa história ou um bom filme. Sentir alegria com a punição do "vilão" passou a ser uma de nossas confusões emocionais mais comuns. Às vezes, como modo de justificar nossa "vingança plena de alegria", nós a chamamos de "justiça". Roteiristas, romancistas e jornalistas, todos empregam esse tipo de confusão para nos manter presos às suas histórias.

Na pior das hipóteses, a vingança é estimulada pelo ódio; na melhor, por uma raiva branda. A desforra faz parte do jogo dela, e seu objetivo é a celebração. A vingança diz: "Adorei vê-lo 'provar do próprio veneno'... Vibrei em vê-lo sofrer pelos atos que praticou". É a perversão de uma alegria que não faz mais do que sustentar nossa infelicidade. Se não pararmos de produzir raiva e ódio em relação aos outros, viveremos simplesmente uma vida infeliz e nada saudável.

A necessidade extrema de vingança e a sua celebração só poderão ter fim quando for percebido que a crença de que os outros são responsáveis pelo que você sente é uma ilusão. Somente quando você assume plena responsabilidade por todas as emoções que cria e sente é possível dar um fim à raiva e ao ódio que busca a vingança. Somente quando sua autoimagem, que se baseia na crença de que "eu sou a vítima", for quebrada e substituída pela verdade de que "nunca sou a vítima", você parará de apontar o dedo para os outros a cada vez que se sentir ferido.

Somente quando for percebido e aceito plenamente que "ninguém é capaz de me ferir... jamais" (você pode ferir o meu corpo, mas não a mim), a raiva será extinta, e o desejo de vingança será uma relíquia do passado. Somente quando o amor for conhecido e transformado em compaixão, tanto para a vítima quanto para quem pratica o abuso, será possível acabar com todo tipo de julgamento, condenação ou prazer de saciar a sede de justiça.

Somente então será possível redescobrir a verdadeira alegria na vida, pois, enquanto houver uma – ainda que mínima – celebração com o sofrimento que é infligido aos outros, até mesmo a quem praticou a violência, enquanto houver um sentimento de excitação diante da aplicação da vingança, jamais se poderá conhecer ou viver a verdadeira alegria. E a vida foi concebida para que a alegria esteja presente, para que desabroche como as flores da primavera, para que celebre o próprio presente da vida. A vida sem a verdadeira alegria não é vida, não é mais do que sobreviver, tolerar e continuamente lutar contra um vírus chamado relutância.

A alegria é a sua energia de vida, borbulhante e efervescente, explodindo por meio de você e em direção ao mundo. Você só pode sentir a alegria e ser feliz quando o seu coração se liberta de todo tipo de medo, raiva e tristeza.

EXPRESSAR, REPRIMIR OU SUFOCAR?

Embora você possa reconhecer que o medo e a raiva não são saudáveis, não tente fazer o que muitos fazem: sufocá-los. Essas *emoções surgirão. **A emoção é o preço que você paga hoje pelos seus apegos do passado**. Você passou a vida inteira criando tais apegos, que são sempre a origem das emoções, portanto levará algum tempo para curar o hábito de apegar-se e, com isso, parar de criar essas emoções. O primeiro passo é simplesmente admitir que elas não são saudáveis, que são indesejadas e desnecessárias. Porém, não tente resistir a elas, no momento em que surgirem. Ao resistir, você vai sufocá-las. E, se continuar sufocando as emoções, ou seja, "empurrando-as para baixo", é bem possível que se torne o que geralmente é denominado "reprimido". Ao mesmo tempo, não as expresse, caso contrário acabará fazendo algo de que se arrependerá. Apenas observe, e elas passarão. Elas deverão passar. **Sob observação, todas as emoções desaparecem**. E, quanto maior a habilidade interior para observá-las, mais frágeis elas ficam, até que um dia deixarão de aparecer. Nessa altura, você terá chegado "em casa" e voltado novamente a morar em sua natureza verdadeira – que está livre de quaisquer emoções.*

4 A PREOCUPAÇÃO É CONFUNDIDA COM O CUIDADO

Você teve a bênção de ter um pai/uma mãe aflito(a)? Quando adolescente, talvez bastasse chegar em casa dez minutos depois do horário para que sua mãe imediatamente despejasse sobre você a aflição emocional: "Onde você esteve? Fiquei tão preocupada, por que não ligou avisando que chegaria mais tarde? Você sabe que sempre fico preocupada". Ao que você provavelmente respondia: "Pare de se preocupar comigo, mãe. Eu estou bem. Por que está SEMPRE preocupada?".

Sua mãe provavelmente lhe dizia, então: "Mas você sabe que eu me PREOCUPO porque CUIDO de você". Com essa frase, você aprendeu duas lições fatais que o perseguiriam pelo resto da vida. A primeira é que a preocupação é sinônimo de cuidado. Não, não é. A preocupação é sinal de medo, e o cuidado, de amor. Os dois jamais poderão se encontrar. O medo sempre espanta o amor.

A segunda lição fatal é o conceito de que se preocupar é uma coisa boa! No instante em que você herda a crença de que a preocupação é a demonstração adequada de que você cuida de uma pessoa, está se iludindo na crença de que é importante mostrar aos outros que você se preocupa com eles, em particular, e com o mundo de maneira geral. Caso contrário, as pessoas poderiam achar que você não se importa. E a última coisa que você deseja é ser visto como alguém sem coração. No final, isso fará com que busque algo com que possa estar preocupado, e, quando não consegue encontrar nada com que se preocupar, você se preocupa, pois não há nada que possa preocupá-lo! Como é estranha e perversa a vida quando sentimos desconforto por não sentir algum tipo de desconforto!

Portanto, se estivesse no lugar dessa mãe, qual seria a melhor maneira de responder? Já aconteceu de você atender o telefone e perceber que a pessoa que ligou era alguém em que pensava minutos atrás? Já fez algum comentário e logo depois a pessoa disse: "Eu estava pensando justamente nisso"? Estamos todos conectados em um nível sutil e invisível e somos capazes de nos comunicar com os outros de maneira invisível. "Captamos" a energia irradiada pelos outros, especialmente pelas pessoas de quem estamos próximos.

Suponhamos, então, que seu filho adolescente esteja fora de casa depois do horário combinado e não telefonou. Ele vai captar a sua energia sutil. Você não faz a mínima ideia da circunstância em que ele está a cada momento. Especular é inútil e um desperdício de energia. Se você se preocupar, enviará a ele as vibrações do medo, uma energia negativa, que não é capaz de fortalecê-lo; é mais provável que o deixe perturbado. Talvez ele esteja numa situação difícil e seja o único capaz de decidir como sairá dela. O que poderá ajudá-lo? O que poderá representar um apoio mais eficaz, que ajude a fortalecê-lo? Os fluidos de sua raiva por ele não ter telefonado? Os fluidos do medo enquanto você imagina que algo de ruim lhe aconteceu? Ou os fluidos de amor incondicional e de seus melhores desejos?

O que você enviará a ele? Fluidos de preocupação ou de amor, na forma de desejos positivos em relação a ele? Além disso, quando você se preocupa com alguém, com quem, de fato, está se preocupando?

O CUIDADO se faz presente quando você estende o seu *self* para conectar-se e acolher o outro com a luz do seu ser. Você só pode ser o cuidado quando estiver vazio de toda e qualquer preocupação com o próprio *self*.

QUANTA PREOCUPAÇÃO!

Além de alimentarmos preocupações durante uma vida inteira, a tensão e a ansiedade inerentes a tais preocupações tornam-se um vício. Em vez de dar graças pelas bênçãos que recebemos diariamente, é como se algumas pessoas dessem graças pelas preocupações diárias! Quando lhe dizem que usar o tempo e a energia dessa maneira talvez não seja algo positivo, o viciado em preocupações diz: "Mas preocupar-se é bom. A preocupação é necessária, assim posso me preparar para o pior". Ele não consegue ver como a crença de que a preocupação nos prepara para o pior o deixa cego para a verdade de que todas as preocupações não passam de uma criação equivocada. Trata-se de usar equivocadamente a capacidade criativa da consciência. O que é a preocupação além de uma "catástrofe fantasiosa"? É criar uma imagem do pior resultado possível na tela da mente e então usar tal imagem para se sentir aterrorizado. Além disso, quando você se preocupa, com quem, de fato, está preocupado? Consigo mesmo. Está preocupado com o modo como se sentirá se algo de ruim realmente acontecer. Na verdade, a preocupação é egoísta, mas nós a justificamos dando a ela o nome de "cuidado". Alguns chegam a associar sua identidade pessoal ao "perfil de um indivíduo preocupado". "Sim, eu me preocupo. Sempre me preocupei. Devo ter herdado esse traço de meus pais. Provavelmente está em meus genes." Não é verdade. A preocupação não passa de mais um hábito mental assimilado. Ela pode ser desaprendida. Do "outro lado" da preocupação existe a paz.

5 A RAIVA É CONFUNDIDA COM A ASSERTIVIDADE

É possível que você tenha tido um pai/uma mãe que sentia raiva e usava esse sentimento para manipulá-lo e para motivá-lo a fazer as vontades dele/dela. Na escola, talvez seu professor tenha usado a raiva para controlar a classe ou pelo menos para dar tal impressão. Quem sabe você tenha um chefe que expressa a raiva de tal forma que aparentemente faz com que as pessoas se mexam? É possível que, quando você vê políticos ou profissionais na mídia expressando raiva, lhe pareça que estão conseguindo, com isso, algum tipo de mudança positiva.

Em cada um dos casos acima, aprendemos outra lição fatal, que só faz aumentar a confusão emocional: que a raiva é uma maneira de mostrar assertividade, de motivar as pessoas e de melhorar as coisas. Num mundo em que a prática comum é aprender a ser teimoso, a ficar na defensiva e a ser inflexível, a raiva parece ser, à vezes, a única forma de motivar alguém, de impeli-lo à ação, de desafiá-lo a mudar, e tal sentimento se confunde, então, com a assertividade. Porém, a raiva nunca é assertiva, pois está carregada de ressentimento, e este só gera resistência, com a consequente perda de qualquer capacidade de influenciar uma mudança positiva que possa ser duradoura.

Usar a raiva no ambiente de trabalho é a maneira preguiçosa de controlar os outros. Trata-se de um tipo de chantagem emocional que diz "Vou ficar zangado se você não...". Essa é uma tentativa óbvia de incutir o medo no outro, na esperança de que isso possa motivá-lo. A maioria dos pais tem dificuldade em resistir à tentação de usar a raiva para controlar o comportamento do filho. Além disso, a raiva é a emoção mais destrutiva, que geralmente causa o maior dano a quem a cria. Tudo de que precisa é uma pequena dose de autoconsciência quando estiver zangado, assim verá que você é quem sofre mais do que todos.

Alguns consideram a raiva como uma emoção que se justifica pela aparente ausência de justiça. Isso é chamado de raiva "justificada", mas é uma atitude que apenas retarda a chegada da justiça natural, que tem seu ritmo próprio e geralmente permanece invisível até o momento em que surge. Sentir raiva diante da injustiça significa esquecer que tudo acontece por uma razão determinada, que todo efeito tem uma causa e que aquilo que aconteceu é exatamente o que deveria ter acontecido.

No caso de qualquer doença física, a cura não será possível até que se descubra sua causa e que ela seja tratada. Infelizmente, a raiva não tem tempo para dedicar à compreensão e à cura. Quando nos identificamos com a dor ou com o sofrimento alheio, ou nos ofendemos com um insulto dirigido ao *self*, a raiva só dá sustentação à própria dor, sob a ilusão de que estamos sendo assertivos, de que estamos fazendo algo a esse respeito, de que estamos reagindo da maneira mais apropriada.

A paixão também se transforma numa área cinzenta quando se dá à raiva um significado equivocado. Às vezes, dizemos: "Estou apaixonado por essa causa, pois estou sentindo muita raiva". Porém, a raiva nunca pode ser paixão. A paixão autêntica é o entusiasmo. E a diferença entre a raiva e o entusiasmo é que uma esgota a sua energia, enquanto o outro lhe dá mais energia; uma o deixa cego diante de uma possibilidade de ação positiva, ao passo que o outro lhe dá clareza para enxergar o caminho adiante; uma é impaciente e desequilibrada, o outro é paciente e ponderado.

Existem ainda aqueles que simplesmente ficam zangados com a raiva alheia, acreditando que essa é a única maneira de restaurar o equilíbrio das coisas e fazer com que elas se endireitem. Às vezes, isso é chamado de "guerra". Vivem a ilusão de que dois negativos somados resultam em um positivo. Onde terão aprendido isso?

Você só é capaz de ser ASSERTIVO quando para de reagir emocionalmente às ações dos outros, quando para de diminuir o próprio *self*, quando não alimenta nenhum ressentimento e quando coloca um fim a todo tipo de culpa.

Um sonho de paz

Todo tipo de raiva caminha para trás. A raiva também é uma tentativa inútil de mudar aquilo que já aconteceu. Infelizmente, ela obscurece a capacidade de trabalhar criativamente com o momento presente, de modo que o futuro possa ser mais positivo. As pessoas sentem raiva até mesmo da ideia de que a raiva é inútil e de que não há lugar para esse sentimento no mundo delas. Elas já estão ficando zangadas com o passado que terão no futuro! Enquanto isso, continuam afirmando que a paz é uma coisa boa, que buscam a paz. Porém, não percebem como sua crença na raiva será sempre o principal obstáculo para que encontrem a paz na vida. É por isso que "lutar pela paz" é um oximoro.

6 O MEDO É CONFUNDIDO COM O RESPEITO

Em geral, a confusão emocional começa com o uso equivocado da linguagem. É possível encontrar alguém que pratique o *bullying* no *playground* da maioria das escolas e em muitos escritórios. Essa pessoa quer que os demais sintam medo dela, mas dá a isso o nome de respeito. Ela exige que os outros a respeitem e, no entanto, tenta incutir medo neles. Desde pequenos, aprendemos a confundir medo com respeito.

Até mesmo os líderes das nações dizem, às vezes, que devemos respeitar outra nação, quando o que isso realmente quer dizer é que devemos temê-las. É impossível respeitar o outro se, na mente, temos medo dele. Se você tem medo de alguém ou de algo, isso significa ausência de autorrespeito, e, se você não respeita a si mesmo, não poderá respeitar o outro de verdade. Somente quando está protegido por seu próprio autorrespeito você deixa de ter medo dos outros e se torna capaz de respeitá-los genuinamente.

De algum modo, em algum ponto do nosso percurso, nossa linguagem foi distorcida e confundiu os significados de medo e respeito. Às vezes, não queremos ser vistos como alguém que tem medo; então tentamos evitar admitir que tememos uma pessoa dizendo que a respeitamos, e de repente o verdadeiro significado do respeito se perde. Não é difícil entender que provavelmente a parte mais importante da educação na vida é aprender a restaurar e a manter o autorrespeito. Não é por acaso que quase todos os tipos de abuso, de crime e de comportamento destrutivo têm origem na ausência de autorrespeito. Se não respeitarmos a nós mesmos, buscaremos isso nos outros e, por fim, exigiremos isso dos outros. Se formos incapazes de reconhecer a sua presença em nós mesmos, não conseguiremos encontrá-lo nos outros. Confundimos "obter a atenção do outro" com "ser respeitado". E, se não somos respeitados, tentamos incutir esse respeito por meio de uma série de métodos sutis e às vezes não tão sutis. De repente, começamos nós mesmos a praticar o *bullying*.

Quando se dá conta de que a ausência de autorrespeito é uma das principais características que atraem a agressão dos outros, você passa a assumir maior responsabilidade pela energia que transmite. Porém, é difícil perceber que é o *self* que precisa ser trabalhado, e não a pessoa que pratica o *bullying*. Isso significa, basicamente, libertar-se do medo dos outros, o que só é possível quando você encontra o seu valor interior e confere estima ao próprio *self*. Só é possível no momento em que corrige sua autoimagem, em que para de identificar-se com uma autoimagem negativa. Só é possível quando percebe quem você realmente é e o que realmente é. E isso, como já vimos, é exatamente o que não sabemos. Quando precisávamos desse conhecimento, não havia ninguém que pudesse nos ensiná-lo. O seu próprio valor e o autorrespeito não faziam – e em geral ainda não fazem – parte do currículo.

Um país pode iniciar uma guerra contra outro pelo simples fato de seus líderes carecerem de autorrespeito. Eles provavelmente têm grande habilidade em disfarçar isso e dominam a arte de vestir máscaras de autoconfiança e de valor próprio. Porém, se o autorrespeito deles fosse genuíno, eles não sentiriam medo por eles próprios ou por quem quer que fosse; teriam coragem e paciência de trabalhar juntos, conversar, envolver-se, ouvir e oferecer ajuda a qualquer pessoa, incluindo seus assim chamados adversários. Porém, eles carecem da força do autorrespeito, e, quando não estão conscientes de tal carência, o medo surge. É por isso que o restabelecimento do autorrespeito só é possível quando o ego é reconhecido e deixa de ser sustentado. Pois, como já vimos, o medo sempre surge do ego, ou – para usar a linguagem da "New Scotland Yard" – de mais um caso de identidade equivocada.

RESPEITAR o outro é reconhecer e sustentar a bondade inata e o valor dessa pessoa, independentemente de suas ações do presente ou do passado.

Isso não é RUIM!

Não raro, fica a impressão de que essa abordagem à compreensão das emoções implica que elas são ruins e não devem existir. Nada mais distante da verdade. Se você começar a pensar dessa maneira, isso levará ao hábito de culpar a si mesmo e a um sufocamento ainda maior das emoções. A emoção é apenas um sinal de que você não está em sintonia com o "autêntico self, o verdadeiro "você". Trata-se do hábito de uma vida inteira, e tais hábitos têm sólidas raízes em seu subconsciente. Portanto, você não acordará um belo dia e, repentinamente, deixará de sentir qualquer emoção, sendo 100% amoroso, alegre e contente. Se isso acontecer, por favor, me avise, quero saber como conseguiu!

7 A TRISTEZA É CONFUNDIDA COM O AMOR

Imagine-se dentro de uma loja de discos. Ao percorrer uma série de CDs, você encontra um álbum com as melhores canções de amor, por um preço incrível, em liquidação. Você não consegue resistir. Chegando em casa, é hora do "momento de amor" musical entre você e o CD. Você arruma o quarto com cuidado. Velas no canto do quarto, uma caixa de chocolate de um lado e, do outro, uma caixa de lenços de papel. Você diminui a intensidade da luz e aumenta o volume. Em alguns instantes, as lágrimas começam a escorrer pelo seu rosto e você cai sob o feitiço das canções de tristeza, acreditando ser canções de amor.

Durante uma hora, você se abandona a esse sentimento melancólico, provocado pela música, alimentando talvez a esperança de que um dia também encontrará o amor em um relacionamento profundamente especial – e lacrimoso – com alguém ou então se perguntando por que isso ainda não aconteceu!

Mais tarde, à noite, você vai ao cinema. O filme é uma história de amor feita para tocar todas as cordas do seu coração. O herói e a heroína seguem juntos um roteiro bem conhecido. Primeiro, o encontro de olhares, então o primeiro beijo, a primeira briga, a primeira reconciliação, o primeiro erro grave, o primeiro perdão. Em pouco mais de uma hora, você os acompanha numa ciranda de emoções. Num momento, derrama lágrimas; no outro, aplaude; no instante seguinte, fica irado com a falta de sorte deles; e então celebra o triunfo contra as adversidades. A seguir, pega-se imaginando se VOCÊ poderia passar por uma experiência de tão intenso amor em tão curto tempo. Termina a noite pensando em como sua vida parece prosaica e entediante. Chega, então, a cena final. O abraço, o beijo, o pôr do sol, a música, as silhuetas, enquanto as lágrimas lhe escorrem pelo rosto, seu nariz exigindo metade de uma caixa de lenços!

Se naquele momento exato você consultasse um psiquiatra, talvez recebesse o diagnóstico de "clinicamente deprimido". Mas isso é amor...

não é? Está bem, estou exagerando... um pouco. Mas você certamente entendeu. A indústria da música e do entretenimento tem feito um trabalho excelente, condicionando-nos a confundir a tristeza com o amor, o que equivale a confundir o preto com o branco, o baixo com o alto. A canção de amor e a história de amor estão carregadas de sofrimento, que identificamos equivocadamente com a joia da coroa do espírito humano – o amor. Talvez não haja maior ilusão na vida do que equiparar a tristeza ao amor! Talvez não haja maior vício emocional do que a tristeza, que significa que sentimos pesar pelo *self*. Isso se torna um cobertorzinho parecido com aquele que tínhamos quando éramos bebês e que carregávamos para todo lado, recusando-nos a nos separar dele. Coitado de mim. Talvez seja por isso que, mesmo quando você ouve as pessoas rindo e conversando alegremente, se ouvir com atenção, por trás do riso delas, por trás de sua aparente felicidade, poderá ouvir sua tristeza.

O AMOR é o que você é, o que todos são, independentemente de seus pensamentos ou sentimentos, do presente ou do passado. Ele só é conhecido quando deixa de existir qualquer impulso na direção da separação e quando todo o sentido de "meu" já desapareceu.

Vício emocional

Atribuir a tristeza que sentimos às palavras e atitudes alheias é um hábito em que se baseia grande parte da nossa indústria do entretenimento. Situações de tristeza acumulada e sufocada foram se juntando com o passar do tempo, em casa ou no ambiente de trabalho, e encontram a oportunidade de "romper" o espaço da consciência, vindo à luz do dia. O filme e a telenovela são os gatilhos. Isso, claro, é conhecido como catarse. O alívio que se sente quando o fardo da depressão é deixado de lado é confundido com felicidade, e cria o seu próprio vício. A ideia de estar viciado ao sofrimento e à tristeza pode soar estranha, mas ela é tão real quanto qualquer outro vício. No nível subconsciente, chegamos mesmo a buscar razões para estar tristes, e, no momento em que criamos a tristeza, nós a sufocamos. Com o tempo, acumulamos uma grande quantidade de sofrimento, de modo que possamos mostrar condescendência, seja num longo período de mau-humor, quando sentimos pena de nós mesmos, seja numa explosão de lágrimas de nosso dique emocional, geralmente desencadeada pela proverbial "gota d'água" que faz o copo transbordar. Mas isso tudo não passa do jogo do ego, um jogo no qual ele se mantém vivo. Todas as emoções sempre têm origem em nosso velho amigo, o ego, ou na identidade equivocada. Se não existisse o apego, não haveria nenhuma sensação de perda e, portanto, nenhuma tristeza ou sofrimento, e com isso a felicidade autêntica estaria sempre presente. Você não precisa buscar a felicidade, apenas abandone todo o sofrimento e a tristeza. Fácil... não é?

Como você se SENTE?

Basta de emoções... por enquanto. Mas o que dizer dos sentimentos? Já investigamos tanto o mecanismo quanto a natureza do ego e do apego como fonte de todas as emoções. Percebemos também que o amor, a felicidade, a paz, a alegria e o contentamento NÃO são emoções, mas estados do ser. Mas o que dizer dos sentimentos? O que é o sentimento?

Existe alguma diferença entre emoção e sentimento? Por que fazemos tamanha confusão em relação aos sentimentos e às emoções? Quando perguntamos ao outro "Como você se sente?", o que queremos dizer, na verdade, é "O que você está sentindo neste exato momento?". Porém, como nos sentimos? O que acontece no momento em que dizemos "Eu me sinto..."?. É possível não sentir o que estamos sentindo? Somos capazes de escolher os sentimentos? Caso negativo, por que não? Caso positivo, de que modo?

Eis a definição essencial:

SENTIMENTO é...
a percepção por meio do toque.

Isso faz sentido quando você se dá conta de que cada um de nós é capaz de sentir, perceber e tocar em três níveis distintos: o físico, o mental/intelectual e o espiritual.

SENTIMENTO FÍSICO

Quando você vai a uma loja de roupas, não espera que o vestido ou o terno venham até você. Você vai ao encontro dele. E o toca. Ao **tocá-lo**, você o **sente**. Ao sentir sua textura, **percebe** a qualidade do tecido, **sente/percebe** sua espessura ao **tocá-lo**. Você emprega seus sentidos físicos para tocar, sentir e perceber algo. Portanto, obviamente pode chamar isso de "sentimento físico".

SENTIMENTO MENTAL/INTELECTUAL

Enquanto lê este livro, sua mente está aberta (obrigado!), e você tem assimilado os *insights* e as ideias aqui contidos por meio da janela da mente; tem dado vida a eles na tela da mente e então percebido (olhado para eles) com o intelecto. Enquanto a mente é como uma tela e uma janela, e a primeira faculdade da consciência, o intelecto, é a segunda faculdade, que você usa para discernir a qualidade, a adequação, a veracidade, para então tomar decisões. O intelecto é o que nos distingue dos reinos vegetal e animal. Ele nos confere a capacidade de filosofar, refletir, avaliar e elaborar projetos e então dar vida a tais projetos no nível físico. O intelecto nos dá a capacidade de fazer escolhas no espectro que vai do racional ao intuitivo.

Portanto, quando você percebe uma ideia ou um *insight*, é como se o tocasse, percebesse e sentisse com o intelecto. E, ao fazê-lo, você assente com a cabeça e uma pequena voz lá dentro lhe diz: "Entendi. Isso parece lógico. Vejo/percebo a lógica nisso tudo".

Nesse momento, é como se você estivesse usando a capacidade **racional** para sentir/perceber a exatidão de uma ideia. Porém, às vezes, você não percebe tal exatidão racionalmente e, ainda assim, consente com a cabeça, e a voz interna lhe diz: "Sim, entendo. Não consigo perceber a razão disso, mas lhe digo que 'sinto estar certo'. Faz sentido". Nesse momento, você está usando sua capacidade **intuitiva** para sentir/tocar/perceber a exatidão de determinada coisa.

Consegue perceber a diferença? Somos capazes de sentir/perceber em qualquer um dos extremos do espectro intelectual – o racional e o intuitivo. Eles são apenas os extremos do mesmo espectro. E, embora ativem esferas distintas do cérebro (o lado esquerdo para o racional; o direito para a intuição, segundo nossos sábios amigos cientistas), do ponto de vista da entidade consciente integral que é você, elas estão no mesmo *continuum*, no interior da consciência.

Você pode facilmente desenvolver o seu "sentimento de percepção" no nível intelectual. Anote num papel um problema que esteja enfrentando no momento. Crie a seguir sete possíveis soluções, respostas ou saídas para ele, independentemente de elas parecerem malucas ou estranhas, à primeira vista. Uma vez terminada a lista, considere cada uma das possibilidades e repare como você usa a capacidade intelectual para examinar e avaliar a qualidade e a viabilidade de cada uma. Repare como você não apenas reflete sobre cada uma delas, mas sente a qualidade e a adequação de cada uma. E, à medida que observa como se sente em relação a cada uma das possibilidades, também perceberá outras possibilidades que surgem no meio do processo de contemplar, sentir e perceber.

É a falta de desenvolvimento intelectual, ou a inconsciência sobre as funções, a capacidade e os poderes do intelecto, que debilita a capacidade de avaliação e de tomar decisões. É por isso que muitos ficam estressados quanto têm de tomar decisões. Infelizmente, em nossa educação formal, ninguém jamais nos ensina a desenvolver adequadamente todo o nosso potencial de "percepção e de sentimentos" no nível intelectual. A razão disso é simples. Quando estávamos na escola, a única coisa que eles julgavam importante usar era a terceira faculdade da consciência, a memória. Aprendemos a acreditar que a memorização significa aprendizado, mas isso não é verdade. Não passa de memorização. O verdadeiro aprendizado é o desenvolvimento das habilidades de pensar, sentir e perceber, envolvendo a mente e o intelecto. Porém, os adultos que nos davam aulas não tinham tal consciência, pois ninguém lhes ensinou as verdadeiras funções da mente e do intelecto. Uma vez mais, ninguém é culpado, mas somos todos responsáveis... como eles mesmos dizem!

SENTIMENTO ESPIRITUAL

A mais profunda capacidade de sentir está no nível espiritual. Nunca lhe aconteceu de conhecer uma pessoa e, no momento exato em que ela colocou os pés na porta da sua casa, sem que a tenha visto, você saber o humor dela, naquele exato momento? Ela poderia estar numa outra casa, mas você perceberia o estado de espírito dela. Como? Isso ocorreu porque você captou aquilo que chamamos de "vibração". Dito de outro modo, você captou a transmissão da energia radiante que é essa pessoa.

A cada momento, transmitimos energia. E essa energia é completamente invisível e impalpável. É como se você fosse capaz de sentir a presença do outro num nível sutil e invisível. As pessoas que "acreditam" ter se apaixonado conhecem bem esse sentimento. Tudo em que elas conseguem pensar é no outro. Transmitem intensamente um ao outro suas vibrações e seus pensamentos, pois estão pensando um no outro e captam (sentem) os sentimentos do outro, mesmo se estiverem muito distantes.

Porém, o sentimento espiritual mais profundo não está captando e sentindo as vibrações (energia radiante) dos outros. Em qualquer lugar e a qualquer hora, você é capaz de fazer uma viagem de uma distância qualquer em apenas um segundo e concentrar a atenção em seu *self*. É ali que você perceberá a paz, que sentirá a paz, que tocará e sentirá a paz que é você, a paz que você sempre é, no centro do seu ser.

Tudo o que você tem a fazer é começar a ignorar todos os ruídos externos (incluindo as outras pessoas, até que aperfeiçoe sua viagem interior), não dar nenhuma atenção a pensamentos dispersivos ou a ondas de emoção que passam pela consciência e ir diretamente ao centro de sua consciência, que é você. Na verdade, você já está lá, pois não pode estar em qualquer outro lugar. E ali, no seu coração, seu verdadeiro coração, dentro de VOCÊ, perceberá, tocará, sentirá... a paz. Pois a paz é sua natureza, verdadeira e permanente. Ela é você.

Será tão simples assim? Sim, é. Então, por que não fazemos isso? Por que não sentimos isso? Por que "acreditamos" que não somos capazes? A resposta está nos anos de formação de nossa infância.

DUAS LIÇÕES FATAIS

Quando você era pequeno, aprendeu que sentimento[17] é um substantivo; mas não é, é um verbo. Aprendeu que os sentimentos acontecem a você, em vez de ser algo produzido por você. Aprendeu que os sentimentos eram, sobretudo, coisas a ser buscadas e conquistadas, em vez de algo criado por você. Lembra-se da primeira vez em que um de seus pais o

---

[17] No original: *feeling*, que designa tanto o substantivo (sentimento) quanto o verbo no gerúndio (sentindo). (N. T.)

levou ao circo, a um jogo de futebol, a um grande evento? Quando sua mãe se sentou ao seu lado, ela comentou: "Não é emocionante?[18]. Estou feliz e emocionada, emocionada e feliz. Você não está emocionado e feliz?". Ou algo do gênero. É claro que você estava emocionado. Você olhou então para ela como se dissesse "Sim, estou emocionado e feliz, feliz e emocionado". Naquele momento, sua mãe, ou quem quer que fosse o adulto que lhe fazia companhia, lhe ensinou duas lições fatais. Primeira: "agitação" é sinônimo de felicidade. Não, não é. A agitação é o que ocorre com a água numa chaleira, ao ferver. As moléculas ficam agitadas. Quando você está "emocionado", fica agitado. Mas "agitação" não é felicidade. É agitação. Para um ser humano, a felicidade é contentamento e um fluxo natural de alegria movimentando-se livremente através de seu "ser" e rumo ao mundo exterior. Isso é felicidade. Não é "agitação".

A segunda lição fatal nessa cena típica entre pais e filhos foi a de que os sentimentos, na vida, devem vir de fora do seu *self*. E, no momento em que acredita que os sentimentos devem surgir de fora de você, o que passa a fazer, pelo resto da vida? Busca algum tipo de estímulo, procura fora de você aquilo que pensa ser capaz de lhe proporcionar o sentimento de felicidade. A pessoa que está sempre em busca de estímulos está fadada à dependência e, posteriormente, ao vício. Isso explica por que a maioria de nós é viciada em algo, em alguém ou em algum lugar. É por isso que, no fundo, tantos levam aquilo que chamamos de "vida em silencioso desespero". É impossível encontrar a paz, o amor e a felicidade verdadeiros fora do *self*. Contudo, praticamente todo o nosso sistema de crenças se baseia nessa ilusão.

Mas agora você sabe (pelo menos teoricamente) que esses são estados naturais do ser. São a sua natureza. A um segundo de distância e a uma distância zero.

OS ESTADOS DO SER

Aí está, portanto. As emoções sempre nascem do ego. Surgem como resultado do apego e da identificação com algo que não é você. Quando algo "acontece com" aquilo a que você se apegou e com que se identificou, a

---

[18]No original: *exciting*. O termo, que será retomado adiante, também tem as acepções de estimulante, entusiasmante, excitante, de algo que provoca *agitação*. (N. T.)

sensação é que isso está acontecendo a você. Mas não está. A emoção é o preço que você paga hoje pelos apegos do passado. As emoções obscurecem e criam confusão. Sempre que você "reage" a algo ou a alguém, isso significa que a emoção está presente. Significa que você perdeu o controle, perdeu o domínio sobre a própria energia, e a emoção (criada por você) assume o comando, controlando você até que ela comece a ceder.

Por outro lado, o amor, a paz e a felicidade não são emoções no sentido em que definimos emoção aqui. Trata-se de estados do ser, bastante reais e dinâmicos. Não são "agitações" ou estímulos. São, por natureza, aquilo que você é. São aquilo que você é capaz de transmitir, mas apenas quando está livre do apego. São os seus estados naturais, que trazem, então, informações a respeito de suas intenções, pensamentos e ações, mas somente quando não comete o erro de identificar-se com algo que não é você, somente quando está livre do desejo de obter algo em troca.

A paz é o que você é, por natureza; o amor é o que é irradiado naturalmente a partir de você, e a felicidade, na forma de alegria, é o que sente quando nenhum tipo de apego bloqueia ou corrompe a sua natureza radiante. Esses são os elementos ou estados centrais de VOCÊ, e jamais poderão ser tirados de você. É você quem decide que tipo de estado vai criar, em qual estará, mas você sabota tal escolha por meio do "apego". Com isso, distorce sua energia, você, por meio de emoções como o medo, a raiva e a tristeza, em suas variadas formas e facetas.

É por isso que a paz, o amor e a felicidade são chamados, às vezes, de "herança" sua. Mas, na verdade, você não os herda, pois não pode herdar aquilo que já está em você. Se lembrar-se, simplesmente, de quem e do que você é, se parar de identificar-se com coisas que não são você, será naturalmente capaz de criar e de sentir esses estados de novo. Estará livre para escolher plenamente os seus sentimentos, uma vez mais.

Repare que, quando você está em paz, não fica agitado e não há qualquer emoção. Quando está em paz, dentro de sua paz, você "sente" a paz. Observe que, quando você é amor, quando partilha o seu *self* sem desejar nada em troca, não há agitação, não há emoções, apenas o movimento sereno da intenção rumo à ação de doar, livre de expectativas (apego). E, quando você doa com amor, sente o amor, sente-se amoroso. Repare que, quando está autenticamente feliz, fica contente e sorri com uma alegria silenciosa. Sua energia de vida, que é você, está fluindo na direção do mundo ao seu redor, sem que haja estímulos ou agitação; não há emoção. E, ao irradiar sua versão pessoal de contentamento e de alegria, observe o que sente. Sente-se contente e repleto de alegria. Nenhuma agitação. Nenhuma emoção.

Porém, a impressão é que há muito tempo não deixamos de sentir emoções; faz tanto tempo que nos viciamos com nossa agitação que fica difícil imaginar – que dirá sentir – que a vida sem emoções é mais natural e verdadeira do que a vida como uma montanha-russa emocional.

SENTIR AS EMOÇÕES

Vamos finalmente juntar, portanto, as emoções e os sentimentos, pois você, de fato, "sente" as emoções. Você risca meu carro, e eu sinto raiva (ainda não li este livro!). Há um momento, durante meu estado de raiva, em que me viro para você e digo: "Estou com raiva".

Nesse momento, começo a separar o meu *self* da raiva que criei. Nesse momento, é como se eu estivesse dizendo que existe o "eu" e existe a "raiva", e estou sentindo, tocando, percebendo a raiva "aqui dentro", em mim. Com efeito, estou me distanciando da emoção que criei e agora conscientemente percebendo e sentindo a raiva. Se continuar me distanciando, sem evitar ou sufocar esse sentimento, mas apenas me afastar e reconhecer que existe o "eu" e existe a raiva que "sinto", a raiva vai se dissipar e desaparecer. Todas as emoções desaparecem quando observadas. Isso porque a emoção é, essencialmente, uma ilusão. Não é real.

Como é que a emoção pode ser uma ilusão quando parece tão real? Lembre-se de que a emoção nasce do EGO, sempre. E o ego é o apego e a identificação com algo que não é o verdadeiro eu. Assim, o ego é o "espaço da ilusão", a fonte de uma identidade que não é real, não é verdadeira. Portanto, o produto do ego, a sua cria, ou seja, a emoção, não é real. Enquanto você continuar a identificar-se com o que não é você, a emoção lhe parecerá real. Porém, tão logo conseguir se distanciar da emoção e simplesmente olhar para ela, observá-la internamente, é como se estivesse voltando àquilo que é real dentro de você, àquilo que é o verdadeiro "você", uma fonte de amor, uma fonte de paz, uma fonte de alegria. É como se estivesse retornando ao centro onde sempre encontra paz e poder. Quando estiver nesse estado verdadeiro, a ilusão desaparecerá, e é por isso que as emoções desaparecem.

Na próxima vez em que estiver dirigindo de volta para casa e houver muita neblina na estrada, tente colocar as mãos num punhado de neblina. Não conseguirá, ela não está lá. Parece que há algo ali, até que tente pegar. O mesmo ocorre com as emoções. Elas são um fantasma que, em última instância, não tem nenhum poder sobre você, mas isso só é possível quando as vê como um fantasma, como uma névoa pairando na paisagem de sua consciência. Mas, para fazer isso, é necessário ser o seu *self*, seu verdadeiro *self*, e dar um fim a todo tipo de apego e de identificação equivocada.

AS EMOÇÕES DESTROEM A CAPACIDADE DE SENTIR

Se colocar uma quantidade excessiva de pimenta na comida, durante um longo período de tempo, provocará uma diminuição em sua capacidade de sentir o gosto dos alimentos. Se ingerir uma quantidade excessiva de álcool ou de drogas viciantes, com o tempo, sua capacidade de controlar os próprios pensamentos será sabotada. Um excesso de perturbações emocionais, com o tempo, fará diminuir drasticamente sua capacidade de sentir.

Imagine-se rodeado por um grupo de amigos, em casa, ou de colegas, no local de trabalho. No meio da conversa, alguém faz um comentário que provoca em você uma reação emocional. Você se zanga e sente raiva. Sente-se agitado. Está passando pela experiência de uma turbulência/agitação emocional interna. Tudo o que consegue sentir é a própria agitação.

A conversa prossegue, mas você não é capaz de alterar seus sentimentos. Tudo o que é capaz de sentir é uma turbulência emocional. Quando um dos amigos fala da perda de um membro da própria família, você não consegue criar e sentir empatia. Está tomado pela agitação, pela raiva. Se outra pessoa confessa ter cometido um erro enorme, que afetou o trabalho de todo o grupo, você é incapaz de criar, sentir e conceder o perdão. A raiva ainda está viva em sua consciência, e continua distraindo você, distorcendo sua energia. Ela absorveu praticamente toda a sua atenção. Quando uma terceira pessoa descreve a dor incrível que está sentindo, depois da queda que acaba de sofrer, você não consegue criar, sentir e mostrar compaixão. E se alguém comunica ao grupo o nascimento do filho, você é incapaz de criar, sentir e partilhar um sentimento de felicidade.

Por quê? Porque está totalmente enredado na tempestade interna de sua perturbação emocional. Isso é tudo o que você é capaz de "sentir" até que a tempestade emocional passe. Quando você é tomado pela emoção, TUDO o que consegue "sentir" é essa emoção. Não que esteja escolhendo agir de modo "emocional", a emoção simplesmente governa a sua consciência naquele momento, até que comece a ceder. A causa disso, como já vimos, é sempre uma imagem à qual você está apegado e com a qual se identifica em sua mente.

A seguir, o que pode acontecer é que, em vez de distanciar-se e apenas observar a emoção que está "sentindo" e, desse modo, debilitá-la, em vez de assumir a responsabilidade por sua criação e, com isso, resolvê-la, você tenta sufocá-la. Por quê? Porque deseja fazer com que sua plena atenção retorne para o grupo, quer relacionar-se com ele e ser capaz de responder adequadamente. Então, sufoca a emoção. Ela é, assim, armazenada no subconsciente.

Com o passar do tempo, as emoções repetidamente sufocadas começam a se amontoar nas prateleiras internas do subconsciente até que um dia você tem uma explosão emocional, que aos olhos dos outros não tem nenhuma explicação lógica, e começa a se perguntar o que há de errado com você. Ou então se vê participando de uma terapia de grupo ou de um grupo de debates em meio a um *workshop* e começa a partilhar as emoções que sentiu em tais situações. E, à medida que fala, sente ressurgirem essas emoções, uma vez mais. Começa a dar vazão àquilo que foi armazenado no estoque. Permite que isso aflore e seja despejado. Você desabafa. Então, quando chega ao final, as pessoas do grupo dizem: "Obrigado por compartilhar conosco, você falou do fundo do coração", um comentário que parece confirmar que foi bom ter sido tomado pelas emoções, o que se transforma, a seguir, em "é bom ter emoções", que se transforma em "a emoção é normal", é saudável. Quando, na verdade, o oposto é que é verdadeiro. Ela é o indicador de algo anormal, não natural e nada saudável. Não é uma coisa ruim, mas simplesmente um sinal de que você não está pensando, sentindo e agindo em sintonia com o verdadeiro "você".

É o sinal de que o ego assumiu o comando e tem o controle, agora. Não foi o coração que falou, mas o ego que despejou a si próprio. Porém, você sai da terapia de grupo acreditando que fez a coisa certa, "sente-se" curado, mas muito provavelmente descobrirá que isso só foi um alívio temporário, quando tirou a pressão subconsciente de cima das emoções que havia acumulado. Foi uma catarse.

Em vez de fazer a ligação entre a emoção e sua causa original, transformando-a, e com isso trazer a energia do *self* de volta ao seu estado natural, tendemos a expressá-la ou então sufocá-la. Em ambos os casos, a emoção fica registrada, transforma-se numa ficha no arquivo da memória, que será retirada dali no futuro sem que haja uma boa razão para isso, provocando a recriação da emoção registrada no momento em que ela vem novamente à tona.

A expressão ou o sufocamento da emoção torna-se, assim, parte integrante (hábito) do "manto de muitas cores" conhecido como personalidade. E, como lhe foi ensinado que você é a sua personalidade, você passa a identificar o seu *self* com suas criações emocionais, que são, na verdade, criações equivocadas. O ciclo então se fecha. Você fica encurralado. O ego usa agora a própria criação a fim de buscar uma nova identidade falsa.

Ao reconhecer o ego como a fonte das emoções, você começará a perceber também toda a gama de emoções que cria. Essa "percepção" e a capacidade crescente de identificar as emoções são essenciais no restabelecimento do controle sobre o *self*. Com a prática, você começará a examinar seu *self* antes de se apegar, e com isso optará conscientemente pela não criação das emoções, por não senti-las. Poderá então reduzir os vícios emocionais, nos quais se transformam quase todas as emoções. Eis o porquê.

O CICLO DAS EMOÇÕES É O CICLO DO SOFRIMENTO

Basicamente, existem três categorias de emoção, ou seja, três tipos de agitação, três tipos de perturbação que você cria e sente ao se identificar com algo que não é você. São eles: a tristeza, a raiva e o medo, e todos operam numa harmonia circular perfeita.

Por que você cria e sente **tristeza**? Isso ocorre porque você acredita ter perdido algo. A tristeza sempre resulta de uma sensação de perda.

Se, com o tempo, você "acredita" que teve muitas perdas, criando assim vários momentos de tristeza, a depressão aparece. Você já reparou que, ao criar a tristeza, esse sentimento não se prolonga (a menos que haja uma depressão)? Ele passa, como acontece com todo tipo de emoção. Contudo, quando a tristeza se vai, transforma-se em **raiva**, à medida que você busca culpar alguém ou algo por sua perda, por seu sofrimento, pela dor emocional. Portanto, procura alguém ou algo em que possa projetar sua dor. Começa a jogar o "jogo de culpar alguém". Porém, a raiva também passa. Tente ficar zangado e permanecer zangado. É impossível. Em pouco tempo, você começará a rir com o ridículo da situação ou então se cansará disso.

Assim que a raiva desaparece, transforma-se em **medo**. Você cria o temor de que isso aconteça novamente, de que passe outra vez pela experiência da perda. Nasce uma nova preocupação. Preocupação é medo. E adivinhe o que acontece se você criar o pensamento de que haverá uma perda? Isso acontecerá, como de fato ocorre num mundo em que aprendemos a nos apegar às coisas que, inevitavelmente, vêm e vão. Quando isso de fato ocorre, você cria e sente tristeza. A tristeza se transforma em raiva, a raiva em medo, e assim por diante.

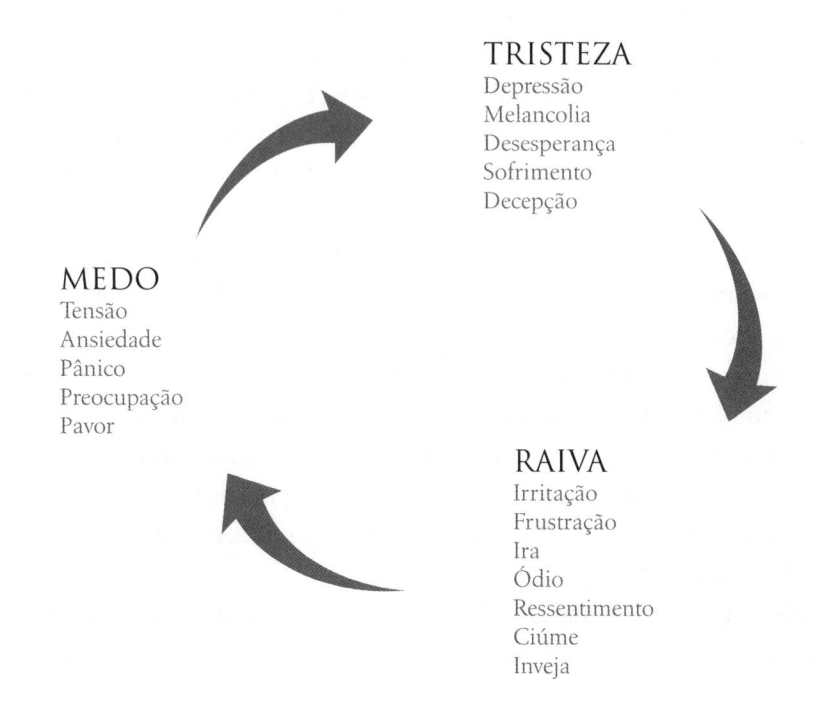

TRISTEZA
Depressão
Melancolia
Desesperança
Sofrimento
Decepção

MEDO
Tensão
Ansiedade
Pânico
Preocupação
Pavor

RAIVA
Irritação
Frustração
Ira
Ódio
Ressentimento
Ciúme
Inveja

Esse não é apenas o ciclo das emoções, mas o ciclo do sofrimento. Contudo, o sistema educacional o ensina, os governos o sustentam, as economias dependem dele, as empresas lucram com ele, e a indústria do entretenimento não existiria se não estivéssemos viciados em nossas criações emocionais. Você pode enxergar isso praticamente como uma conspiração para nos manter cercados pelo sofrimento emocional. O fato é que as pessoas que conspiram estão criando e vivendo no mesmo ciclo! Sim, talvez haja interlúdios de paz verdadeira, de amor verdadeiro e de felicidade verdadeira. Porém, serão muito breves, simplesmente porque a cultura do mundo foi "construída" de modo a nos manter presos a esse ciclo de emoções, levando-nos a crer que é assim que se vive.

Todas as "emoções" se encaixam em uma das três categorias de emoção ou numa combinação de duas ou três. A única forma de romper esse ciclo é perceber que você nada tem a perder, ou seja, que jamais poderá possuir coisa alguma. O apego à crença de que você pode ser o proprietário das coisas causa sua tentativa de possuí-las, o que, por sua vez, provoca o apego e a identificação equivocada, que são a causa do sofrimento mental e emocional!

O rompimento com o ciclo do sofrimento só será possível se perceber que se encontra "no interior da verdade". Enquanto continuar pensando que não passa de um ser material e físico, e todos os outros rótulos associados a isso, sua realidade básica será o mundo material e físico ao seu redor. E isso estará acompanhado da crença de que você pode possuir parte dessa realidade material.

O alicerce da sociedade está construído sobre a crença na posse e na propriedade. Porém, no momento em que você conhece a si mesmo como um ser acima e além dessa realidade, uma entidade não física, espiritual porém consciente, passa a enxergar a realidade física como irreal ou como uma realidade secundária. Começa a perceber como é fácil dar ao mundo material o status de realidade "única". E também que essa é apenas uma miragem de objetos, cenas e imagens passageiros. Você se dá conta e se lembra daquilo que já sabia: todos *os acontecimentos, cenas e coisas* são passageiros.

Nessa realidade material inferior, nada jamais permanece o mesmo. Tudo muda. Porém, na realidade de sua consciência, que é você, você está ciente de que VOCÊ é o único elemento constante. O você "verdadeiro" nunca muda. Você se dá conta e se lembra de que "nessa realidade" é incapaz de apegar-se a qualquer coisa ou pessoa. A mão que pertence ao seu corpo pode segurar uma cadeira, mas VOCÊ, não. Você não é a sua mão, assim como não é o martelo que sua mão pode segurar.

Ao acreditar que essa realidade material é a única realidade, você passa a buscar o amor na vida, no mundo externo. Procura a paz na vida, a felicidade na vida, no mundo. E, como já sabe, quando parece encontrar e sentir, nesse mundo material, algo parecido com a paz, algo parecido com a felicidade, nenhum dos dois subsiste. Ambos desaparecem no nada, pois isso não é real, trata-se apenas de uma cena passageira, de um estímulo temporário, uma sensação fugidia, uma agitação momentânea. Como também já sabe, pelo menos teoricamente, se adentrar sua consciência, seu "espaço interior", sem se agarrar a nada, sem se apegar a nenhuma ideia, imagem ou lembrança, encontrará uma fonte duradoura de paz e uma intenção pura e natural de partilhar o seu *self* e de conectar-se com os outros: o amor.

Um contentamento inabalável estará sempre presente quando você estiver plenamente presente no seu *self* e para ele. Estar presente significa libertar-se da raiva (o passado) e do medo (em relação ao futuro). Quando estiver plenamente presente, perceberá e sentirá a realidade da "presença do contentamento". Com isso, aos poucos eliminará a necessidade de estímulos físicos, o que, por sua vez, eliminará seu grande desejo de possuir, enfraquecendo com isso o hábito de apegar-se. Seus hábitos de criação da felicidade, da raiva e do medo vão desaparecer.

Assim que você percebe plenamente que é incapaz de possuir qualquer coisa, sabe também que não tem como perder algo. A perda será uma impossibilidade. A tristeza será uma impossibilidade. Você terá rompido com o ciclo. Será, então, livre. E só poderá ser feliz se estiver livre. Em última instância, isso redefine o conceito de liberdade: não é apenas a capacidade de viajar para onde quiser, comprar ou comer o que bem entender ou dizer o que desejar, onde e quando quiser. A verdadeira liberdade é um estado interior do ser, no qual não existe mais nenhum apego, nenhum desejo ardente ou dependência. A tristeza, a raiva e o medo não mais existem. Com essa liberdade surge um estado interior de contentamento e um senso de responsabilidade que compreende ajudar os outros a ser livres dentro de si mesmos.

PIEDADE[19] E EMPATIA

Piedade não é empatia, mas uma das confusões mais comuns na esfera da inteligência emocional. Ter piedade é sentir pena de alguém. É criar o sofrimento dentro de si como resposta à dor que se percebe no outro. É simplesmente mais um dos jogos do ego, pois o self "se identifica" com a situação e com as emoções do outro, criando, com isso, o mesmo sofrimento emocional. Sentir empatia, por outro lado, é ter sensibilidade diante dos sentimentos do outro (as emoções que estão criando e sentindo) sem criar as mesmas emoções dentro de si. Aprendemos que devemos criar o mesmo estado emocional do outro para poder compreendê-lo e ajudá-lo em meio à sua confusão emocional. Porém, isso é mais uma tolice, mais um mito, também sustentado, em grande medida, pela indústria do entretenimento. É semelhante a dizer que você precisa estar embriagado para saber que o outro está bêbado. Na verdade, é como dizer que você precisa estar bêbado para poder fazer com que alguém saia do estado de embriaguez. Você já presenciou dois bêbados tentando ajudar um ao outro? Somente quando todas as emoções estão ausentes do seu self você pode estar receptivo, ter clareza e sensibilidade suficientes para "sentir" as emoções que o outro está criando e sentindo dentro dele. Apenas nesse momento você poderá estender o seu self na forma de compreensão e de compaixão. Somente então poderá realmente cuidar do outro. E tanto a compaixão quanto o cuidado são o amor em ação. Você não poderá sentir empatia pelo outro se você mesmo estiver emocionalmente perturbado.

---

[19] No original: *"sympathy"*, palavra com várias nuances de sentido. Outras acepções: comiseração, solidariedade, apoio, compreensão, pena, compaixão, pêsames. (N. T.)

Transformar o amor em realidade

Agora você já sabe a diferença entre as emoções e os sentimentos! Sabe que a fonte do amor não está fora do *self*. Sabe que, não importa o que você fizer, doar ou até mesmo receber com amor, sentirá primeiramente esse amor num movimento de "dentro para fora". Porém, como se pode "fazer o amor"? Como é possível transformar o amor em realidade e, com isso, sentir o "verdadeiro amor"? Isso nos conduz à esfera dos valores.

Como um exercício simples, durante cursos e retiros sobre a inteligência emocional e espiritual, peço ao grupo que anote num papel as coisas que mais valoriza na vida. Pare um instante e faça sua própria lista. "Valor" significa, aqui, as coisas a que *você dedica maior cuidado* na vida.

A maioria dos grupos geralmente cria uma lista parecida com a seguinte:

Seus valores (aquilo a que você dedica maior cuidado)

Casa	Família	Saúde	Confiança
Integridade	Paz	Liberdade	Alegria
Respeito	Honestidade	Felicidade	Seu cão/gato
Amor	Contentamento	Amigos	Compaixão

Se você escreveu sua lista numa folha à parte, acrescente a ela algum dos itens acima que porventura não tenha incluído. Reserve um instante para refletir sobre qual deles é o seu "valor mais profundo". A qual você dedica o maior cuidado? A maioria das pessoas normalmente escolhe um destes três: família, amigos ou saúde.

No entanto, a resposta é a mesma para nós todos, em toda parte e em todas as épocas. Por que você sai para trabalhar? Porque precisa trocar sua energia pelo dinheiro. Por que precisa do dinheiro? Para colocar comida na mesa, ter um teto e pôr combustível no carro. Mas por que deseja ter uma casa maior, férias melhores ou um carro melhor? Porque "acredita" que, quando tiver essas coisas, será FELIZ.

Tudo o que o ser humano faz é motivado pela busca da felicidade, ainda que ele saiba que essa poderá ser apenas temporária. Na verdade, toda pessoa é motivada por três coisas ao longo da vida. Em todos os momentos, a busca por essas três coisas (que certamente não são coisas) motiva você naquilo que faz. Você busca o **amor** nos relacionamentos, **paz** no coração e **felicidade** na vida. Por que deseja ter uma boa **família** e bons **amigos**? Porque assim terá muito **amor** e será **feliz**. Por que deseja ter uma boa **saúde**? Porque então estará em **paz** consigo mesmo e, assim, será **feliz**. Por que o pior criminoso deseja que seu inimigo esteja "fora do caminho"? Porque acredita que com isso será feliz. É óbvio que esse não é o tipo certo de felicidade! Ainda assim, é a sua motivação.

Independentemente do que você esteja fazendo, de aonde vá, do que deseje, está sempre buscando amor, paz e felicidade, de alguma maneira. A próxima pergunta: o que esses três "valores centrais" têm em comum? Todos têm quatro aspectos em comum, que se iniciam com os prefixos IM/IN: são INternos, INvisíveis, IMpalpáveis e INaudíveis. Em outras palavras, eles são "não físicos". Você não pode cortar, comer, queimar, sufocar, apalpar ou enxergar tais valores. Então, onde estão eles? Estão dentro de você, dentro do "eu" que diz "eu sou". Estão no interior de cada um de nós. É possível provar isso para si mesmo. Pelo menos uma vez ao ano, você compra um presente para um amigo ou para um de seus pais. No momento em que dá o presente, diz: "De mim para você, com AMOR". Onde estava esse amor? Na loja? No presente? No papel de embrulho? Não! Ele nasceu de dentro de VOCÊ. Significa que já estava lá dentro.

Significa que não pode jamais deixar de estar ali. Portanto, por que você passa a vida inteira indo "lá fora", para fora do seu *self*, buscando algo que já está dentro de você? Esse é o paradoxo do mundo contemporâneo.

As coisas que buscamos já estão em nós. Mas talvez você esteja pensando: "Espere um pouco. Façamos aqui um confronto com a realidade. Se o amor, a paz e a felicidade já estão sempre dentro de mim, por que não os sinto o tempo todo?". Talvez pelo fato de ter aprendido a "acreditar" que, para sentir essas coisas, precisa ir buscar algo, ser algo ou encontrar alguém. Mas, na verdade, a única maneira de sentir essas coisas é "dando" alguma coisa, pois, quando você dá algo com amor, quem é que sente primeiro esse amor? Você mesmo! Mas não me interprete mal: não estou sugerindo que vá para o escritório amanhã e saia dizendo "Eu te amo" para todos ao redor. Bem, pode fazer isso, se quiser, mas eu não recomendaria (se fizer, conte-me como foi!). Porém, que aparência tem a energia do amor, quando posta em ação? Que tipos de comportamento são motivados, moldados e estimulados pelo amor? Reserve um momento para compor uma lista, numa folha à parte, a qual, provavelmente, será parecida com a seguinte.

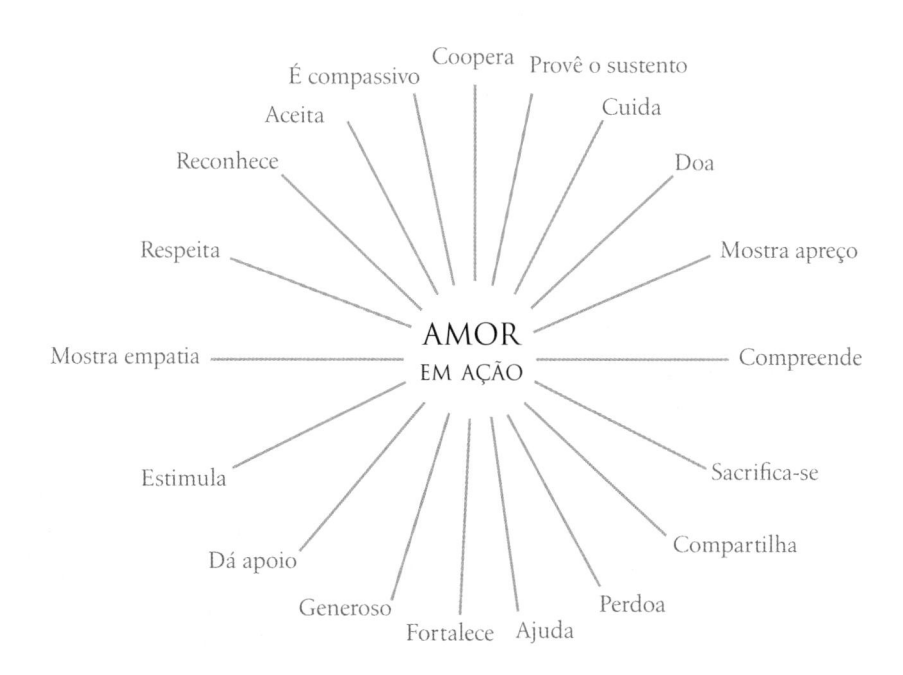

Pense por um instante no seu local de trabalho. Desconsidere as políticas internas e os procedimentos, as regras e as normas, os produtos e os serviços. O que sobra? As pessoas. Os relacionamentos. Na verdade, o que você faz todos os dias não é simplesmente ir para o trabalho. Você se junta a uma comunidade de relacionamentos. Interage com uma porção de pessoas. Um dia, ao chegar ao trabalho, percebe que Henrique está de baixo-astral. E você sabe por quê: ele lhe disse, ontem, que perdeu alguém da família. Assim, sente **empatia** por ele e o **apoia** para enfrentar a tristeza. Você transforma a própria energia do *self* em empatia, senta-se, ouve Henrique e o apoia, até ele ser capaz de sair desse estado. Enquanto isso, Helena acaba de ter um bate-boca com o chefe e está se sentindo rejeitada. Então, que resposta você dá a essa situação? Você a **estimula** e lhe **dá forças** para que restabeleça a autoestima. Magda, por outro lado, sente-se confusa. Não consegue ter clareza a respeito de algumas ideias sobre as quais tem trabalhado. Assim, você se senta ao lado dela, dedica seu tempo para **cooperar** com ela e **ajudá-la** a **criar** e a **esclarecer** suas ideias.

Assim, ao ir para o trabalho e encontrar-se com os colegas, percebe o que eles estão sentindo (em geral, seu estado emocional) e, com isso, o que eles "necessitam". Então, usando a energia (amor) que já tem dentro de você, a energia que você é, você atende a essa necessidade. E, ao fazê-lo, quem é que sente isso, antes de todos? Você mesmo. Eles talvez digam "obrigado". Não que queira ou precise ouvir deles essa palavra, mas, caso lhe agradeçam, você aceita a gratidão e, nesse momento, reafirma seu próprio valor. Se o "obrigado" não é dito, não há problema, pois não precisa obter algo que já tem.

Pegue, agora uma folha em branco e faça três colunas. Na primeira, escreva o nome de cinco colegas de trabalho. Cinco pessoas quaisquer. Na segunda, identifique o valor que considera fundamental ter para atender às necessidades dessa pessoa. Na terceira coluna, descreva o comportamento que pode atribuir esse valor a essas pessoas.

O valor central é o Amor (ver diagrama na página anterior), que é VOCÊ. A seguir, todos os valores secundários que nascem do amor serão os que você verá ao redor dele. Essas são algumas das facetas e formas que você é capaz de dar àquilo que é. A terceira coluna corresponde ao seu comportamento, a maneira como você expressa ou doa esse valor, como incorpora esse valor. O que faria, de que modo "doaria" esse valor caso alguém estivesse observando você? Por exemplo:

José
Está se esforçando para terminar um relatório até sexta-feira, o prazo final. Portanto, o **valor** aqui é o **apoio**.
E o **comportamento** é: Amanhã, até a hora do almoço, reservarei 45 minutos e farei a parte das "estatísticas difíceis" para José.

Maria
Está deprimida.
Portanto, o **valor** é a **empatia**.
O **comportamento** é: Amanhã de manhã, às 9 horas, sairei com ela para um café e ouvirei suas histórias para tentar compreender por que se sente deprimida. Ao fazer isso, posso ajudá-la a sair desse estado emocional.

A essa altura, você talvez pergunte: "Bem, por que devo ser aquele que sempre doa, doa, doa? Eles não devem me dar nada em troca? Eles não vão se aproveitar de mim, já que estou sempre doando? Além disso, isso tudo é cansativo".

As suas ações nascem daquilo que é verdadeiro dentro de você, a partir da energia do seu coração. Você está usando a energia do seu coração, que é o amor, e, à medida que a usa, que a partilha, não importa de que maneira, você é a primeira pessoa a senti-la e a sentir-se fortalecido com ela. Isso não funcionará se: a) houver algum tipo de ressentimento por trás de sua doação; ou b) você estiver querendo obter algo em troca. Ao desejar algo em troca, você destrói seu poder. Na verdade, não está doando, de fato, mas tirando, pois aqui sua expectativa se faz presente. E é por isso que talvez você tenha a sensação de ser um processo cansativo. No momento em que deseja ter algo de volta para si, sua energia fica paralisada, sem fluir, e é isso que o deixa cansado, não o fato de estar sempre doando e eles sempre recebendo. O que rouba sua energia são as ideias que envolvem um julgamento sutil e o ressentimento quando as suas expectativas não são atendidas. Então, você os culpa e, ao criar mais ressentimento, piora ainda mais as coisas.

Você esqueceu que somente o ego tem expectativas. O amor não tem nenhuma. Apenas o ego culpa o outro e alimenta o ressentimento. O amor sempre aceita o outro da maneira que ele é; mesmo que ele se recuse a aceitar o seu cuidado, não há problema, essa é a escolha dele. Mas a atitude de recusar hoje o amor que é oferecido como cuidado, como empatia, como ajuda poderá se transformar em aceitação amanhã. É por isso que se diz que "a paciência infinita cria resultados instantâneos".

Quando você se livra da necessidade de obter algo em troca, quando não se ocupa com as expectativas em relação ao outro, se ele de fato tentar se aproveitar de sua generosidade, você perceberá isso, mas não ficará ressentido. Tudo o que tem a fazer é ser assertivo e perceber que doou o suficiente, de modo a não permitir que ele se torne dependente de você. Esse tipo de sensibilidade só surge com a experiência, assim como a sua libertação da dependência de que ele fique dependente de você!

Aí está, portanto. Sua escolha é clara. Você pode viver a partir de suas **crenças** assimiladas ou a partir de seus **valores** inatos. Pode permitir que seus pensamentos, atitudes e comportamentos sejam moldados pelos sistemas de crenças que você assimilou, ou pode ter acesso àquilo que mais dá valor, que já se encontra no centro do seu coração, e permitir que isso determine a maneira como responde às pessoas, particularmente, e à vida de maneira geral. Trata-se de uma escolha clara que não parece ser, de fato, uma escolha, quando o ego está em ação. Tal escolha passará a ser desnecessária no instante em que os seus valores – cujo retorno era tão esperado – voltarem à sua vida.

ALÉM DAS CRENÇAS

Pode parecer fácil, mas o apego a essas crenças é profundo. Seu ego "cavou profundamente" dentro do subconsciente. O apego a muitas dessas crenças está fora dos limites da consciência que você tem do dia a dia e de cada momento. Seu ego resistirá bravamente às tentativas de "transcender as crenças" e ter acesso aos seus valores. Um dos sinais dessa resistência é o seguinte pensamento: "Mas eu não posso simplesmente agir de modo altruísta e amoroso em relação a todos, isso é maluquice!".

É necessário um trabalho interior de "atenção" e de "consciência" para perceber as crenças que você usa para sabotar o *self*. Quando fizer isso, começará também a perceber como usa as crenças para bloquear seus valores, e isso o ajudará a reconhecer como os outros usam as próprias crenças para sabotar os próprios valores. Se, por exemplo, aprendeu a **acreditar** que a competição é algo bom e necessário, isso sabotará seu valor e sua capacidade de oferecer cooperação. Significa que ainda não se deu conta de que a competição gera o medo, ao passo que a cooperação é uma expressão do amor. A competição é impulsionada pelo ego e, por isso, vai contra a natureza do autêntico *self*. Se **acredita** que não há problema algum em sentir raiva, e a considera útil em algumas situações, notará que isso sabotará seu valor e sua capacidade de mostrar empatia em relação ao outro – você será incapaz de ter empatia por uma pessoa se estiver zangado com os erros dela.

Se **acredita** que a vida é, basicamente, a sobrevivência dos mais fortes, essa crença sabotará o seu "valor de doação" e a sua capacidade de servir aos outros. Nos momentos de grande dificuldade, você atenderá às próprias necessidades antes de servir aos outros. Somente quando perceber como as crenças sufocam os valores poderá corrigi-las de modo consciente, abandoná-las, eliminá-las ou mudá-las. Ou então poderá seguir diretamente rumo ao centro do seu *self*, onde sempre encontrará o poder da energia que chamamos de amor, e achar uma saída, em meio ao emaranhado de suas crenças, na direção do mundo de seus comportamentos. À medida que o amor é demonstrado, por meio do cuidado, da compaixão e da cooperação, centenas de crenças assimiladas, tais como "eu, primeiro", "eles não estão com a razão" e "a vida é somente para os vencedores e os perdedores", começarão a se atrofiar.

Uma vez mais, alguma forma de meditação e de autorreflexão será necessária. Somente assim você perceberá a verdade sobre todas as crenças, que, como já vimos, se encontra no próprio interior da palavra "crença". Crenças são mentiras[20]. São aquilo que criamos e a que nos apegamos quando perdemos a consciência do que é verdade. À medida que você se dá conta de que as crenças são essencialmente ilusões, elas entram em colapso, revelando um sentido inato daquilo que é verdade. Você já sabe o que é verdade. As crenças assimiladas é que atrapalham nosso caminho em direção a ela.

---

[20] No original: *"BeLIEfs are lies"*, um jogo de palavras com o termo "lie", mentira. (N. T.)

Por essa razão, nem sequer a "crença em si mesmo" poderá ser útil, a longo prazo. É verdade que ela aparentemente lhe oferece uma injeção de "autoconfiança". Estimula-o com a manifestação da "capacidade de realização" que existe em você. Porém, a longo prazo, isso esgotará a sua energia, e a dúvida que existe por detrás do apego a qualquer "crença em si mesmo" terá a oportunidade de vir à tona (se isso não ocorrer, é provável que ela o parta em pedaços, internamente). É muito melhor conhecer o poder da verdade e permitir que ele constitua as bases da sua vida. Quando você CONHECE o que é, ou seja, uma fonte de paz, fonte de amor, de pura alegria, não há necessidade de acreditar nisso. Você não precisa buscar tais estados nem conquistá-los. Não tem necessidade de impor ao seu *self* um sistema de crenças sobre si mesmo. Não precisa associar o seu *self* a uma imagem de si mesmo que esteja baseada numa crença – o que acaba se transformando, claro, em outra forma de ego. Quando você "conhece" a verdade sobre si mesmo, e vive tal verdade, a crença em si mesmo não é mais necessária. Você não precisa mais desperdiçar seu tempo e energia afirmando e sustentando uma série de crenças sobre o seu *self*. O "poder da crença" é um poder frágil comparado ao poder da verdade.

Porém, nós realmente assimilamos muitas crenças e nos agarramos a elas. E não percebemos como podem ser debilitadoras na vida cotidiana. Isso quer dizer que em geral não contestamos nosso sistema de crenças. Tomemos dois exemplos. Três das crenças mais comuns hoje em dia estão no cerne da nossa cultura. Podem ser encontradas em praticamente todas as sociedades. Mas não são verdadeiras.

Crença comum 1: a felicidade verdadeira pode ser comprada

Para muitas pessoas, isso obviamente não é verdade. A felicidade resultante de qualquer compra sempre desaparece, deixando atrás de si um enorme desejo de obter mais. E esse desejo ardente não é felicidade, mas descontentamento. Contudo, mesmo quando parecemos estar cientes disso, ainda assim agimos como se precisássemos comprar nossa felicidade. Essa crença é tão forte e tão enraizada que ficamos totalmente cegos à realidade de que nosso extremo desejo pela próxima compra é sinônimo de infelicidade.

Crença comum 2: o sucesso é sinônimo de conquistas

Para muitos, essa crença ainda é verdadeira, mas, para um número cada vez maior de pessoas, é uma ilusão muito clara. Tal crença nos mantém presos a um processo de empenho e esforços intensos, sempre olhando para o futuro e buscando alguma conquista, o que nos mantém insatisfeitos no presente. O sucesso não é o resultado de esforços intensos ou da insatisfação. Está mais relacionado à capacidade de estar contente consigo mesmo no presente, a cada momento, e, mesmo assim, fazer a coisa certa, da maneira certa e com a intenção certa.

Crença comum 3: os outros fazem com que você se sinta do modo como se sente

Sim, aqui está ela, novamente. Mas isso é uma ilusão, e, até que você reconheça isso plenamente, verá a si mesmo como uma eterna vítima e nunca perceberá que é você mesmo que o leva a sentir-se de determinada maneira e que tem o poder de escolher os próprios sentimentos, em todas as situações e em todos os momentos. Essa é uma verdade fortalecedora. Mas lembre-se: não acredite em mim. Descubra isso por si mesmo.

É relativamente fácil identificar a falsidade dessas crenças, mas o apego (e a identificação) a elas é tão profundo que o ego resistirá no momento em que você tentar abandoná-las para viver de um modo diferente, mais verdadeiro. Na verdade, ao fazer esse tipo de esforço internamente, talvez tenha a sensação de que está morrendo um pouco. E o ego encontrará formas astutas de resistir, de continuar vivo. Ele apresentará pensamentos do tipo "Bom, não estou bem certo, talvez não haja problema em competir um pouco... talvez a segurança dependa somente do dinheiro... ora, ficar zangado é simplesmente humano!".

Como vimos anteriormente, a crença mais comum pela qual definimos a nós mesmos é "eu sou este corpo". Abandonar essa crença sozinho pode dar a sensação de que se está morrendo em vida. A crença de que "sou a forma que ocupo neste momento" dá lugar à de que a morte é inevitável. Essa é a crença à qual temos mais apego e em torno da qual criamos mais medo. Mas você realmente morre? Você terá um fim? A maioria provavelmente dirá "sim, claro". Uma pequena minoria afirmará que apenas o corpo morre, mas o *self*, enquanto alma ou espírito, continua vivo. Outros dirão que é impossível saber. E haverá, ainda, aqueles que afirmam saber que não morrerão, por já terem tido uma "insperiência" de sua imortalidade, de sua infinitude, de sua eternidade. Na ausência de tal "insperiência", talvez a postura mais verdadeira seja dizer "Não sei". Ninguém pode me provar que isso é verdade, mas ninguém tampouco é capaz de provar que o *self* não existirá depois da morte do corpo.

Entretanto, o que você de fato sabe, pela própria experiência, é que tudo vem e vai. Nada permanece. E sabe também que, quando se apega a algo que chega até você e você se apega a essa coisa, isso o torna infeliz. Talvez "infeliz" seja uma palavra forte demais. É possível que sinta um desconforto, no início. A seguir, insegurança. Depois, estresse. É por isso que o apego está na raiz de todo sofrimento. Quando você está apegado, e sofrendo, isso significa apenas que não está sendo o seu verdadeiro *self*, que não está vivendo uma vida verdadeira. Quando se apega a algo, é como se estivesse sufocando lentamente o seu *self* com... seus apegos. E, ao fazê-lo, o estresse de apegar-se e o temor da perda crescem gradativamente. É como se estivesse matando o seu *self* em vida, deixando, assim, de viver. É por isso que "morrer em vida" – que significa apenas abandonar conscientemente tudo aquilo a que você está apegado – é a maneira de viver... verdadeiramente! No momento em que abandona tudo a que está apegado e com que se identifica, você é capaz de "ser" o seu *self*.

Somente então a verdade poderá ser revelada, somente então o verdadeiro amor será revelado, pois todo o medo terá desaparecido. Todos os apegos com os quais envolveu e sufocou a luz do seu coração desaparecem. Só então estará totalmente livre. Só então poderá doar sem nenhuma condição. Só então poderá ser autenticamente feliz. Tudo isso talvez pareça fácil e cristalino quando colocado em palavras, mas é claro que a realidade de sua implementação na vida cotidiana é outra história. Daí a necessidade de que haja algum processo de contemplação ou meditação diariamente.

MAS QUANTO TEMPO ISSO VAI LEVAR?

Como você já deve ter notado, a transformação do ego (identificação equivocada) em consciência do autêntico *self*, a passagem do apego para o não apego, das reações "emocionais" para as respostas proporcionadas pelo "sentimento", das crenças aos valores, tudo isso é parte do que chamamos de "viagem espiritual".

Esse conceito de "viagem" é apenas um modo simplificado de descrever um processo de realização, de despertar. Na verdade, é uma viagem que não conduz a parte alguma! Você já chegou lá. Não pode estar em nenhuma outra parte a não ser na "casa" do seu coração. E o seu coração/centro é você. Na verdade, você nunca esteve longe de casa. Isso não passava de aparência. E a "aparência" não é algo real, mas algo que passa. Tudo o que já viu, tudo o que já sentiu, pensou, conheceu ou conhece, nessa aparente viagem... passa.

Portanto, aquele velho ditado, "tudo passa", é praticamente uma verdade literal! Comparado à realidade permanente do "você", tudo o mais é temporário e portanto irreal, ou, se preferir, menos "real". Você apenas comete um erro recorrente, que é tentar transformar o irreal em real. Tenta fazer com que o "menos real" seja real como você. Tenta interromper o fluxo e impedir a passagem das coisas que devem passar! Ao fazê-lo, continua perdendo o seu *self* "dentro" do irreal. Sim, o carro está ali, estacionado na rua, e você o guia. Mas este, assim como todas as outras "coisas", passará. Ele é real, mas não tão real quanto você. Porém, quando se apega a ele, quando se identifica com ele, está perdendo o seu *self* numa realidade de menor importância, numa realidade mental, já que o carro é apenas uma imagem da mente. E isso fará você sofrer. Se acha que não há problema em sofrer, a escolha é sua. Mas repare que uma das maneiras que encontra para aliviar o sofrimento é comprar um carro maior, mais vistoso, mais novo! Assim continua a espiral descendente, da realidade de quem você "realmente é" para aquilo que não é.

NO INÍCIO

É comum as pessoas se perguntarem como essa espiral começou. Como é que o espírito, o *self*, começou a se perder no mundo material? Sem precisar escrever um novo livro para responder, eis num único parágrafo (abaixo) o que deve ter acontecido. Tente identificar o processo por si mesmo. Veja se é capaz de intuí-lo.

Tudo começou na forma de um jogo da inocência, quando a sua inocência não conhecia nada além do jogo puro. Assim como uma criança, você não sabia nada sobre a vida; tudo o que fazia, então, era brincar com alegria. E, enquanto você e eu brincávamos juntos, nós criávamos juntos... um "jogo[21]". Conforme crescíamos juntos, começamos a dar o status de "realidade" à nossa criação e, gradativamente, isso pareceu tornar-se mais real do que nós próprios, os criadores. Até que, um dia, permitimos que o jogo nos vencesse. Perdemos nosso *self* "dentro" do jogo, e a inocência deixou de existir. Nosso espírito brincalhão foi substituído pela seriedade. À medida que nos apegamos e nos identificamos com o jogo que criamos em conjunto e com as coisas nele envolvidas (incluindo as lembranças de como o espírito brincalhão de ontem era bom, e como era melhor do que é hoje), permitimos o nascimento do ego e criamos o medo, que, na verdade, é uma criação equivocada.

A qualquer momento, você pode abandonar isso tudo e perceber por si próprio que tudo ao seu redor não passa de um "jogo (*play*)". Um jogo de luz e de energia, que nunca é estático, nunca é real, pelo menos muito menos real do que a realidade do "você", o "você" que pode ver, observar, testemunhar... o jogo. E, no instante em que vê, em que percebe que é você mesmo quem observa, aquele que não muda, aquele que desconhece a passagem do tempo, que desconhece o sofrimento ou a perda, não conhece o medo de sofrer nem o sofrimento que representa o medo, você está novamente em casa.

Trata-se de uma viagem de um segundo, e sem nenhuma distância. As palavras não poderão levá-lo a um lugar onde você já está e sempre esteve. Se pudessem, diriam algo como o seguinte.

Sente-se em silêncio
Simplesmente observe
Observe tudo
Permaneça imóvel
Fique em silêncio
Veja quem está vendo
Você é a pessoa que não pode ser observada
Não pode ser vista
E, no entanto, você vê

---

[21] No original, *"a play"*. Note que, neste parágrafo e nos seguintes, a palavra também pode ser entendida em duas outras acepções: "brincadeira" e "teatro". (N. T.)

Você é o observador
Invisível aos olhos do seu *self*
Repare... "Eu sou testemunha" de tudo, com exceção do meu *self*
E sei que somente "eu" sou real
Todo o restante sobe e desce, flui e reflui, surge e desaparece
Até o ponto em que até mesmo o "eu" se torna irreal
Uma ideia que também desaparece
E tudo é
E você está
Aqui

Consigo imaginar você dizendo "Mas e a conta de luz? E o preço das ações da minha empresa? E as refeições de meus filhos? E o estado atual do mundo? E a guerra que está acontecendo em...?".

Tudo isso é um teatro (*play*)! Trata-se apenas de um teatro de luz e de sons, de movimentos e mudanças, fluindo e refluindo, subindo e descendo. Se você parar e simplesmente assistir a ele, a qualquer cena desse teatro, local ou universal, em seu país ou no exterior, verá o surgimento das emoções moldando cada cena. É isso que cria o drama. Agora você sabe que todas as emoções nascem do ego, que representa o *self* se identificando com o que não é o *self* e sendo, portanto, irreal, uma ilusão. Dessa forma, o que está vendo "lá fora" é uma cena sendo representada diante de você, mas fundamentada na irrealidade, numa ilusão. Parece ser real, mas baseia-se, em grande medida, numa irrealidade, ou seja, no ego e nas emoções alheias. Não há problema algum, considerando que isso é exatamente o que deveria acontecer e, no momento em que enxergar essas coisas pelo que são e perceber que não há problema nisso, que tudo não passa de um teatro, estará em casa, dentro da realidade do "você". O fato é que continua desejando sair de casa, ir "lá fora" e interferir na montagem da peça, fazer reparos na cena, punir os personagens, deixar sua marca, ser reconhecido, sentir-se querido, obter aprovação... tudo isso no interior da "peça de teatro". Desse modo, seu ego renasce.

Não se trata, simplesmente, de ficar sentado observando, sem fazer nada, passivo. Uma das artes de viver é a espera paciente pelo convite à participação. A paciência é o amor em ação. Na vida, você sempre receberá um convite para participar. Fará, então, sua contribuição para a "peça", conforme o convite. Se estiver livre do ego. Se estiver em paz. Se estiver receptivo e sem apego, não haverá nenhuma emoção, apenas a luz do seu amor, a sua luz, fluindo de você na direção de qualquer "cena" da qual estiver participando. Isso é ser um "cocriador", e a frequência dos convites futuros dependerá da "qualidade" de sua contribuição. A paciência do amor é infinita. A paciência do medo é microscópica!

É por isso que convém manter na consciência uma pergunta sutil: "A minha contribuição tem origem no ego ou no autêntico *self*, o eu real, o verdadeiro eu? Nasce do amor ou do medo?". Quando pensa e age a partir do ego, apenas mantém a ilusão de que a "peça", a vida é um assunto sério, um negócio sério. Com isso, acrescenta ainda mais medo, raiva e tristeza ao teatro. Quando você pensa e age a partir do verdadeiro "você", traz amor, luz e poder para a peça. Isso, por sua vez, ajuda as pessoas a enxergar através de suas ilusões dentro do teatro e em relação a ele. Ajuda-as a se libertar das crenças que sustentam o hábito de "apegar-se" e, com isso, dos hábitos associados à infelicidade e ao estresse.

Só então a felicidade é possível.

A história de um passado futuro.

Mas lembre-se: é apenas uma história!

Parte TRÊS

UMA HISTÓRIA FELIZ

Era uma vez, num futuro não muito distante...

Você acorda de manhã e, como em qualquer outro dia, sai da cama e se arrasta meio relutante em direção ao banheiro. Uma rápida olhada no espelho é suficiente para despertá-lo completamente! Às vezes, o momento mais prazeroso do dia são aqueles dez minutos sob o chuveiro, enquanto você trava uma luta mental para aceitar: "Tudo bem, vamos lá para ganhar o pão nosso de cada dia".

Depois de se vestir com uma roupa "segura", o próximo destino é a cozinha, enquanto você se rende ao pensamento recorrente de que está preso à sua versão de "Dia da Marmota[22]". Como na maioria dos dias, você se movimenta na cozinha como se estivesse num salão de baile! Arrasta-se até a chaleira, faz uma pequena dança até a torradeira, dá um passo ágil até a pia, uma pirueta de volta à geladeira, um rápido foxtrote de volta à torradeira e desliza em direção à mesa. Pausa para o descanso. Com o olhar fixo na parede, leva a torrada à boca, para confirmar que "o programa" ainda está funcionando.

É quando a percepção o atinge, como uma tonelada de cereais. Você foi "levado na conversa". Deixou-se enganar pela maior das manobras, na maior brincadeira cósmica de todos os tempos. Comprou gato por lebre.

---

[22] *"Groundhog Day"*, frase comumente usada nos EUA como referência a uma situação desagradável que se repete continuamente. (N. T.)

Num milésimo de segundo, dá-se conta de que todas as promessas que lhe foram feitas foram descumpridas. Por quê? Porque todas elas tinham o mesmo alvo: a sua felicidade. E ninguém tem o direito de prometer a felicidade a alguém. Isso é impossível. Ela não pode ser entregue, nunca. De repente, você tem o *insight*. Céus, você compreendeu! Nenhuma promessa jamais poderia ser mantida. Mas você acreditou nisso. E como acreditou! HOJE sabe por que sua vida tem sido, e ainda é, cada vez mais permeada de momentos de infelicidade. HOJE você sabe por que vive em meio a um desespero silencioso, que aprendeu a disfarçar perfeitamente. HOJE sabe por que a felicidade é tão elusiva.

Você olha ao redor, na cozinha, e a sensação é que cada um dos objetos está gritando para que você ACORDE. Não de mais uma noite de sono agitado, mas do sonho em que sua vida se transformou. Cada um dos objetos assume, agora, um significado simbólico. O forno, esse equipamento multitarefa, em torno do qual a cozinha foi construída, representa a promessa feita por eles de que, quando você conseguir um bom emprego, uma boa posição social, quando desempenhar bem suas tarefas, tiver um grande reconhecimento, tiver "assado no forno" uma boa carreira, será feliz. Eles lhe prometeram que, se você se dedicar aos estudos e conquistar "aquele cargo", "chegará lá" e será feliz. Quando sua carreira tiver "assado" completamente no forno, poderá descansar contente sobre os louros conquistados. Porém, em vez de fazê-lo feliz, esse emprego, assim como o forno, é um espaço de calor e de pressão. Um lugar claustrofóbico com uma pequenina janela através da qual pode olhar quando está entediado. Foi uma promessa falsa, pois hoje você sabe que o trabalho jamais poderá lhe dar uma felicidade verdadeira e duradoura. Trata-se de "trabalho", pelo amor de Deus! Em que momento o trabalho já fez alguém se sentir... feliz?

A chaleira é a uma das melhores coisas que o dinheiro pode comprar. É uma chaleira de prestígio – até mesmo a marca dela é Prestígio[23]. "Eles" lhe prometeram que, no momento em que os outros o reconhecerem por suas conquistas, quando celebrarem e endossarem sua reputação, você terá conquistado o "prestígio", o reconhecimento que, segundo "eles", todos desejam muito e que lhe trará a felicidade. Porém, você sabe,

---

[23] Referência à empresa britânica Prestige, fabricante de chaleiras e utensílios de cozinha. (N. T.)

hoje, que isso não traz felicidade. Traz apenas a insegurança, que vem acompanhada da dependência dos outros para que você garanta a autoestima e o autorrespeito. Isso só cria pensamentos de preocupação em relação ao que os outros pensam a seu respeito. E isso não é felicidade, mas... preocupação.

Bem diante de você, sobre a mesa à qual vem se sentando nos últimos dez anos, está a torradeira, o mais rápido dos utensílios de cozinha. Ela o recorda do que foi dito por "eles": se você trabalhar mais, e mais rápido, merecerá a felicidade. Assim, você trabalhou mais, com uma dedicação que beirava os limites da obsessão, e como se sentiu com isso? Completamente esgotado.

E hoje, assim como num dia qualquer, junto à torradeira estão espalhadas "coisas". Objetos inúteis que nem sequer deveriam estar na cozinha. Mas "eles" lhe prometeram que, quando você tivesse todos os objetos necessários na vida, o carro reluzente, o cartão de crédito *platinum*, os melhores sofás, camas, tapetes, sapatos e todas as coisas de "qualidade", seria feliz. Mas você não está feliz. Na verdade, quanto mais objetos possui, mais o espaço é preenchido com coisas que praticamente não têm função, nada significam. Você se cansa só de olhar para todas elas. E "eles" lhe disseram que "as coisas" são a medida da felicidade.

Até mesmo a toalha estendida sobre a mesa traz a ilustração de uma mansão perfeita, uma casa de campo romântica, com cavalos trotando diante do portão, sugerindo que você também pode viver e encontrar o contentamento no último recanto de tranquilidade do mundo. "Eles" lhe prometeram que, no momento em que fizesse dessa imagem uma coisa real – o que, de fato, você fez muitos anos atrás –, seria o mais feliz dos felizes. Mas você não está feliz, só está entediado. E o romantismo que envolve o lugar perfeitamente ideal começou a desaparecer já na terceira semana, quando as ervas daninhas passaram a encobrir as flores.

Quando começa a sentir uma leveza maior por suas conquistas intelectuais, repara nos recipientes de sal e pimenta, perfeitamente alinhados no centro da mesa da cozinha. Símbolos de mais uma enorme e falsa promessa. "Eles" lhe prometeram que, quando você encontrar a pessoa certa, sua alma gêmea, o amor à primeira vista, e fixar residência ao lado do seu parceiro, terá "chegado" ao estado mais elevado de felicidade. Mas é claro que as coisas não funcionam dessa maneira. Trata-se de trabalho árduo, de altos e baixos, tudo varia conforme o humor dos dois. Às vezes, é difícil; outras, bem tranquilo. Às vezes, é um tédio; outras, completamente doloroso. Já ficou óbvio que, para esse casal perfeito, o casamento não vem com a felicidade embutida. Mas você acreditou nessa promessa. Hoje não acredita mais. E não há nenhum problema nisso.

Do canto dos olhos, repara no processador de sucos, como se ele lhe dissesse: "Não se esqueça de mim". Você se lembra do dia em que o comprou para tentar perder peso, ficar mais esbelta, dar uma boa aparência ao corpo. "Eles" lhe prometeram que, se fosse atraente e esbelta, magra porém graciosa, linda porém misteriosa, os outros passariam a olhar mais para você, a amá-la mais, e você ficaria feliz pois eles estariam felizes de ver como ficou esbelta e elegante. Assim, o processador deu o tom à sua nova dieta, e a aparência esbelta que você tanto desejava tornou-se realidade. Mas você não sentiu diferença alguma em seu interior. Nenhuma surpresa, já que a maioria das pessoas não reparou em você. Tudo o que sentiu foi fome e irritação e, por fim, uma sensação de raiva. Você se dá conta do número de pessoas infelizes que devem estar em busca do corpo perfeito, depois de terem acreditado que isso lhes traria a felicidade. Que desperdício!

A seguir, vieram todas aquelas palestras e *workshops*, todos aqueles livros e CDs, tudo em nome de seu "desenvolvimento pessoal". Aquela enorme saladeira redonda na ponta da pia lhe traz à lembrança como conseguiu aparar algumas "arestas" de sua personalidade e desenvolver um comportamento mais "redondo" e mais "brando". Mais receptivo em relação aos outros. Prometeram que você seria feliz se pudesse conquistar todas essas coisas e transformar sua personalidade. Mas você não ficou mais feliz. Sente uma confusão e tensão interior, enquanto tenta compreender quem é o verdadeiro "você" e o que ele deseja ter na vida. O verdadeiro "você" se satisfaz com aquela velha personalidade malcriada, irritável, às vezes mal-humorada, com a qual você se sentia à vontade, apesar de seus desconfortos? Ou prefere a personalidade "nova" e melhorada, com uma "tolerância *cool*" e customizada e uma "paciência" readaptada que você desajeitadamente tentou desenvolver? Não terá deixado de perceber algo importante nessa brincadeira de desenvolvimento de personalidades?

Seja como for, sempre que você pensa no autodesenvolvimento, sua mente cria um estado de confusão. E você se dá conta de que desenvolvimento pessoal e personalidade são confundidos, e isso não traz felicidade, mas apenas várias formas de confusão existencial.

Quando decide olhar no relógio para ver a hora, ele o lembra da promessa feita por "eles" de que o futuro seria brilhante. Prometeram-lhe que, se fosse mais otimista em relação à vida, seria feliz no futuro. E hoje você sabe que isso é tolice. Em pé, no meio da cozinha, olhando para o relógio, com a lâmpada do ambiente criando uma ressonância a isso tudo – o seu momento de iluminação mais significativo até o momento –, você percebe que não há futuro. Isso é apenas fruto de sua imaginação. Uma projeção da memória impregnada de esperanças e libertada para voar no espaço de um amanhã fictício, com um otimismo forçado. A felicidade não surge com o futuro – hoje, isso soa tão óbvio, pois só existe o *agora*. Só existe o *agora*, sempre. Mas "eles" lhe prometeram isso. Você conclui, então, que "eles" não sabiam do que estavam falando.

Ao voltar para a mesa, balança ligeiramente a cabeça diante da própria incredulidade de que de fato acreditou naquilo tudo, engoliu aquilo tudo – anzol, linha e chumbada, tudo junto – e, ao pegar a faca para passar manteiga na torrada, destrói a última ilusão. "Eles" lhe prometerem que, se descobrisse o foco de sua vida, se pudesse encontrar um objetivo claro e exato para a sua vida pessoal, seria capaz de enxergar o rumo certo. Só então conseguiria passar por cima de todas as outras coisas que demandam tempo e energia e ser realmente feliz. Por um breve instante, você se lembra de todos os meses que sofreu diante do que seria o seu objetivo. E qual seria ele? Há um objetivo especial? Sou especial? O que mudará quando o encontrar? Trata-se de algo que eu deva fazer? Será algo que somente eu serei capaz de fazer? E, como se um fardo enorme tivesse sido removido de sua vida, você enxerga com absoluta clareza pela primeiríssima vez: a vida não tem outro objetivo além de ser vivida. Não tem outro objetivo além da vida. Tudo o que você tem a fazer é rir. Rir, apenas. Então, você ri.

Enquanto ouve a própria risada, você detecta vários tipos de riso. Há o riso da celebração, pois agora está livre dos mitos "deles" sobre a felicidade. Há o riso de alívio, de uma luta dolorosa e tensa a fim de encontrar a felicidade. E, por fim, o riso por ter ouvido a maior das piadas jamais contadas. Você ri por ter agora a certeza de que uma vida feliz nada tem a ver com o que já aconteceu ou com o que possa vir a acontecer. Nada tem a ver com aquilo que você conquistou ou com o que acumulou. Você é uma "felicidade viva". A torrada nunca lhe pareceu tão saborosa.

Os 13 mitos sobre a felicidade

Este é o Santo Graal da vida cotidiana e de uma vida satisfatória. A conquista dele motiva quase tudo o que fazemos. É possível que nenhum outro assunto tenha dado origem a tantos livros, gurus e palestras. Trata-se da felicidade.

Não a felicidade temporária de um programa à noite ou de um longo período de férias ou ainda de um bom e longo relacionamento. Mas a felicidade verdadeira, cuja descrição mais adequada talvez não seja a palavra "felicidade", que tende a sugerir um "estado elevado" em contraste com um "estado inferior".

A felicidade verdadeira não é elevada nem baixa. Não é conquistada ou acumulada. E não depende de nada, tampouco pode ser encontrada em parte alguma. Não pode ser adquirida ou armazenada. E certamente não pode ser manufaturada ou embalada.

Antes de começarmos a investigar os porquês, o onde e o como da autêntica felicidade, livremo-nos dos mitos que se colocam no caminho. Uma vez mais, deparamos com uma mitologia, um conjunto plenamente desenvolvido e perturbador de crenças falsas sobre uma coisa tão fundamental ao espírito humano, a você.

MITO 1
A felicidade é medida por seu poder aquisitivo

Não é nada difícil dissipar esse mito. Algumas das pessoas mais infelizes do mundo são as mais ricas em termos materiais. E algumas das pessoas mais felizes vivem em meio à pobreza material. Caminhe por um vilarejo indiano, repare nos sorrisos luminosos, brilhantes e de felicidade da maioria – se não todas – das crianças, e terá uma visão do que é a felicidade. Elas praticamente não têm dinheiro nem posses materiais e se alimentam com uma tigela de arroz por dia.

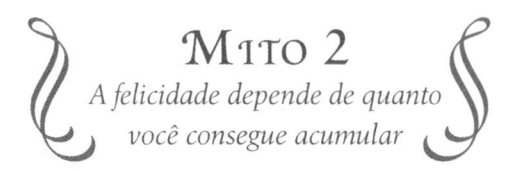

MITO 2
A felicidade depende de quanto você consegue acumular

Se acreditar nisso, sua mente parecerá um disco velho e riscado tocando a mesma faixa, e a canção será *Money Money Money* [Dinheiro, dinheiro, dinheiro] ou *More More More* [Mais, mais, mais]. Quanto mais você tem, mais deseja, e, quanto mais se preocupa com o que quer ter, mais se preocupa por talvez não conseguir obter ainda mais, e mais preocupado ficará com a possibilidade de perder o que ainda não conseguiu. Isso é felicidade?

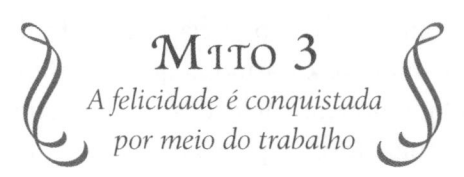

MITO 3
A felicidade é conquistada por meio do trabalho

A ética de trabalho dos protestantes da Escócia diz que o único caminho rumo à felicidade passa pela culpa de que você não está trabalhando o suficiente. Isso significa acreditar que para ser feliz você deve merecer, ou seja, só poderá ser feliz se tiver trabalhado o bastante em prol da satisfação alheia. E, como você nunca pode trabalhar o bastante, nunca será feliz. Jamais poderá satisfazer os outros, pois sabe agora que cada um decide qual será a sua satisfação. Você nunca conseguirá ser feliz enquanto acreditar que tem de conquistar esse estado por meio do trabalho. Tudo o que provavelmente sentirá é culpa.

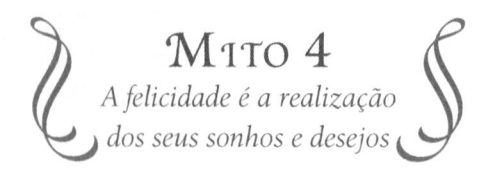

MITO 4
A felicidade é a realização dos seus sonhos e desejos

Ouse sonhar... é o que "eles" dizem! Se sonhar, poderá alcançar..., "eles" dizem! Você precisa saber o que deseja, e desejar isso ardentemente..., "eles" dizem! Mas o que não dizem é que o desejo é algo ardente e que qualquer satisfação obtida com a realização de algum desejo ardente só pode ser temporária até que um novo desejo ardente lhe bata à porta. Às vezes, isso é chamado de vício, e a felicidade não é a satisfação de um vício. Como distinguir? Observe o medo que se aloja no interior de todos os desejos e observe o vazio que se instala e cresce no interior da satisfação temporária que acompanha a satisfação de qualquer desejo.

MITO 5
A felicidade está sempre no futuro

Também é conhecido como "adiamento". Trata-se da linguagem do "Serei feliz... quando nos casarmos... quando tivermos uma família... quando nossos filhos tiverem saído de casa... quando nos aposentarmos...". Cria-se o hábito de olhar para a felicidade sempre como parte do amanhã, e raramente do hoje, raramente do agora. Enquanto não se perceber que só existe o hoje, só existe o agora, a verdadeira felicidade será tão elusiva quanto um oásis no deserto para alguém que está morrendo de sede. Talvez você ache que pode vê-la bem de perto, reluzindo à sua frente, talvez acredite que está chegando lá, mas nunca a alcançará.

MITO 6
Só se pode alcançar a felicidade
quando tudo está perfeito

Se você é do tipo perfeccionista, é provável que passe por uma dose diária considerável de estresse e de tensão. Este é um mundo imperfeito, onde nada jamais poderá ser perfeito. Por quê? Porque a perfeição é pessoal. Para um perfeccionista, até mesmo a perfeição é imperfeita. Simplesmente porque a percepção da imperfeição significa projetar a própria imperfeição. Mas não diga isso a um perfeccionista, pois é pouco provável que ele entenda as coisas dessa maneira. Em algum lugar e com alguém (geralmente o pai ou a mãe), o perfeccionista aprendeu que só poderá atingir a perfeição se fizer algo perfeito (do ponto de vista de outra pessoa). Um erro clássico. Neste mundo caótico, nada pode ser perfeito. Somente quando o perfeccionista aceita a realidade como ela é pode encontrar o contentamento. Isso porque tudo já é perfeito do jeito que está. Não é a perfeição "perfeita", mas do jeito que é. Porque esse é o modo como as coisas deveriam ser. E são.

MITO 7
A felicidade depende dos outros

A ilusão mais comum talvez seja a que abordamos anteriormente: a de que os outros são responsáveis por sua felicidade. Eis a origem da mentalidade de vítima e de um estado de infelicidade eterna com o qual muitos de nós acabamos nos conformando. Com efeito, ficamos felizes com nossa infelicidade, e o mundo confirma isso dizendo: "Muito bem, você faz parte agora do Clube dos Normais, pois é muito comum que as pessoas normais sejam infelizes. Enquanto isso, continue buscando a total e suprema infelicidade. E, a propósito, temos um pequeno anúncio publicitário, aqui, que talvez você goste de ver...". Tendo dito isso, é óbvio que a sociedade depende da atitude de todos nós, de terceirizar a felicidade. Eliminar a dependência do que é "externo", estimular o sentimento de felicidade no "plano interno" representaria uma mudança revolucionária tanto na consciência quanto no comportamento. Neste exato momento, somos todos "dependentes materialmente" dos outros, pois vivemos o mito de que a felicidade é uma dependência!

MITO 8
A felicidade está no controle
sobre outra pessoa

A extensão natural da dependência – e provavelmente a intenção e o impulso prediletos do ego – é a tentativa de controlar aquilo que jamais pode ser controlado. Eventualmente, quando alguém de fato faz o que você quer, você tem a impressão de que controlou essa pessoa, e claro que surge daí um tipo de felicidade. Mas essa é apenas mais uma ilusão – uma ilusão dupla, na verdade. Você não manteve essa pessoa sob controle, pois é impossível controlar outro ser humano. E aquele pico de felicidade, aquele pequeno prazer obtido com a ilusão de seu poder em relação a alguém, logo desaparece, e então você sai em busca da próxima oportunidade para fazer com que o mundo dance conforme a sua música. Nesse vai e vem, resta apenas a frustração, a raiva e a vida infeliz que leva com sua resistência, enquanto o mundo e as pessoas que nele habitam não agem exatamente do modo como você deseja.

MITO 9
A felicidade é apenas
um sentimento

É claro que você pode se "sentir" feliz, mas a felicidade não é apenas um sentimento. Os sentimentos passam. A felicidade, conforme veremos adiante, é um estado que pode adquirir várias formas, e cada um desses estados pode ser sentido. Mas a felicidade não é apenas um sentimento.

Mito 10
A felicidade está na obtenção do reconhecimento

A tentativa de agradar aos outros é um hábito pernicioso que pode dominar e arruinar vidas inteiras. Geralmente o aprendemos no colo dos pais, e posteriormente com os professores: passamos a acreditar que não temos valor a menos que sejamos reconhecidos pelos outros, até que os outros fiquem felizes com o que fazemos. A atitude de agradar às pessoas torna-se o fio condutor que percorre a vida familiar e profissional. Porém, ela é acompanhada de uma tensão implícita de que talvez não agrademos os outros, não obtendo, com isso, seu reconhecimento e aprovação. Aquela que poderia ser uma vida feliz se transforma na ansiedade constante de que não teremos ou de que perderemos a aprovação dos outros. E no final haverá o ressentimento, quando passamos a acreditar que estamos sendo ignorados, que estão nos negando o reconhecimento que acreditamos merecer. Ou então paramos de tentar, cedendo lugar à desesperança e à impotência.

Mito 11
A felicidade significa vencer

A vitória somente é um "pico" quando você acredita que precisa competir ao longo da vida, quando acredita no clichê de que "ou é um vencedor ou um perdedor". Porém, mesmo no contexto das competições, não é possível vencer o tempo todo. Não há como se manter no "pico" e vencer o tempo inteiro; se você se permite chegar aos "picos", deverá haver pontos baixos. No final, descobrirá que o "pico" que acompanha cada vitória se torna cada vez mais ocasional. Da mesma maneira que o uso de drogas para chegar ao pico se transforma num vício, também o pico associado às vitórias pode ser viciante. Porém, como você é incapaz de permanecer no pico, será necessária uma dose cada vez maior de drogas para ficar nesse estado "elevado". Assim, o viciado é cada vez menos feliz ao atingir o pico.

Desejar a vitória o tempo todo terá, por fim, o mesmo resultado que estar sob o efeito de drogas o tempo todo: efeito zero. A vitória não é o caminho para a felicidade, pois a vida não tem a intenção de ser competitiva. Na "realidade", não há vencedores nem perdedores. Somente aqueles que acreditam haver essas duas categorias. A competição é o jogo do ego concebido para nos manter ocupados, acreditando na doutrina dualista do inferior e do superior.

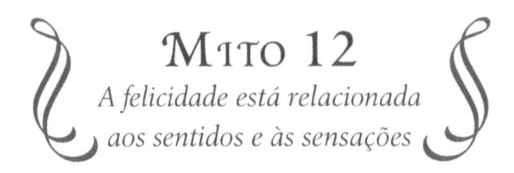

Mito 12
A felicidade está relacionada aos sentidos e às sensações

Quando você acha que é apenas um ser físico, começa a crer que só pode ficar feliz por meio de algum estímulo dos sentidos. Por fim, acaba havendo uma necessidade cada vez maior de sensações para obter o "pico" estimulado que você associa à "felicidade". É essa a ilusão essencial que domina o mundo. Ela só entrará em colapso quando você conhecer seu *self* e perceber que o seu corpo físico não passa de um local de moradia e que os seus sentidos não são a fonte da felicidade. Além disso, como você poderia ser feliz passando a vida inteira a observar a decadência do seu *self*? A libertação dessa armadilha só acontecerá quando houver a autorrealização. O que não é exatamente a primeira lição que aprendemos no ensino fundamental.

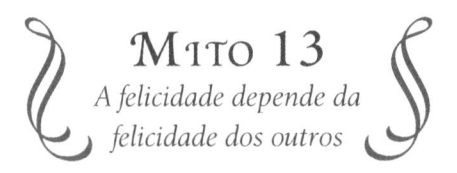

Mito 13
A felicidade depende da felicidade dos outros

Faria uma diferença considerável em sua vida e em seus relacionamentos se você descobrisse que "não precisa" fazer os outros felizes, pois é incapaz disso. Por "outros" quero dizer qualquer pessoa, e todos. Trata-se do outro lado da moeda chamada "os outros me fazem feliz". Na verdade, você não tem como fazer alguém feliz, somente eles podem fazer isso por si. A verdadeira percepção disso pode significar a cura, já que a infância de muitos esteve baseada na tentativa dos pais de chantagear emocionalmente os filhos. Eles nos diziam: "Se você for bonzinho, a mamãe ficará feliz, e então você vai ser feliz". O que equivale à mãe de fato dizer: "A minha felicidade depende de você". Não demora muito para criarmos uma crença cega de que não podemos ser felizes a menos que os outros o sejam. É por essa razão que alguns passam a vida toda tentando fazer os outros felizes. Talvez jamais descubram que isso é impossível.

Por que há tantas ilusões em torno da ideia de felicidade?

a) Cada mito proporciona uma pequena dose daquilo que chamamos "felicidade", mas isso é apenas uma febre passageira, um "pico" temporário, e não a felicidade autêntica.

b) Cada um deles se baseia na mais profunda das falácias, de que a felicidade acontece de "fora para dentro".

c) Ninguém nos ensina o contrário, num sentido formal, em grande medida porque o verdadeiro caminho para a felicidade humana ameaça as bases sobre as quais a sociedade está construída. Os países e os governos, e, portanto, os bancos e as empresas, tudo isso existe por ter como base um alicerce que poderia ser chamado de "mitologia da felicidade".

O VERDADEIRO SIGNIFICADO DA FELICIDADE

Portanto, qual é o caminho para a verdadeira felicidade? Existe um caminho, uma rota, uma direção, ou isso não passa de mais um mito? A resposta se encontra, primeiramente, na compreensão do verdadeiro significado de felicidade. Em certo sentido, felicidade é uma palavra equivocada, pelo fato de sugerir um tipo de "alegria em estado de agitação". Porém, como já vimos, essa "agitação" não é felicidade – é agitação. Contudo, assim como o amor, a felicidade pode assumir várias formas. Embora seja possível distinguir cada uma delas, a realização de cada uma requer certa compreensão e alguma prática. As três principais formas de felicidade autêntica podem ser descritas como contentamento, alegria e êxtase.

Neste mundo dualista, a língua é usada para identificar, descrever e reconhecer significados opostos. Assim, cometemos o erro de descrever estados interiores do ser como termos opostos. Da mesma forma que o medo às vezes é visto como o oposto do amor, num sentido dualista, a tristeza é vista como o oposto da felicidade. Porém, na verdade (que jamais muda), na realidade (e a mais elevada realidade é apenas aquela que está dentro de você – que é você), o amor não tem um oposto, e a felicidade não tem um oposto, pois os opostos não existem na consciência, no *self*. A consciência é UMA só, o *self* é UM. Assim, quando estivermos descrevendo os três estados de felicidade, não é que eles existam como estados interiores em "separado". São simplesmente vibrações potenciais do "você", ou estados da consciência.

A sua missão, caso resolva aceitar essa tarefa, é retomar o controle sobre o seu *self*, retirar do ego esse controle. Trata-se de restabelecer o autocontrole, de modo que a qualidade de sua consciência, o nível de vibração de sua consciência, do seu estado de ser, esteja completamente sob o seu comando. Ao fazer isso, você recuperará a capacidade de ser constante e autenticamente feliz, em toda parte e em todos os momentos. Bem, essa é a possibilidade que se apresenta a você! Eis como fazer isso.

A FELICIDADE AUTÊNTICA É UM CONTENTAMENTO IMPERTURBÁVEL

O contentamento é o resultado do trabalho interior de autorrealização. Ele só é possível quando você sabe quem é e o que é. E isso só é possível quando se dá conta de que jamais poderá ser, e nunca foi, nenhuma outra coisa nem outra pessoa. Isso pode parecer simples até perceber que passou a vida inteira achando que era (ou tentando ser) outra coisa ou outro alguém! Esse é o jogo do ego, como já vimos: defender e proteger um falso senso do *self* (nenhum contentamento, aqui), ou então fazendo um grande esforço para atingir um falso senso do *self* (também nenhum contentamento). Porém, uma vez terminado tudo isso, e quando surge o sentido genuíno do "eu sou", todos esses papéis representados no ambiente de trabalho ou em casa, ou em qualquer situação da vida, se transformam simplesmente nisso: papéis que você representa. A vida passa a ser, então, o que realmente é... divertida, ou cheia de diversão.

O contentamento só é possível quando você adquire a consciência de que tudo no mundo ao seu redor, esteja perto ou longe, está exatamente do modo que deveria estar neste preciso momento e que existe apenas o momento de agora. Nada fácil, quando percebe que passou a vida inteira evitando estar completamente presente no momento de agora. Evitar o presente é a maneira encontrada pelo ego para destruir o contentamento.

O contentamento só é possível quando você é capaz de aceitar todos do modo como são, a cada momento, em todas as situações. Isso significa parar de julgar as pessoas ou de resistir a elas, parar de queixar-se e de culpá-las, parar de tentar mudar as pessoas e os acontecimentos do mundo. Algo que não é tão fácil depois de ter passado uma vida inteira de julgamento, de resistência e de rejeição, atitudes típicas de um iniciante. Isso não significa ficar simplesmente parado, sem fazer nada. Significa, sim, o redespertar da responsabilidade por si mesmo e a percepção de que tal responsabilidade não está dissociada da responsabilidade pelo mundo. Em outras palavras, só quando você para de projetar nos outros as coisas que pensa e sente, e cria ações que estejam em sintonia com o que é verdadeiro dentro de você, é capaz de oferecer contribuição mais eficaz ao mundo.

Quando as demais pessoas NÃO agem em sintonia com o que é verdadeiro no interior delas, sua resposta não será o julgamento ou a condenação (que destrói o contentamento), mas a compaixão e a compreensão (que preserva o contentamento). Esses são atos de amor, que levam a luz e a energia do amor para o mundo. Passa a existir a compreensão de que todo tipo de violência, em qualquer nível, significa que o ego está em ação. Trata-se de seres humanos se equivocando em relação a quem são, e esse equívoco pode ser reparado. Mas isso só pode ser feito por meio da demonstração, não da força; apenas por meio da influência, não do controle.

Esse caminho para atingir a felicidade na forma de contentamento pode ser visto, por alguns, como passivo e como um tipo de escapismo. Mas, na verdade, é preciso uma enorme coragem para mostrar às pessoas o "poder" de tal caminho (aceitação), quando todos ao redor estão tentando usar a "força" do ego (resistência). A força é simplesmente uma das possíveis tentativas de controle, e você não pode obrigar ninguém a corrigir sua própria identificação equivocada, não pode forçar ninguém a desapegar-se de uma imagem de sua própria mente, com a qual se identificou erradamente.

O contentamento não significa não fazer nada. Consiste na base para uma visão clara e para criar o caminho mais preciso e apropriado para seguir adiante.

A FELICIDADE AUTÊNTICA NA FORMA DE ALEGRIA DESMEDIDA

A alegria só é possível quando sua energia de vida (você) flui na direção do mundo, livre do desejo de que qualquer parte do universo flua na sua direção. Como ser criativo, sua alegria mais profunda é quando você está sendo criativo, e quando essa criatividade está em sintonia com a verdade "dentro" de você, a "sua" verdade. Não se trata da criatividade limitada às áreas da pintura ou da poesia, mas a criação de sua vida.

Isso implica perceber que você foi concebido para doar incondicionalmente a cada momento. O que não é tão fácil, quando se dá conta do pouco empenho[24] com que aprendeu a viver a vida. Essa falta de empenho surge quando você quer algo para si. Metade do seu coração (ou seja, você) está concentrada em trazer algo (ou alguma coisa) para você, de modo que apenas metade dele está sendo doado, e provavelmente a metade dele carrega consigo uma "condição". Essa tensão é o "estraga-prazeres[25]" da vida de muitas pessoas.

Na realidade, a vida não foi concebida para desejar coisa alguma. A vida não precisa de nada, você não precisa de nada. O seu corpo necessita de alimento, de abrigo e de roupas, mas "você" não precisa de nada. Se existe alguma necessidade, é perceber os erros cometidos por você e que possibilitam o surgimento do ego. A necessidade de partilhar o seu *self*. A criatividade significa doar bem, doar com precisão e com generosidade. Ou seja, criar a resposta mais apropriada para atender às necessidades das pessoas e do mundo ao seu redor. Isso tudo só é possível quando você conhece o próprio *self* como amor. Quando isso acontece, a criatividade é plena de alegria.

---

[24] No original: *"half-heartedness"*, literalmente: "o estado/condição de possuir metade do coração". (N. T.)

[25] No original: *"kill-joy"*, literalmente "destruir a alegria". (N. T.)

Alguns poderão dizer que doar indefinidamente é estar cego àqueles que se aproveitam de sua generosidade, e isso fará de você um bobo alegre, mais do que uma pessoa plena de alegria. Porém, essas pessoas estão presas a um sistema de crenças que diz que a vida lhes "deve" algo. São pessoas que provavelmente ainda acreditam ter "direitos". Não perceberam ainda que, quando você conhece as suas responsabilidades, não tem, tampouco necessita, direitos. Sua primeira responsabilidade é a capacidade de responder. Sua maior alegria na vida dependerá de como você usa a capacidade criativa para responder e, com isso, criar a sua vida.

Responder por meio das emoções leva à destruição da alegria do outro. Responder com amor, do modo apropriado, com a forma adequada de amor, faz com que a maior das alegrias apareça, de dentro para fora, não de fora para dentro. Responder incondicionalmente é deixar sua vida inteira fluir numa única direção. É fazer aquilo para que o amor foi concebido: estender-se, conectar-se, prover o sustento e o alimento. É para isso que fomos concebidos. Um dos sinais da presença da alegria é quando a consciência do tempo é relegada a segundo plano. Você para de olhar para o relógio. Passa-se a conhecer a verdadeira alegria para além da consciência do tempo, como o universo inocente de uma criança brincando, antes que ela aprenda que tem de estar em casa no horário para jantar... ou fazer qualquer outra coisa!

A FELICIDADE AUTÊNTICA NA FORMA DE ÊXTASE ILIMITADO

O êxtase só é possível quando você é completamente livre. A liberdade só é possível quando não há apego a nada, a ninguém, a nenhuma ideia, a nenhuma lembrança. Os pássaros cantam em deleite, durante o êxtase de um voo livre. Não estão apegados a nada. Nada os prende à terra. O mesmo acontece com a alma humana, o *self*. A leveza do êxtase só é possível quando você se livra de todas as coisas que o trazem para baixo. E isso significa não se apegar, não se agarrar, não se prender ao que quer que seja. Significa também pôr fim aos desejos, que trazem em seu interior o objeto do apego.

O desapego permite que a "ausência de medo", que se encontra no interior do êxtase, apareça dentro de você. Essa ausência de medo desafia a lógica de nossas crenças e suposições, num mundo que, conforme nos ensinaram, está cheio de perigos. Talvez seja por isso que tão poucos são capazes de passar a vida cantando em êxtase, que tão poucos sejam verdadeiramente livres, verdadeiramente desapegados, sem nenhuma dependência ou necessidade, vivendo no êxtase de um voo livre! É o ego que mantém nosso encarceramento. E, embora essa prisão seja irreal, uma construção temporária no interior da consciência, passamos grande parte da vida edificando-a e defendendo-a. O resultado é que grande parte das pessoas passa a vida inteira sem experimentar a felicidade como um verdadeiro êxtase.

Só é possível ser verdadeiramente livre quando você se dá conta de que passou a vida inteira numa liberdade ilusória ou superficial, ou seja, numa cela de prisão disfarçada. As grades dessa cela incluem o desejo, o julgamento, a resistência e os vícios emocionais, cada um deles enraizado no apego a uma imagem que você confunde com o seu *self*. É somente quando o apego à imagem é completamente percebido e dissolvido que o êxtase da verdadeira liberdade pode ressurgir. Na realidade, você jamais deixa de ser livre; a prisão e as grades da cela são simplesmente ilusões que você confunde com a realidade.

Lágrimas de felicidade

Uma pergunta que surge com frequência em palestras sobre a inteligência emocional está relacionada às "lágrimas de felicidade". Decerto, a felicidade é uma emoção positiva, que pode ser expressa por meio de lágrimas. Porém, a verdadeira alegria nunca se manifesta pelo choro. As lágrimas são um sintoma de tristeza, ou o alívio de alguma pressão emocional – uma forma de catarse. Quando um bebê nasce, um dos pais (ou ambos) talvez derrame "lágrimas de felicidade". Porém, se eles pararem um instante para refletir sobre que tipo de sentimento estão criando ou sentindo, as lágrimas seriam vistas como alívio de uma tensão acumulada em relação ao nascimento da criança, o alívio de que tudo deu certo. O alívio de uma tensão, que significa a libertação de algum medo. E isso não é uma alegria verdadeira, mas a dependência de um acontecimento externo para ter uma sensação de alívio, que é confundida com felicidade. Mas às vezes essa é uma alegria verdadeira, já que a alegria é, essencialmente, a vida celebrando a vida, e o nascimento de um ser humano é, sem dúvida, um momento em que a vida celebra a vida. Porém, nessa alegria não há lágrimas, apenas um grande ardor no interior dela, um largo e luminoso sorriso do lado de fora e uma energia radiante que "contagia" todos os que são tocados por ela!

Assim que perceber como e quando faz isso, você rirá, e o riso será o sinal de que conseguiu enxergar através da ilusão, de que corrigiu seus erros, e o seu espírito – que é você – emergirá novamente.

Então, VOCÊ ainda se sente infeliz

Uma das maneiras mais comuns de manter a infelicidade, de modo inconsciente, é sustentar a crença de que precisa ir a algum lugar e obter algo, fazer algo ou encontrar alguém, ou estar longe daqui, onde sempre esteve.

Você deve ter reparado que esse é um tema recorrente neste livro e o fio condutor de todas as ideias e *insights* aqui presentes. Vamos percorrer o caminho desse fio, uma vez mais!

Sem ter consciência disso, você continua tentando violar uma lei natural da vida: a lei que diz que você está sempre "aqui" e jamais pode ir ou estar em qualquer outro lugar!

Seu corpo pode viajar para lugares aparentemente longínquos. Suas palavras podem ser enviadas aos mais remotos cantos do planeta. Mas você está sempre AQUI. Exatamente aqui, e neste exato momento. Não percebeu isso ainda?

Mesmo quando o seu corpo viaja, você ainda está "aqui"; não existe o "lá" na sua realidade. Somente o aqui. Enquanto continuar acreditando que existe um "lá", estará descontente, ou seja, infeliz. Com isso, estará sempre em busca da felicidade em alguma parte que não seja "aqui", num lugar chamado "algum lugar", que não fica em "lugar nenhum"!

Somente quando se lembra de que não existe o "onde" você pode estar "aqui e agora". Bem-vindo à sua casa, ao "aqui", onde você sempre esteve e sempre estará.

Permanecer "aqui", onde você sempre está, obviamente não é tão fácil, já que temos uma forte inclinação a tentar estar em outro lugar. O que pode facilitar é ter certa clareza quanto ao que "realmente se passa" em sua consciência, no seu interior, no seu *self*, quando tenta ir a algum lugar onde não pode estar!

Para desenvolver tal clareza, acredite se quiser, será útil irmos ao cinema.

Vamos, então, assistir a um filme.

Isso é extremamente ofensivo!

Uma das maneiras mais comuns e frequentes pelas quais destruímos nossa felicidade é quando decidimos ficar ofendidos. Em algum momento, você fica ofendido com algo que uma pessoa lhe diz ou faz? Sente que foi insultado e fica zangado com isso? Você certamente sabe para onde vai voltar esse sentimento. Diretamente para você! Se fica ofendido, é porque está emocionalmente perturbado. E quem criou tal perturbação? Não foi o outro. Foi você mesmo! Por quê? É o ego! Como criou uma imagem na mente, apegou-se e identificou-se com ela, isso não coincide com a "percepção dos outros"; você passa então a acreditar que "você" foi ofendido. Se alguém o chama de "idiota e estúpido", e você se sente insultado e se zanga com essas palavras, é porque está apegado a uma imagem do seu self *que é tida como uma pessoa brilhante, muito inteligente e perfeita. Se não tivesse se apegado a essa imagem criada por você mesmo, não ficaria zangado/ofendido, não reagiria de modo emocional, não destruiria seu contentamento. Em lugar disso, diria: "Que interessante, nunca ninguém tinha me dito algo assim antes!" Ou então: "Bem, essa é a sua opinião, a percepção que você tem de mim, você tem o direito de expressá-la". Se*

todos percebessem e compreendessem essa dinâmica, desaparece-
riam quase todos os conflitos. Infelizmente, em algumas cul-
turas é necessário muito pouco para desencadear a crença de
que "fiquei ofendido por sua causa", bem como o sofrimento
emocional resultante disso. O ego de algumas pessoas rapida-
mente fica zangado e contra-ataca. Só "ficamos ofendidos"
por não conhecermos nosso self. Essa ignorância está na ori-
gem de todas as formas de insanidade a que damos o nome de
conflito, independentemente de acontecer entre duas pessoas
ou duas nações.

Ir ao cinema

Você se lembra dos cinemas de antigamente? Em sua origem, eram, em geral, salas enormes e imponentes. Às vezes, eram prefeituras que depois foram transformadas em cinemas. Como características principais, um enorme espaço com pé-direito alto, decoração elegante e um balcão. Há algumas décadas, ir ao cinema era um acontecimento especial. E, naqueles dias inocentes, os filmes ainda tinham o poder de evocar uma sensação de espanto e admiração, de expectativas e de excitação, dando ao espectador o privilégio de entrar em outro universo e visitar outros mundos.

Entremos agora numa sala de cinema. Você entra e senta-se numa poltrona macia e aconchegante. As luzes ainda estão acesas. Você se dá conta da amplidão da sala. No ar, um silêncio de biblioteca, enquanto as pessoas vão chegando e se acomodando. Essa amplidão e um silêncio quase reverente, ocasionalmente interrompido por sussurros ao fundo, preenchem a sua consciência enquanto, em silêncio e com expectativa, você aguarda o início do filme.

Enquanto as luzes diminuem suavemente de intensidade, até a escuridão, em algum lugar acima e atrás de você ouvem-se cliques, quando o projetor é acionado na pequena saleta no fundo da sala. De repente, imagens multicoloridas começam a dançar na tela diante de você. A mágica de mais um show de sons e de imagens se instala. Lentamente, sua consciência perde a sensação de espaço. Sua atenção se restringiu, dedicando-se exclusivamente às imagens cintilantes da tela. A história começa, e os personagens mais coloridos são apresentados, ganhando vida. Em pouco tempo, sua consciência não apenas perdeu o senso espacial como deixou o local original dela, em seu corpo, instalando-se, agora, no filme. Você se envolve pessoalmente com a história, permitindo que seu *self* se perca no enredo. Sabe que isso está ocorrendo, pois determinadas emoções começam a implorar à sua atenção para que as "sinta". Excitação, medo, descrença, pressentimento: eis apenas algumas delas.

Em poucos minutos, você está totalmente absorvido pelos eventos narrados na tela. Começa a viver aquilo que um – às vezes mais de um – dos personagens está vivendo. Os sofrimentos e provações do personagem passam a ser também seus. Os inimigos dele tornam-se também seus. Você delega sua vida àqueles personagens. Foi "sugado". Poderia muito bem ser você, ali na tela. Às vezes, a sensação é que é mesmo você.

A história atinge o clímax, e você permite que ela o transporte. Há momentos em que, tenso, senta-se na beira da poltrona; em outros, joga o corpo para trás, aliviado. Em certas cenas, dá gargalhadas, em outras, sente vontade de chorar. A história termina, e Hollywood cumpriu seu papel. Você dá suspiros ou chora, deixando o seu *self* entusiasmado ou confuso, tentando entender os porquês, quem, como, e... uau, não foi o máximo essa experiência!?

As luzes se acendem e a realidade se instala com um ruído surdo. Mas é claro que o filme ainda está passando em sua mente, as emoções ainda a percorrem, embora bem mais brandas. O clima da história continua em seu pensamento e em seus sentimentos. Ao sair da sala e entrar em contato com a fria brisa da noite, você não a sente, já que ainda está na aura do filme. Ainda vive a história, ainda olha para dentro de si a fim de reviver aquelas emoções. Isso pode durar algumas horas ou até o dia seguinte, dependendo de quão absorvido você esteve, dependendo da medida em que foi "sugado" para dentro do enredo, para dentro dos personagens. No dia seguinte, na hora do café, as conversas são preenchidas com "você viu...?", "não é incrível o/a...?", "eu gostaria de ser daquele jeito...", "com certeza, vou assistir de novo".

Por fim, as imagens e emoções do enredo e os personagens desaparecem nos recantos de sua memória, enquanto a história se perde em seu subconsciente.

REFLETIR SOBRE A PROJEÇÃO

Se parar um instante para refletir, verá o que de fato acontece dentro de você quando está assistindo a um filme. A fonte da luz e das imagens dançantes na tela estava acima e atrás de você, na forma de um projetor que emitia uma luz poderosa e um filme previamente rodado. Em pouco tempo, você deu o status de realidade às imagens projetadas na tela, enquanto se convencia de que aquilo a que assistia estava realmente acontecendo. Ficou tão absorvido por aquelas imagens, atribuindo-lhes um sentido tão profundo que entregou o próprio *self* – e, portanto, sua mente e seu intelecto – à história. Você ficou profundamente impressionado.

Dito de outro modo, as imagens projetadas, que você absorveu, causaram uma profunda impressão em sua consciência. Essa impressão absorveu a "sua" luz e sugou a sua energia, você. Aquilo que obviamente era irreal na tela se tornou real para você em sua consciência. Você transformou o irreal em real.

O conjunto dessa experiência é a metáfora para uma "insperiência" que você cria inúmeras vezes ao dia. Portanto, vamos ao cinema real, o auditório de sua consciência, onde a tela é a tela de sua mente, você é o roteirista, o diretor, o projetor e, com grande frequência, todos os atores na tela!

O AUDITÓRIO DO SER

Digamos que você aprendeu a meditar e que agora é um mestre da meditação. Por meio da prática gradativa, passou a dominar a arte de fazer com que tudo passe a um estado de repouso absoluto dentro de você. Mais ou menos como uma dessas raras noites de verão em que há uma tranquilidade absoluta no mundo natural que o cerca. Nada se move, nem sequer uma leve brisa, a cena é quase sinistra. Você não consegue deixar de reparar no silêncio, não pode deixar de ser tocado pela tranquilidade. Sendo um mestre da meditação, é capaz de trazer todos os sentimentos, lembranças, experiências, desejos e impulsos para um ponto de tranquilidade e silêncio absolutos no seu *self*, na sua consciência. Digamos que você domina essa arte.

Você está agora sentado no auditório do seu ser, no cinema de sua consciência... ciente da imensa amplidão do seu ser... ciente da imensa atemporalidade do seu ser... ciente da absoluta tranquilidade do seu ser. É um tipo de sentimento interior de espanto e admiração, mas você não pensa "Uau, que espantoso e que admirável!". Está, simplesmente, ciente de uma quietude profunda, de um silêncio poderoso e de uma sensação profunda de ausência de limites e da infinitude do... seu eu. Você se sente leve e também sabe que é "leve", que é "luz"[26].

Aqui vamos nós, portanto. O filme vai começar. Até aqui, sua atenção estava fora de foco, sua consciência era um espaço ilimitado. De repente, sua atenção é captada por uma história que começa a passar na tela de sua mente. Sua tranquilidade interior é rompida por uma série de lembranças que estão sendo projetadas por uma luz em alguma parte atrás de você. Não atrás do seu corpo, mas atrás de você.

Essa luz é você. Naquele momento, você não está ciente de que é a luz projetando a si mesma por meio de um "filme" previamente rodado de imagens chamado memória. Porém, sua atenção é captada por aquilo que aparece na tela de sua mente. Por um instante, você tem um pensamento que indica um reconhecimento: "Ah, é a briga que José e Maria tiveram nas férias", mas, antes que consiga dar atenção ao seu *self*, percebendo que esta não passa de uma lembrança velha e inútil, você começa a assistir à história como se ela fosse real. Fica tão perdido nas imagens dessas lembranças que a sensação é que elas estão acontecendo agora mesmo. Você começa a recriar e a sentir determinadas emoções, as emoções que sentiu quando a briga de fato aconteceu, há alguns meses.

Você começa a viver as cenas que está projetando na tela da mente. Sua atenção foi absorvida pelas cenas, o que significa que está absorvido pelas cenas em sua mente. Você perde o seu *self* em meio à história que se desenrola diante de você, dentro de você. Está no cinema, no auditório de sua consciência. Isso pode durar alguns poucos segundos, alguns minutos. Algo ou alguém do mundo externo talvez distraia sua atenção e, de repente, você sai da história e dirige a atenção a isso que aparentemente está acontecendo fora de você. Porém, até mesmo nesse momento, talvez repare que o evento externo está na verdade acontecendo dentro, na tela de

---

[26] No original, *"light is what you are"*. Duplo sentido da palavra: "leve" e "luz". (N. T.)

sua mente. Você traz o externo para dentro por meio da percepção, recria-o e interpreta-o segundo o seu "estado" de consciência e então o projeta na tela da mente, naquele que parece ser um mesmo e único momento.

Passada a distração, você retorna à história de José e Maria. Depois de reviver a briga mais uma vez, aparece na tela um pensamento sobre a briga, breve mas poderoso, como uma legenda: "Isso é passado. Já se foi. Não posso mais mudar essa situação". De repente, você está de volta ao seu assento, no centro do seu *self*, no auditório de sua consciência, um pouco agitado, meio inquieto, talvez meio aliviado... isso não está, na verdade, acontecendo agora. E, ao refletir sobre esse fato por um instante, percebe que só aconteceu instantes atrás porque você fez com que ocorresse, você recriou esse momento, projetou-o e fez com que seu *self* se perdesse nele. Ocorreu ali, em sua mente, na tela de sua mente.

Enquanto você "reflete" sobre o que acaba de acontecer "aqui", dentro de sua consciência, a metáfora completa a si mesma. O projetor é a sua consciência, a luz é a luz da sua consciência/atenção, o filme são as suas lembranças e a tela é a mente, a sua mente. O olho através do qual você observou tudo é o olho de seu intelecto, mas ele estava só parcialmente aberto, pois você perdeu o seu *self* em meio à história que estava projetando, da mesma maneira que o fez dentro do cinema. E perdeu a consciência de que VOCÊ estava projetando. É como se tivesse deixado o centro do seu ser e fosse viver dentro da mente. Você permitiu ao seu *self* que permanecesse preso às imagens que criou e projetou na tela de sua mente. E, como já vimos antes, esse é o erro que dá origem ao ego – o falso senso do "eu". Consegue perceber isso? Reparou nisso? É assim que tenta separar o seu *self* de você mesmo, inúmeras vezes ao dia.

Percebe como é fácil perder o seu *self* nos filmes que cria, nas histórias, nas imagens que projeta na tela da mente? Na verdade, fazemos isso praticamente todo o tempo em que estamos acordados. Vivemos por meio de histórias, repletas de personagens fictícios que criamos para nós mesmos e que têm relação conosco e com os outros. Saia para assistir a sete filmes diferentes, durante sete noites, no cinema de seu bairro: a cada noite, você perderá o seu *self* e o identificará aos personagens de cada filme. Ao final de uma semana, estará farto de ir ao cinema, pois é cansativo ficar mudando a identidade de um personagem para outro. Ou então ficará completamente viciado, pois os personagens têm uma vida empolgante, estimulada demais e aparentemente significativa, e o mesmo ocorre com você, pelo menos durante duas horas.

Pare um momento e pense: quantas histórias, quantos filmes você projeta no auditório do seu ser durante uma semana típica, num dia típico? Provavelmente muito mais do que sete, talvez mais de 70. E, em cada pequena história, há um personagem chamado "eu". Sim, algumas versões do "eu" são semelhantes e parecem ter continuidade em outras histórias, tal qual um capítulo do seriado *A minha vida*. Porém, muitos personagens do "eu" talvez pareçam bastante diferentes. Toda vez que você conta umas dessas histórias sobre o "eu", seu velho amigo, o ego, celebra uma nova vida, um novo personagem, uma nova identidade. Lembre-se: o ego se define como o apego e a identificação com a imagem equivocada do *self* ou uma crença sobre o *self*. É por isso que você pode ter certeza de que a maioria das histórias contém algum tipo de sofrimento. No mínimo, esse sofrimento estará no final de uma história, no final do filme... até que você o veja novamente.

Aprendemos a perder nosso *self* em meio aos personagens que criamos sobre ele. Mas essas são apenas imagens, crenças em relação a um *self* que não é você. O "você" real, o verdadeiro "você" não é uma imagem na tela da mente, não é um personagem conceitualizado numa história. Você é o criador, é a luz do projetor, é a luz que ilumina os personagens de suas histórias, que brilha no filme da memória e acaba surgindo na tela de sua mente na forma de personagens multicoloridos em seus pequenos dramas. Eles são a sua criação, e você é o criador. E o criador não é a criação. O iluminador não é o que é iluminado. Porém, no momento em que você perde essa consciência, no instante em que o iluminador acredita ser aquilo que é iluminado, nasce o ego e o erro é cometido... e, a partir daqui, o caminho será ladeira abaixo.

O que mais acontece quando a luz, o iluminador (você), se confunde com o que é iluminado (personagens numa história chamada *A minha vida*)? O iluminador (você) se sentirá finito, já que todos os personagens que você cria e com os quais se identifica são limitados. Você se sente restrito aos limites temporais, pois todos eles vivem num contexto material, que está em constante mudança. Você se sente "mortal", pois todos os personagens dentro de um contexto limitado pelo tempo aos poucos desaparecem e morrem no final, a menos que você congele a cena, o que é praticamente impossível no auditório de sua consciência. A menos que você seja, de fato, um "mestre da meditação"!

Porém, a luz do iluminador, o verdadeiro "você", na realidade, é infinita, ilimitada, atemporal e imortal, em sua verdadeira essência. Esses conceitos são inimagináveis. São ideias destituídas de imagens. Estão além da mente. Precedem a mente. É por essa razão que é impossível identificar o seu *self* com elas. Se você tentar fazê-lo, é como se estivesse tentando contradizê-las. Uma lâmpada estará em seu potencial máximo, sendo capaz de iluminar um ambiente inteiro, apenas quando não houver nada ao redor, como uma luminária ou algum tipo de mobília. Do mesmo modo, a luz do seu *self*, sua consciência, é capaz de brilhar ao máximo somente quando não há nada ao redor, nada que absorva a sua luz. Em outras palavras, quando você não permite que o seu *self* se apegue a nada ou a ninguém, quando não permite que seu *self* se perca em meio a imagens na tela de sua mente, é que sente a maior liberdade, sente-se mais poderoso, mais expansivo, mais generoso e mais em paz consigo mesmo.

Infelizmente, passamos a vida inteira aprendendo a associar o coração, nosso *self*, a imagens de pessoas, de lugares e a posses. Todas essas imagens são criadas e gravadas pela consciência, registradas no filme da memória e então reproduzidas na tela da mente. É essa mente que bloqueia a irradiação de nossa luz. É nessa tela que nos perdemos em histórias fictícias sobre o *self* e nossos apegos. À medida que preenchemos a tela com personagens e lugares (todos eles finitos e limitados), surge o sentimento de que "sou limitado e finito". Acreditamos que aquilo que vemos na tela da mente é real. Temos filmado, projetado e nos apegado às imagens dos personagens que acreditamos corresponder ao nosso *self*, em nosso cinema interno, e acreditamos que são reais.

Temos dificuldade de enxergar que isso não é viver, mas perder a vida – a luz – numa ilusão de vida. Então, no momento em que tudo isso se torna cansativo, quando exaurimos o *self* com ilusões de realidade, vamos ao cinema para escapar rumo à ilusão de uma ilusão! Assim é a dança da vida.

A DANÇA DOS SETE VÉUS

EXISTE UMA DANÇA, aparentemente originária de algum lugar no Oriente Médio, que celebra o processo de restabelecimento da luz da consciência, uma luz pura e desobstruída. Ela é conhecida como a dança dos sete véus. Durante a *performance*, a dançarina despe, um por um, os sete véus até ficar completamente nua. No fundo, trata-se de um *striptease*, acompanhado, porém, da mais profunda simbologia espiritual. Cada véu representa uma história que contamos a nós mesmos a nosso próprio respeito. Uma história que projetamos na tela da mente. A seguir, escondemo-nos nos bastidores, e dentro da história, enquanto nos identificamos com um personagem imaginário dentro da história. Cobrimos a nós próprios nessas histórias, escondendo, com isso, nossa nudez, a luz nua de nosso ser puro. Elas constituem os "filmes" principais, que projetamos no auditório de nossa consciência. Capturam e aprisionam nossa luz, desviando nossa energia.

Se existe uma coisa chamada viagem espiritual de um lugar a outro, de onde você está agora até o lugar em que precisa estar, aqui está ela. Se existe uma peregrinação rumo à verdade, é ela. Trata-se da peregrinação da "remoção", um *striptease* espiritual, com um único senão: não se trata de uma provocação![27]

---

[27] No original: *"it's no tease"*: provocar, provocação. (N. T.)

À medida que você se despe dos sete véus, ou seja, que é capaz de enxergar através da irrealidade das histórias que criou e que narra a si mesmo sobre o seu *self*, revela-se ao seu *self*. Porém, a única coisa que jamais poderá enxergar é o seu *self*!

É aqui que a verdadeira dança da vida acontece. Você passou uma vida inteira – provavelmente várias vidas – se vestindo, incapaz de perceber a relação entre o sofrimento e as roupas que tem vestido, ou seja, as histórias que você conta ao seu *self* sobre si mesmo. Na maior parte do tempo, o movimento de vestir-se é divertido, deixar que seu *self* se perca em meio a estimulantes histórias ficcionais e fabulosas aventuras emocionais. Até chegar o momento em que isso tudo se torna excessivo, intenso demais, emocionalmente doloroso, e você então passa a buscar conscientemente uma razão que justifique seu sofrimento e seus conflitos, uma razão para os "pontos baixos" da vida, que parecem se prolongar e se aprofundar à medida que a vida avança.

Aqui está você, parado na soleira de uma sala na qual não pode entrar a menos que esteja completamente nu. Terá de despir-se. Não há placas nessa porta, apenas um aviso que diz: "A libertação do *self*". A diferença, aqui, é que não se trata do início de outra história, mas o final de todas as histórias. Como você poderá perceber, o ego não gosta disso; portanto, haverá – se já não estiver havendo – resistência.

Os sete véus são as sete histórias

Para libertar o *self* dessas histórias, é necessário ter uma consciência clara sobre a história em si. Isso, por sua vez, exige um tempo de meditação, de contemplação. Somente então começará a perceber com clareza de que modo você cria essa história, perdendo o *self* nela. Só então perceberá que "isso é apenas uma história", e você não é uma história! Se está farto de perder o seu *self* em narrativas ficcionais, se está pronto para sair do esconderijo e dar um fim aos fingimentos, se está pronto para desnudar-se e libertar o seu *self*, aqui estão os sete véus, acompanhados da meditação e da reflexão. Música, luzes... ação!

O PRIMEIRO VÉU
A história da
IMAGEM DO SEU CORPO

A quantas anda a imagem do seu corpo? Se você não está satisfeita(o) com a imagem dele, ou seja, se criou e contou a si mesmo uma história negativa em relação ao próprio corpo, existe hoje uma indústria que oferece cirurgias plásticas, que pode deixá-lo esbelto, aumentar ou diminuir partes do corpo, acentuar seus traços, vesti-lo e, se quiser alterar apenas a imagem bidimensional, aplicar nela o *photoshop*! Em suma, essa indústria lhe conta uma história sobre seu corpo e o estimula a identificar-se com ela e transformá-la na sua história pessoal. Você aprende a acreditar que você é o seu corpo e que ele não é adequado do modo como está. Ela o ajuda a afirmar que a imagem do corpo não corresponde às expectativas e que por essa razão você não se sente bem em relação a si mesmo e ao mundo. Ela lhe diz, então, o que fazer a respeito. Você acredita neles e começa a criar a sua história *Eu sou um corpo*, cuja subtrama está sempre lembrando você de que a imagem de seu corpo é inadequada e precisa ser ajustada.

Desde o dia em que nasce, o mundo ao redor o estimula a criar sua história de "imagem do corpo". Você acaba se convencendo de que você é apenas uma forma física. Na tela da mente, reproduz as imagens da forma física que viu centenas de vezes no espelho e, com o passar do tempo, pressionado por uma mídia que só apresenta corpos perfeitos, começa a fazer um número cada vez maior de julgamentos sobre o próprio corpo, muitos deles negativos.

Ter uma clara percepção da história chamada "Sou a imagem do meu corpo" significa perceber que você não é o seu corpo; ele é o seu veículo, seu lugar de residência, seu templo, sua carruagem; mas não é você. À medida que percebe a confusão que faz entre seu *self* e a imagem do seu corpo na tela da mente, começa a retirar esse "véu" da consciência, de você. Começa a deixar de reproduzir um dos vários temas dessa história, algo parecido com "Minha aparência está horrível, por isso me sinto péssimo". Não, sua aparência não está horrível, pois você agora sabe que é incapaz de enxergar seu *self* no espelho.

Quando o véu da imagem do seu corpo estiver caindo, da tela da mente para o solo de sua consciência, seu *striptease* interior estará a pleno vapor!

Meditação/contemplação

Sente-se em silêncio. Relaxe e observe todos os pensamentos que surgem, relacionados ao corpo. De modo consciente, crie o pensamento: *"Não sou este corpo, sou o ser de consciência que mora dentro dele e que dá vida a esta forma física"*. De modo sereno, concentre a atenção nesse pensamento, permita que ele crie raízes, simplesmente observe quaisquer pensamentos conflitantes vindo e indo. Volte a esse pensamento inicial, dê vida a ele. Então, abandone-o. Esteja ciente do seu *self* ganhando consciência do seu *self* como nada mais do que a luz da consciência, livre de qualquer apego a qualquer pensamento sobre qualquer coisa, mesmo que seja por um só instante. Com a prática, esse momento se expandirá e você começará a experimentar uma nova sensação de liberdade. Seja paciente.

O SEGUNDO VÉU
A história da PERSONALIDADE

O que é personalidade? É um conjunto de características, tendências e hábitos que você cria e reúne em sua consciência e então expressa por meio dos pensamentos, atitudes e ações. Porém, a personalidade não é o que você é. Essas tendências, características e hábitos não são o que você é. Você é o criador e eles são a sua criação. O fato é que se transformaram em parte da mobília do auditório do seu ser e você começou a identificar-se com eles.

A infância é um período em que muitas pessoas projetam em você a percepção delas sobre o seu caráter e personalidade. Você acredita nelas, recria aquilo que elas veem juntamente com aquilo que vê e comporta-se de maneira que confirma essas descrições de sua personalidade. Com o tempo, certos traços de personalidade e certas tendências parecem ter-se tornado permanentes. Você constrói uma história em torno de tais traços, de um determinado tipo de pessoa da qual cria uma imagem. Então começa a acreditar que é essa "personalidade". Em torno de você, o "culto" da personalidade parece confirmar que a coisa mais importante na vida é desenvolver a própria personalidade. "Aparentemente", você não será bem-sucedido a menos que tenha... personalidade.

Às vezes, você mostra claramente o tipo de pessoa que acredita ser ao compartilhar passagens da sua "história de personalidade", dizendo coisas como "Eu me preocupo... sempre fico zangado... não consigo entender... aprendo muito devagar... Sempre reajo a essas pessoas... essa é a minha natureza"! O que não percebe é que não está falando a respeito do seu *self*, mas simplesmente sobre algumas características, hábitos e tendências desenvolvidos por você. Mas eles não são o que você é.

Como já vimos antes, o conceito de personalidade tem origem no termo "persona", que significa máscara. Aprendemos a criar máscaras, às vezes muitas máscaras, e então escondemos o *self* atrás delas. Há máscaras diferentes para diferentes conjuntos de características e tendências, que costumamos "usar" em relacionamentos diferentes. As máscaras tornam-se suas identidades, e, em torno de cada uma delas, em torno de cada máscara, você cria outra história sobre o seu *self*.

Para entender que você não é a sua personalidade, que não pode ser igualado aos hábitos, características e tendências que criou, precisa perceber com clareza a ilusão sobre a qual essas histórias foram criadas. Precisa retirar o véu de sua personalidade. Esse véu pode ter várias camadas. Isso pode parecer um pouco assustador, e você talvez pense: "Mas sem uma personalidade eu não seria nada. Seria como um zumbi, um clone, uma não entidade". Mas é justamente o contrário. A sua personalidade (características e tendências) está baseada, em grande medida, no apego que tem a certas crenças, emoções e ações, ou seja, está baseada no ego. Quando ela é percebida com clareza, quando a história desaba, sua verdadeira personalidade é revelada. O "você" autêntico aparece. Só que dessa vez não é uma máscara, um véu ou uma história de ficção a seu respeito que você está tentando manter em pé.

O que é revelado é o "você" autêntico, pacífico, amoroso, alegre, ilimitado e infinito. O "você" que não precisa mais se agarrar a nenhuma característica, hábito ou conjunto de tendências. O "você" que não mais o limita a uma série de reações ou comportamentos. O "você" que se deu conta de que não precisa desenvolver uma determinada personalidade para "se encaixar", para agradar aos outros, ou para conseguir a atenção deles. Trata-se do "você" real, do "você" autêntico, do verdadeiro "você". Mas é claro que será impossível conhecer tudo isso a menos que esteja preparado para despojar o seu *self* de tudo aquilo que acredita ser "você", no nível da personalidade.

Como saber a diferença entre uma história a seu respeito baseada em sua personalidade e o verdadeiro "você"? Você sabe que a história é baseada na personalidade quando ela muda conforme as circunstâncias, ou conforme a pessoa com quem você está. Ao passo que o verdadeiro "você" é estável, sempre positivo, sempre receptivo, sempre capaz de aceitar os outros como são, em todos os relacionamentos. Você "sente" o mesmo em todas as situações e não precisa mais se esconder nem submeter o seu *self* a concessões em relacionamento nenhum. E, mais importante ainda, não "reage" mais a coisa nenhuma, a ninguém, apenas responde de maneira proativa a tudo e a todos, não importando o que lhe disseram ou fizeram. Independentemente do que os outros digam ou façam, você não toma isso no nível pessoal.

Meditação/contemplação

Sente-se em silêncio. Relaxe. Lembre-se de uma interação recente com alguém, diante de quem você reagiu emocionalmente. Observe a história se desenrolando na tela da mente. Identifique o padrão de comportamento ou a tendência preponderante em sua reação. Dê um nome a ele. Procure identificar o tipo de apego por trás daquela emoção. Agora, revisite a interação na mente, mas dessa vez visualize-se respondendo de forma completamente diferente, com calma e tranquilidade, em paz e de maneira positiva. Pratique isso, e começará a perceber que ficará menos reativo em tais situações e mais consciente em tempo "real". Notará que você é mais o seu *self*. Seja paciente.

O TERCEIRO VÉU
A história que é a SUA HISTÓRIA

Ao apresentar seu currículo numa entrevista de emprego, ou como comprovação de sua credibilidade, você diz: "Veja a minha qualificação, minha experiência, minhas conquistas profissionais. Este sou eu". Mas é claro que isso não é você, isso não passa de uma história. É apenas uma história, ou então a história vista do ponto de vista de outro alguém! A história das coisas que você fez no passado. Não é o que você é.

Praticamente todas as conversas que tem com uma pessoa que acaba de conhecer vão remeter a traços daquilo que você acredita ser, em termos de história pessoal. Você contará a alguém a história de sua vida, acreditando que esse é um modo de lhe dizer algo sobre o seu *self*. Mas isso não é o que você é, não passa de uma história. E você não é uma história.

Acreditamos que nossa história consiste numa narrativa poderosa gravada no filme interno que conhecemos como memória. Trata-se de um de nossos filmes mais populares, do qual somos o protagonista. Recuperamos e projetamos essa história na tela da mente e então nos deleitamos em transformá-la em palavras, divulgando-a para quem quiser ouvir. E, a cada vez que fazemos isso, fortalecemos a ilusão de que estamos falando de nós mesmos! Não percebemos que estamos simplesmente encobrindo nosso *self* com outra história.

Não é tão fácil retirar esse véu. Ele se transformou numa espécie de apoio, uma história com a qual deparamos e na qual parecemos encontrar refúgio. Os outros estão sempre tentando escapar de seu passado, acreditando que ele é mais real do que o presente; assim, eles tentam expulsá-lo de sua consciência, à medida que isso parece exercer poder sobre eles. Ao fazê-lo, só fazem com que a história se fortaleça ainda mais. Porém, na realidade, o passado consiste apenas numa coleção de lembranças, e elas não têm absolutamente poder nenhum sobre você; quando por fim tem uma clara percepção delas, percebe que não são o que você é. Isso exige a prática inicial de estar *consciente* de como você perde o seu *self* em meio a uma história de ações e, então, *dissociar* o *self* dessa história. Não mais sufocar a história, não negá-la, não lutar contra a história dos pensamentos, sentimentos e ações do passado, simplesmente enxergar e perceber: "Não sou essa história. Isso não sou eu. É apenas um registro de alguns pensamentos, sentimentos e ações, mas não é o que 'eu sou'. Isso é uma série de imagens de acontecimentos passados que testemunhei, mas não sou esses acontecimentos".

Na realidade, de um ponto de vista puramente espiritual, de um verdadeiro ponto de vista, "você" não tem passado. Suas ações e criações deixam registros em sua memória e na lembrança dos outros, mas elas não são o que você é. Consegue perceber a liberdade que esse *insight* implica? Isso não significa que tenhamos de sair dizendo "Bem, isso é passado, e eu não sou o meu passado, portanto aquilo não sou eu". Isso seria renunciar à responsabilidade por sua criação, por suas criações de agora. Todas as ações têm consequências. Você lida hoje com as consequências de seus atos do passado. E a razão pela qual isso acontece é que seus atos do passado não estavam em sintonia com a verdade dentro de você, não estavam em sintonia com o que você verdadeiramente é.

Lembrar-se de atitudes criadas no passado e com elas se identificar significa identificar-se com o que você faz. E, como já vimos antes, você não é o que faz. O que faz não corresponde àquilo que você é. Contudo, se praticar qualquer ação que esteja baseada numa identidade falsa que você dá a si mesmo, tal ação viverá em sua consciência como um trabalho incompleto, não terminado, pois não foi criado em sintonia com a verdade daquilo que você é. É por isso que nossas atitudes de hoje baseadas no ego voltarão para nos assombrar amanhã; por isso nossas atitudes de ontem baseadas no ego voltam para nos assombrar hoje. Não apenas na medida em que elas reverberam, retornando não só do universo de nossos relacionamentos "lá fora", mas também do universo de nossa consciência! A esse princípio, claro, damos às vezes o nome de "carma".

O "fardo de nosso carma" é definido por todas as ações que criamos enquanto nos encontrávamos num estado de ego, ou seja, apegados e identificados com algo que não somos, incluindo nossa história. Essa é uma das razões pelas quais leva tanto tempo para resolver nosso carma. Um de nossos apegos mais profundos (identificação equivocada) é com o passado. A maneira rápida de resolver isso é parar de nos identificar com o que não somos, e isso inclui deixar de olhar para o *self* com as lentes do passado. Trata-se apenas de uma história, e VOCÊ não é uma história.

Já reparou como algumas pessoas passam a vida inteira tentando corresponder à expectativa de seu passado? Em algum momento anterior, tiveram uma conquista, pela qual obtiveram algum reconhecimento. De repente, viveram uma história de glórias relacionada ao seu *self*, à qual podiam se agarrar e com a qual eram capazes de se identificar. Os sentimentos (emoções) dessa época foram tão poderosos que elas continuaram tentando recriar essa história e as emoções que sentiram naquele momento pelo resto da vida. Há também os que passam a vida tentando criar um "passado ilustre". O objetivo deles é conquistar algo que seja tão grande aos olhos dos demais a ponto de garantir que serão lembrados, reconhecidos e respeitados pelos outros, "retrospectivamente". Ambos os casos representam o trabalho do ego, criando, reproduzindo e se apegando a uma história sobre o *self* que não é verdadeira, não é real.

Meditação/contemplação

Sente-se em silêncio e relaxe. Traga à consciência a imagem de um perfil de sua vida, no espaço de uma página. No perfil, haverá um breve resumo de suas ações e conquistas do passado. Ponha fogo nele por baixo e assista ao seu gradual desaparecimento em meio às chamas. Aqueça-se com as chamas. Lembre ao seu *self* que a liberdade não tem história. O seu passado já faz parte do passado. Observe a liberdade que você sente agora. Seja paciente.

O QUARTO VÉU
A história dos seus RELACIONAMENTOS

O segundo e o terceiro véus, ou seja, as narrativas sobre a sua personalidade e a sua história, estão intimamente ligados ao quarto véu, a história dos seus relacionamentos. O contexto em que nossa vida está inserida é dominado por nossos relacionamentos imediatos. A família, os amigos e os colegas são os principais personagens de um filme chamado *Meus relacionamentos*. Cada relacionamento é único e tem sua história própria, um enredo próprio. Criamos uma autoimagem que é central para a história de cada relacionamento.

Em alguns relacionamentos você pode parecer mais relaxado, em outros se sente mais feliz, e em outros pode parecer que geralmente sente uma grande infelicidade. Para cada relacionamento, existe uma história ligeiramente diferente. Em cada relacionamento, você cria e identifica o seu *self* com uma imagem ou ideia diferente do personagem no qual vê o seu *self* refletido. Você passa, portanto, a sentir-se fragmentado e, às vezes, confuso. No fundo, não entende, de fato, por que parece ser uma pessoa ligeiramente (não tanto ligeiramente, às vezes) diferente no contato com diferentes pessoas. Por que é que você é incapaz de simplesmente ser, de maneira consistente, sempre a mesma pessoa, relaxada, contente e despreocupada?

Existe, então, a história de cada relacionamento individual. Algumas dessas histórias, particularmente dentro da família, remontam a muito tempo atrás. Gostamos de conversar sobre algumas delas com frequência, com amigos e colegas; quanto a algumas outras histórias, preferimos simplesmente pensar nelas, à medida que contamos e recontamos nossa história pessoal a algumas pessoas, mais do que a outras. Perdemos nosso *self* nestas histórias, passamos a repeti-las e identificamos completamente nosso *self* com os papéis que desempenhamos dentro delas.

É claro que existe, em grande medida, o apego às histórias de nossos relacionamentos, e é por isso que continuamos lembrando delas. Nasce disso a carga emocional geralmente intensa contida em cada um deles. Isso não é errado, tampouco ruim, mas o que deixamos de perceber é que, enquanto continuarmos com o apego e a identificação com a história de nossos relacionamentos, não seremos capazes de doar ou partilhar o verdadeiro amor nesses relacionamentos. Julgamos difícil, e em alguns casos impossível, ser nosso autêntico *self* nesses relacionamentos. É por isso, claro, que nas famílias se concentram os problemas e a discórdia, em vez da generosidade e da luz.

O retrato contemporâneo da criação e do desenvolvimento de relacionamentos disfuncionais e, portanto, de uma história de relacionamentos conflituosos é a telenovela. Em conjunto, um grupo de personagens cria um drama, a partir de uma série de relacionamentos, repletos de emoções intensas que impelem ao conflito, à culpa, ao ciúme e à mentalidade de vítima. Isso passa a ser percebido como um modo de vida natural, normal e correto. Tais histórias de relacionamento, repletas de conflitos de personalidade e baseadas em histórias que carregam consigo um longo passado, chegam a transformar-se em "notícias", que são retransmitidas como se se tratasse de relacionamentos da vida real! Nessas histórias, é muito pequena a dose de felicidade autêntica (se é que existe alguma); caso contrário, a trama seria insossa e entediante. Passamos, então, a comparar nossa vida com esse cardápio de dramas, sejam eles das telenovelas ou dos filmes. É fácil, a partir disso, chegar à conclusão de que a vida não será interessante ou não terá valor a menos que também estejamos envolvidos com esse tipo de vai e vem emocional com as pessoas que nos cercam.

Mal nos damos conta de que, ao criarmos inúmeros pequenos dramas com as pessoas de nosso círculo, estamos sabotando nossa paz, sufocando a capacidade de amar e estrangulando nosso contentamento e alegria.

No momento em que surge alguma turbulência ou sofrimento em qualquer relacionamento, começamos a criar lembranças e a formular uma história para essa interação, esse "momento emocional". Com o tempo nos apegaremos a essas lembranças e, sempre que encontrarmos tal pessoa ou pensarmos nela, tais lembranças voltarão à tona, dominando o pensamento e os sentimentos.

São inúmeras histórias com inúmeras pessoas. Você entra e sai delas na mente, reproduzindo cada uma na tela da mente agora e, no minuto seguinte, armazenando tal história nos arquivos cinematográficos da memória. Mas elas são apenas histórias e não têm base na realidade. Poderiam muito bem ser um daqueles contos de fadas que seu pai ou sua mãe lhe contavam quando o faziam dormir. São suas próprias telenovelas, passando no cinema do seu ser. Portanto, enquanto continuar projetando tais histórias, você se manterá adormecido diante do seu autêntico *self*. Em última instância, são elas que o impedem de encontrar as pessoas com uma mentalidade fresca e renovada, sem aquilo que chamamos de "bagagem" do passado. A bagagem é simplesmente a história das crenças que você criou "ontem" em relação ao outro, e, sempre que as assiste "hoje", tende a confirmar e a fortalecer o apego a essas crenças.

Você se pergunta, então, por que tem dificuldade de conectar-se com certas pessoas na vida. Na verdade, numa frequência maior, você se conecta mais com sua história, com as crenças que tem em relação ao outro, do que com ele, propriamente. É por isso que se diz que, num encontro entre duas pessoas, aparecem seis! Existe a história de como você acredita que o outro o vê, a história como você gostaria que ele o visse e a história de como você realmente é! A seguir, há a história de como ele acredita que os outros o veem, como ele gostaria que os outros o vissem e de como ele realmente é. Tantas histórias se juntando num único encontro! Não é de surpreender que os relacionamentos possam ser tão... desafiadores! Nem mesmo Hollywood é agitada assim!

Os véus das histórias de nossos relacionamentos são os mais difíceis de abandonar. Grande parte do nosso *self*, da nossa identidade, parece ter sido investida neles. Nosso apego a essas histórias é tão grande que abandoná-lo, desapegar-se, perceber que o passado é passado, que cada história individual é, em grande medida, um conjunto de "lembranças emocionais" sem nenhum valor para o momento presente, não é tão fácil. Enxergar a história de nossos relacionamentos como pouco mais que uma prisão mental não é tão fácil quanto visitar a casa da vovó, para um chá com biscoitos e um bom papo sobre... a história da família!

Se quisermos nossa independência de volta, se quisermos reconquistar a capacidade de encarar a vida com energia nova, renovada e com entusiasmo, devemos deixar cair o véu da história de nossos relacionamentos. Ele deve ser despido; caso contrário, você ficará preso a histórias repletas de julgamentos, culpa, arrependimento, vergonha e pensamentos do tipo "Eu me lembro de como você/ele me fez sentir... Nunca vou me esquecer o que você me fez... não foi horrível o que nos aconteceu vinte anos atrás?". Até mesmo o véu das "boas lembranças" obscurece o verdadeiro "você", mantendo-o preso a histórias de relacionamentos. Todas as lembranças são como um álbum de fotografias. Ninguém se levanta de manhã e passa o dia inteiro dentro de um álbum de fotografias. O ontem, mesmo que tenha sido repleto de sentimentos prazerosos, não poderá ser recapturado nem repetido. Tentar fazer isso é como comer pão embolorado.

Meditação/contemplação

Sente-se em silêncio e relaxe. Pare um momento e lembre-se de uma pessoa que você considera mais próxima de você. Traga a imagem dela para a tela da mente. Permita que a história desse relacionamento seja projetada por algum tempo... Assista à história. Interrompa-a, então. Veja-a apenas na mente. Deixe que a imagem do rosto da pessoa vá desaparecendo até chegar a um ponto de luz radiante. A seguir, permita que todas as lembranças e imagens da história que você viveu com ela sejam "sugadas" para esse ponto de luz, do mesmo modo que um buraco negro suga para dentro de si toda a luz que o cerca... de modo que tudo o que resta seja uma luz bela, luminosa e radiante. Lembre ao seu *self* que essa é a verdadeira forma dele e também a sua. Tanto ele quanto você estão livres de tudo o que já passou. Sinta a liberdade e a beleza dessa conexão "real" que você tem agora com essa pessoa: luz entrelaçada com luz. Pratique essa visualização e repare na diferença que isso faz em sua capacidade de ser o seu verdadeiro *self* na companhia dessa pessoa. Seja paciente.

O QUINTO VÉU
A história das EMOÇÕES

Já investigamos, anteriormente, o processo que faz do ego a causa primordial de todas as emoções e como o ego não passa de um simples erro. Porém, esses são erros poderosos que "despejam" uma enorme quantidade de "poeira" em nossa consciência. São perturbações que vão desde uma pequena ondulação até um enorme furacão. E, quando acontecem, comumente aparentam ser inspiradoras. A raiva e o medo produzem adrenalina e corticoides no organismo, e, enquanto tais elementos químicos percorrem nosso corpo, nos sentimos alertas, atentos, despertos e vivos. Chegamos até a chorar, para libertar o *self* de determinadas pressões emocionais, e de repente a tristeza "parece" nos dar uma boa sensação!

Além de nos visitarem regularmente na vida cotidiana, essas emoções se transformam em vícios. Se nossa experiência diária não apresenta nenhuma dose de "drama", ou seja, alguma forma ou faceta da raiva, do medo ou da tristeza, parece que algo nos falta naquele dia. A sensação é que houve e há um vazio, que nada de novo aconteceu. Não houve emoções. Assim, há dias em que saímos em busca de razões para nos sentirmos ofendidos ("Como você tem coragem de me dizer isso...?") e nos certificamos conscientemente de que estamos na companhia de alguém que ativará nossos "botões", e nós os estimulamos a fazer isso, consciente ou inconscientemente. Buscamos notícias que possam nos chocar e entristecer ("Você viu aquilo, não é horrível...?"). Não procuramos motivos para nos alegrar, mas para ficar tristes, zangados e com medo ("Tenho medo de que alguma coisa horrível aconteça...").

Construímos nossas histórias de emoção à medida que registramos as lembranças do nosso *self* sentindo certas emoções. A seguir, investimos nossa identidade nessas histórias emocionais. Na tentativa de afirmar nossa "identidade emocional", buscamos um modo de viver tais histórias todos os dias, acreditando que são algo normal e que estamos sendo coerentes com nosso "*self* emocional". O vício emocional é o que nos impele enquanto buscamos uma oportunidade de desempenhar um pequeno papel numa cena cotidiana, usando o véu da história emocional. Justificamos nossa reação e comportamento emocionais dizendo: "Bem, só estava tentando ajudar... vejo que você precisa de apoio e estou sentindo tanta raiva quanto você". Porém, no fundo, estamos simplesmente reprisando nossa história de modo que possamos "sentir aquelas emoções" de novo, afirmando, com isso, uma identidade emocional que não corresponde àquilo que somos.

Uma vez mais, não é fácil despir-se desse véu, não é fácil parar de contar essa história. Haverá "crises de abstinência" enquanto o *self* verdadeiramente sem emoção (sem ego) não for revelado e se materializar por trás do véu. Só então a emoção será vista por aquilo que é. Tal como a bruma do início da manhã, ela não tem nenhuma substância e nenhum poder real: assim que o sol nasce, ela se consome e evapora. Assim que a luz – a verdadeira consciência do *self* autêntico – reemerge, a neblina e as brumas da emoção evaporam. Só então você estará novamente em paz. Só então poderá escolher de novo os seus sentimentos. Só então poderá ser uma fonte de amor na vida... outra vez.

Se isso tudo ainda não estiver claro, reflita novamente sobre o conteúdo da Parte II do livro. Leva algum tempo até que se consiga ver com absoluta clareza o modo como criamos as emoções na consciência. No momento em que você tiver a plena percepção, por meio de seu olho real, o olho de seu intelecto, de que você não é as suas emoções e de que, claro, o amor não é uma emoção, começará a abandonar o véu da emoção. Porém, perceberá que existe um véu ainda mais sutil debaixo dele!

Meditação/contemplação

Sente-se em silêncio e relaxe. Conscientemente, crie a emoção do medo na forma de preocupação. Sinta isso plenamente. A seguir, crie conscientemente a emoção da raiva na forma de irritação. Sinta isso plenamente. Crie conscientemente, então, a emoção da tristeza na forma de melancolia. Sinta isso plenamente. A seguir, pare de criar. Permita que todas as emoções se aquietem. Sinta o silêncio se expandir interiormente. Sinta esse silêncio plenamente. Sinta a paz, a calma, a absoluta tranquilidade desse silêncio se expandindo. Faça desse silêncio de paz um presente. Ofereça-o a alguém que esteja carecendo de paz. Dê esse presente com amor. Sinta sua paz e sinta seu amor... plenamente. Repare na solidez desses sentimentos. Perceba que o que está sentindo é o que você naturalmente é. Pratique isso com muita paciência.

O SEXTO VÉU
A história das CRENÇAS

A história das crenças sobre os outros é apenas a ponta do *iceberg* de todas as "histórias de crenças" que carregamos na consciência. "Bem, quer saber no que acredito?", eis a frase mais comum dita por alguém que está prestes a lhe contar uma história sobre suas próprias crenças. Enquanto grande parte de suas crenças está enterrada no subconsciente, gravada em algum momento e em algum lugar do passado, as histórias do seu sistema de crenças são mais facilmente percebidas quando você conversa e interage com os outros. Seu sistema de crenças é como um programa de computador instalado no disco rígido de sua consciência logo na infância. E, desde então, você tem confirmado e atualizado esse sistema.

Além de as crenças emergirem em meio às suas conversas, você viverá entre elas e se identificará com elas com tamanha frequência que, ao final, só se sentirá à vontade ao lado de pessoas que partilham histórias com crenças semelhantes. Na verdade, poderá estar tão apegado e identificado com essas crenças assimiladas e sustentadas que poderá até mostrar um comportamento violento diante das pessoas que não compartilham delas, que não as compreendem ou simplesmente têm crenças que lhe parecem ameaçadoras. Todos os dias, a mídia noticia tais conflitos em relação a histórias de diferentes sistemas de crenças. Não existe uma coisa chamada choque de civilizações, apenas conflitos de sistemas de crenças. Não existe algo chamado guerra de palavras, apenas uma guerra de crenças.

"Sou cristão", "sou hindu", "sou muçulmano", estes são apenas títulos de histórias baseadas em sistemas de crenças com que nos programaram, geralmente na infância. Aprendemos a projetar essas histórias na tela da mente e então criar personagens chamados "sou cristão" ou "sou muçulmano" como uma imagem na mente. Olhamos para a imagem, para a crença, e dizemos: "Este sou seu!". Não, não é, isso é apenas uma história. Seria o mesmo que ver o herói no filme e dizer: "Sou eu, ali!". Não, não é, trata-se da história de um personagem ficcional e ilusório.

Identificar-se com qualquer sistema de crenças significa criar uma história falsa sobre o seu *self* baseada num conjunto de crenças falaciosas. O único efeito disso é produzir tensões, uma postura defensiva, preocupação, conflitos e, por fim, até mesmo o ódio. Renuncie a isso. Abandone a história. Retire o véu. Você não precisa de crenças. Dizer "Não acredito em nada" não significa que você seja um palerma; não ter nenhuma opinião não é sinal de fraqueza. Na verdade, isso é fortalecedor, pois sua energia deixa de ser usada com a sustentação ou defesa de suas crenças e de histórias a elas relacionadas.

Porém, é preciso coragem para renunciar à crença de que você tem de ter crenças e experimentar viver para além delas! É preciso coragem para deixar de acreditar nessas histórias e parar de identificar-se com elas e defendê-las. Por quê? Porque, ao fazê-lo, você deixa o *self* receptivo à consciência da "verdade", que só pode acontecer nesse momento, agora. Somente quando você se desnuda e se torna vulnerável para a verdade consegue perceber a verdade profunda de que nada pode tocar em VOCÊ. Você só precisa de um "sistema de defesa" quando está agarrado às suas crenças aprendidas e assimiladas e com elas se identifica.

Ao criar um sistema de defesa, você cria o medo, a raiva e a tristeza, e com eles o sofrimento.

Por exemplo, digamos que num momento qualquer você decida abandonar a história determinada pela crença de que os outros podem magoá-lo por meio de insultos, deixando de lhe dar apoio ou desrespeitando você. Quando se arrisca a abandonar tal crença, em vez de gastar energia e atenção culpando essas pessoas por aquilo que você está sentindo e se defendendo contra o que elas dizem, você se liberta.

Em meio a essa liberdade, você é capaz de ver e perceber que a verdadeira causa do seu sofrimento não vinha deles, mas de VOCÊ. Por quê? Porque acreditava que podia ser magoado e insultado, acreditava que eles não deveriam gritar com você, que não deveriam ser desagradáveis, que o mundo deveria ser do modo como você queria e que somente então seria feliz. Acreditava que o mundo deveria ser perfeito segundo sua crença do que, exatamente, deve ser um mundo perfeito. Acreditava que eles e o mundo são responsáveis pela sua felicidade.

À medida que nos aproximamos do final do livro, talvez esteja ficando claro que tais crenças não são verdadeiras. É por isso que é altamente recomendável que você se livre delas. Renuncie a elas. A menos, é claro, que queira viver o resto da vida numa prisão construída por você mesmo. Não acredite em nada, nem sequer numa só palavra, deste livro. Porém, não comece a acreditar que você não deve acreditar! Somente quando parar de agarrar-se e definir o próprio *self* de acordo com uma crença, com um conjunto de crenças, você se tornará capaz de "ver" o que é real, o que é verdadeiro para o seu *self*. Isso significa ser o seu autêntico *self*.

Apenas então perceberá que, na verdade, é incapaz de ver o seu *self*, que você é a pessoa "que vê" o que "é visto". E a única coisa que aquele que vê não consegue ver é a si mesmo. Isso significa que tudo o que você é capaz de ver não é você. Nesse momento, vai parar de se identificar com aquilo que vê, incluindo suas crenças, e será livre. Terá retirado o véu da crença.

Meditação/contemplação
Sente-se em silêncio e relaxe. Medite e reflita sobre uma questão: o que você pensaria e diria se não tivesse crença alguma? Pense nessa questão à

luz de sua consciência. Observe o que acontece. Brinque com a pergunta. Esteja receptivo a qualquer sentimento que lhe ocorrer como resposta. Sinta a profunda calma que provavelmente surgirá dentro de você quando não tiver mais de propagar nenhuma crença.

O SÉTIMO VÉU
A história da AUTOIMAGEM SUTIL

Depois de uma vida inteira de identificação com o que vê no espelho do banheiro todas as manhãs, não é pequeno o desafio de perceber e afirmar que você não é forma, mas consciência, que não é matéria, mas luz, que não é corpo, mas alma. A renúncia a todas as outras histórias de "eu sou" (sou a minha profissão/sou o lugar de onde venho/sou o que tenho etc.) não acontecerá da noite para o dia, e certamente não virá com uma única leitura deste livro. Também é desafiador manter a consciência do seu autêntico *self* em meio às situações do cotidiano. Porém, existe outra imagem à qual estamos profundamente apegados e em torno da qual constantemente criamos histórias ficcionais sobre o "eu". Ela é conhecida como a "autoimagem sutil". É a história mais difícil de ser enxergada e o véu que impõe grandes dificuldades para ser retirado. É um misto de história, relacionamentos e crenças. Ela se esconde em algum recanto de sua subconsciência, aparecendo e desaparecendo diante de seu estado consciente, como um fantasma numa noite de nevoeiro, até que a ficha realmente caia, em relação ao que você realmente é, não em teoria, mas na realidade.

A história da autoimagem sutil é geralmente o primeiro presente que você ganha dos pais, professores e de seus irmãos, no momento em que fazem um julgamento a seu respeito, quando ainda é bem novo. Quando as pessoas dizem coisas do tipo "Você não consegue... você não é muito bom em... você nunca... você não tem capacidade de... você é um pequeno malcriado"... Você acredita nessas palavras, assimila-as e começa a elaborar a história da autoimagem sutil. Não importa se ela é negativa ou positiva, nenhuma das duas é verdadeira. Ninguém é capaz de conhecer você como verdadeiramente é, você é o único capaz de fazer isso. Mas será incapaz de libertar completamente o seu *self* da história baseada em sua autoimagem sutil enquanto seu subconsciente continuar agarrado às imagens de "você" herdadas das outras pessoas e continuar a construir e sustentar a "história do eu" baseado nessas imagens. Nem mesmo todo o pensamento positivo do mundo poderá ser útil enquanto você continuar projetando essa história.

Para abandonar esse véu, duas coisas são necessárias: consciência e percepção. Primeiro, a consciência do seu apego e da repetição dessa história em seus pensamentos e palavras. A seguir, a percepção, ou seja, perceber que o verdadeiro "eu" é o "eu" que diz "eu sou" por detrás dessa história e previamente a ela. É por isso que alguma forma de meditação, ou de autocontemplação, é essencial como prática diária. É somente com essa prática que se aprofunda o autoconhecimento e que a percepção pode surgir. Muitos tentam curar os pensamentos e sentimentos negativos que tendem a surgir dessa autoimagem por meio do "pensamento positivo". Mas isso raramente funciona além de um nível superficial. O apego e a identificação com essa autoimagem sutil antecedem todos os seus pensamentos e, por isso, exercem uma influência poderosa sobre o seu pensamento.

No início, quando estiver praticando a meditação e a contemplação, é provável que só tenha pequenos vislumbres do "eu" livre do apego a qualquer imagem. Da mesma forma que a neblina se dissipa por um momento e você "vê" o mar ao longe, e então se fecha, obscurecendo sua visão novamente, surgem também vislumbres em meio à neblina de suas histórias, dependendo de seu nível de autoconsciência e de sua coragem para descartar os véus. Assim como o ato de vestir-se, despir-se e novamente vestir-se, você se tornará ciente de seu *self* como a "luz da consciência", ou seja, o "você" transparente e receptivo, nem que seja por um breve momento. Até que, por força do hábito, você voltará a encobrir seu *self*, a esconder novamente a sua luz, sendo encoberto outra vez por suas histórias, nelas se perdendo uma vez mais.

Até que um dia, um dia fatídico e predestinado, a neblina desaparece, consumida pela luz resplandecente que é o verdadeiro "você", o "eu" real. Todas as suas histórias são claramente vistas por aquilo que são, apenas histórias; e você não é uma história. Os véus desaparecem, incinerados pela luz da consciência pura, o puro "você". O real, o verdadeiro, o autêntico "você" é desvendado. Só então você será capaz de dizer com absoluta e inabalável convicção: "Estou nu diante de você". O que é bom, mesmo porque você estava nu quando veio ao mundo, e terá também de estar nu ao deixá-lo!

Nesse meio-tempo, há sempre uma escolha: viver num mundo escurecido chamado "sofrimento emocional" ou viver uma "vida iluminada", ou seja, viver na luz do amor.

Resumo

Ao "desvendar o *self*", você "tira o pó" de todos os seus apegos. Durante o processo em que percebeu as várias maneiras como encobre seu *self*, você percebeu, e agora sabe, que:

O ego se materializa no momento em que você cria o apego do seu *self*, seu coração, a qualquer coisa (objetos, ideias, pessoas, crenças, lembranças), que não passa simplesmente de uma imagem na tela da mente. É nesse momento que cria uma "identificação equivocada" para seu *self*. Você confunde o *self* com aquilo que está na mente. E, quando algo acontece para essa "coisa", é como se acontecesse a você.

As emoções têm origem numa perturbação dentro de sua consciência quando o objeto do apego e da identificação equivocada sofre danos, é ameaçado, alterado ou perdido. A emoção geralmente surge numa destas três modalidades: tristeza, raiva ou medo.

O amor não é uma emoção. É um estado do ser dentro do qual existe a consciência de uma relação com o "todo", sem que haja apego a "coisa" alguma no interior desse todo.

O medo é o amor deformado pelo apego. Você cria o medo ao criar o apego do seu coração, do seu *self*, a algo, desfigurando com isso a luz pura e radiante do *self* – ou seja, o amor – e transformando-a numa vibração de medo. É a mesma energia, numa vibração diferente.

Todas as emoções desaparecem sob observação. Ao observar as emoções, você se distancia delas e retorna ao centro do *self*, onde sempre encontra a paz, que é a sua energia.

O sentimento é algo criado por você, não algo que simplesmente acontece a você. Sentir é ser capaz de tocar e de perceber, e, como seres humanos, podemos "sentir, tocar e perceber" em três níveis: físico, intelectual e espiritual.

Quando você está tomado pelas emoções, é incapaz de escolher seus sentimentos. Perde, temporariamente, o controle da consciência.

"Sentir" o verdadeiro amor é necessário para poder partilhá-lo, ou seja, partilhar seu *self*. E, seja qual for a forma em que você doar, estender, conectar-se, sem nenhum desejo de obter algo em troca, você também "sentirá" esse amor se movendo de dentro para fora.

O auditório do seu ser é o lugar onde você pode trazer o mundo de "lá de fora" para "aqui dentro". Você então cria, dirige e projeta esse mundo de acordo com sua experiência prévia e com as crenças assimiladas a respeito dele. É assim que você cria e sustenta suas "histórias" sobre o mundo e então se apega a essas histórias, identificando-se com elas, escondendo-se nelas. O amor fica então oculto, e o ego se impõe ao mundo, obsessivamente.

VOCÊ É APENAS UM E O MESMO

O autêntico **SELF** é o que você passa a ser quando
toda a inautenticidade desaparece.

Um "ser" de **CONSCIÊNCIA** é o que você é, antes de tudo o que "faz".

Uma **ALMA** individual não é algo em mero estado latente,
em alguma parte de seu corpo, mas o que você é.

O **ESPÍRITO** radiante não é uma energia misteriosa
vagando pelo universo, é o que você é.

Você se transforma em **CONSCIÊNCIA** pura
quando todo tipo de apego desaparece.

O "**EU**" que diz "eu sou" é o que você é, quando deixa de
existir qualquer aspiração de ser algo além do "eu".

A luz do **AMOR** não pode ser encontrada em nenhum outro
local além do lugar onde você está, pois ela é o que você é.

Apêndice

Torne-se consciente da presença do ego

O ego está na origem de inúmeros tipos de comportamento, incluindo: 1 Criticar, 2 Mostrar possessividade, 3 Reclamar, 4 Culpar o outro, 5 Resistir, 6 Fragmentar, 7 Invejar, 8 Limitar a si próprio, 9 Projetar, 10 Duvidar, 11 Defender-se, 12 Proteger-se, 13 Agir de modo condescendente, 14 Corrigir, 15 Fugir de uma situação, 16 Evitar alguém ou uma situação, 17 Negar, 18 Desejar, 19 Julgar, 20 Preocupar-se, 21 Mentir, 22 Desgostar, 23 Gostar, 24 Desaprovar, 25 Competir, 26 "Dar um jeito" (nos outros), 27 Tentar controlar.

Comportamento	Exemplo	Temor específico	Identificação/apego a uma imagem da mente
1 Criticar	"Acho sua ideia péssima, isso nunca vai funcionar"	Acho a minha ideia melhor, e temo que a sua seja aceita	Apego e identificação com a imagem da minha ideia

2 Mostrar possessividade	"Não gostei de ver você rindo escancaradamente e se divertindo com aquele cara na festa ontem à noite"	Medo de que você esteja gostando menos de mim e de que me abandone	Apego e identificação com a imagem dessa pessoa
3 Reclamar	"Esta sopa está fria... como você tem coragem de me servir sopa fria?"	Temor de que eu tenha de tomar sopa fria ou de que esse aparente sinal de desrespeito continue	Apego e identificação com a tigela de sopa quente ou com a imagem de ser respeitado
4 Culpar o outro	"É por culpa deles que o relatório não foi bem-feito"	Medo de que os outros pensem que foi culpa minha	Apego e identificação com a imagem do Sr. Perfeição
5 Limitar a si próprio	Dizer "Não sei esquiar" depois de ter sofrido uma queda e quebrado a perna aos 10 anos de idade. Trinta anos depois, alguém me convida: "Vamos esquiar?", ao que respondo: "Não sei esquiar".	Medo do sucesso. Medo de abandonar a autoimagem diminuída de ser um "não esquiador"! Medo de ser mais hoje do que eu era ontem	Apego e identificação com a autoimagem diminuída de ser um "não esquiador"
6 Corrigir os outros	"Olhe, deixe-me mostrar a maneira certa. O resultado foi péssimo porque você fez da maneira ERRADA"	Medo de que a pessoa faça errado novamente	Apego e identificação com a imagem da tarefa sendo realizada da maneira como eu geralmente faço
7 Evitar uma situação	"Não poderei participar da reunião amanhã"	Medo de ter de me expressar diante do grupo: ali talvez eu perca o respeito e a aprovação dos outros; ou temor de que eu precise fazer algo após a reunião	Apego e identificação com a imagem de respeito e aprovação dos outros. Apego à ideia de tempo livre ou de controle sobre o tempo que tenho

8 Desejar	"Eu quero uma casa nova"	Medo de ficar "empacado" nessa casa e de não ascender na escala social dos proprietários de imóveis	Apego e identificação com a imagem de mim mesmo em ascensão social aos olhos dos outros.
9 Desgostar	"Não gosto nem um pouco dele"	Medo de que ele se comporte novamente desse jeito, que me deixou mal (minha conclusão equivocada)	Apego e identificação com a imagem de mim mesmo me sentindo bem
10 Competir	"Tenho de vencer em tudo"	Medo de ter a imagem arranhada e de perder prestígio	Apego e identificação com a imagem de obter reconhecimento, atenção e aprovação dos outros
11 Controlar os outros	"Se não terminar esse trabalho até as 15h30, à MINHA maneira, vai ter de sofrer as consequências disso"	Medo de que a pessoa faça do jeito dela ou que se atrase	Apego e identificação com a imagem do trabalho sendo feito à minha maneira e pontualmente
12 Invejar	"Eu quero ocupar o cargo dele e/ou adotar o seu estilo de vida"	Medo de não ser visto como bem-sucedido	Apego e identificação com a imagem de ser respeitado pelos outros pelo sucesso conquistado
13 Projetar	"Vamos elaborar um 'plano' para melhorar o mundo"	Medo de que as coisas piorem no mundo ou permaneçam iguais – o que é ruim	Apego e identificação com a imagem ideal que tenho do mundo ou apego à imagem de mim mesmo como "salvador" da humanidade
14 Duvidar	"Não estou certo se o que você está dizendo é verdadeiro ou se é uma coisa boa a ser feita"	Medo de que, se eu seguir seu conselho, será um desastre	Apego e identificação com a imagem de ter segurança
15 Defender-se	"Percebo que você me ataca o tempo todo"	Medo de ser magoado	Apego e identificação com a imagem de estar bem e não ser magoado

16 Escapar de uma situação	Fugir de um relacionamento íntimo	Medo de que essa relação possa revelar suas fraquezas, de que o seu imperfeito *self* fique exposto	Apego e identificação com a imagem de uma pessoa forte, infalível e equilibrada
17 Mentir	"Não fui eu que peguei o dinheiro"	Medo de ser visto como culpado ou como uma pessoa má, se a verdade vier à tona	Apego e identificação com a imagem de uma pessoa boa e honesta
18 Discutir	"Eu estou com a razão, não você"	Medo de que alguém prove que você está errado e que seja visto como estúpido ou imperfeito	Apego e identificação com a imagem de alguém que está com a razão

AGRADECIMENTOS E LINKS

Obrigado a todos do Global Retreat Centre, pelo espaço silencioso que permite que se "veja" no lugar mais poderoso em que se pode "estar" – www.globalretreatcentre.com

Obrigado ao Bliss pelo tipo de música que faz relaxar o coração e a alma, levando-nos a momentos ocasionais de quase gritar "eureca!" – www.blissfulmusic.com

Obrigado a Marneta por nos ter mostrado como atingir o coração das crianças do planeta – www.relaxkids.com

Obrigado à Brahma Kumaris World Spiritual University, onde qualquer pessoa pode frequentar cursos gratuitos sobre meditação, em milhares de centros espalhados por 90 países – www.bkwsu.org (os livros, CDs e DVDs editados pela instituição poderão ser encontrados em www.bkpublications.com)

Minha profunda gratidão e meu infinito amor aos meus irmãos e irmãs, por seu apoio sutil e sempre presente.

Para obter mais *insights* e saber mais sobre *workshops*, retiros, seminários, palestras, artigos e meditação, visite os sites:

www.mythsoflove.com e www.relax7.com

Sobre o autor

ATUANDO EM COTSWOLDS, na Inglaterra, Mike "desempenha" inúmeros papéis, tais como autor, guia espiritual, tutor na área de administração, mentor e facilitador.

Com uma mistura singular de *insights*, sabedoria e humor, Mike reúne as três principais tendências do século XXI: a inteligência emocional e espiritual, o desenvolvimento de gestão e a "desaprendizagem" contínua.

Entre suas obras, encontram-se:

Viva com sabedoria – Uma viagem que parte da raiva com destino à paz e ao perdão (Integrare, 2010)
The 7 AHA!s of Highly Enlightened Souls
In the Light of Meditation
Learn to Find Inner Peace
Learn to Relax
1001 Meditations
1001 Ways to Relax

Anualmente, promove retiros regulares sobre a consciência e a iluminação, em todo o mundo.

Para contatos com Mike, escreva para mike@relax7.com. Para obter a programação de seus seminários e palestras, acesse www.relax7.com/diary.

Se desejar fazer a assinatura (gratuita) do periódico semanal on-line *Clear Thinking*, acesse o site www.relax7.com e entre no "Room 1".